BERUFLICHES GYMNASIUM 2014

BWL mit Rechnungswesen und Controlling

Nordrhein-Westfalen

2010–2013

STARK

ISBN 978-3-8490-0496-5

© 2013 by Stark Verlagsgesellschaft mbH & Co. KG
2. neu bearbeitete und ergänzte Auflage
www.stark-verlag.de

Das Werk und alle seine Bestandteile sind urheberrechtlich geschützt. Jede vollständige oder teilweise Vervielfältigung, Verbreitung und Veröffentlichung bedarf der ausdrücklichen Genehmigung des Verlages.

Inhalt

Vorwort
Stichwortverzeichnis

Hinweise und Tipps zum Abitur 2014

1 Grundlage der schriftlichen Abiturprüfung I
2 Ablauf der Prüfung I
3 Inhalte und Schwerpunktthemen II
4 Hinweise zu den Arbeitsaufträgen – die Operatoren III
5 Leistungsanforderungen VII
6 Methodische Hinweise und Zeitmanagement VIII

Abiturähnliche Übungsaufgabe zu den Schwerpunktthemen 2014

Aufgabe 1: Prozess der Leistungserstellung, Investition, Finanzierung
    Aufgabenstellung ÜA-1
    Lösungsvorschläge ÜA-7

Themenspezifische Übungsaufgaben zu den Schwerpunktthemen 2014

Aufgabe 2: Prozess der Leistungserstellung
    Aufgabenstellung ÜA-20
    Lösungsvorschläge ÜA-25

Aufgabe 3: Kosten- und Leistungsrechnung
    Aufgabenstellung ÜA-35
    Lösungsvorschläge ÜA-44

Aufgabe 4: Prozess der Leistungsverwertung
    Aufgabenstellung ÜA-52
    Lösungsvorschläge ÜA-58

Aufgabe 5: Investitionsrechnung, Langfristige Fremdfinanzierung
    Aufgabenstellung ÜA-67
    Lösungsvorschläge ÜA-74

Aufgabe 6: Finanzierung
    Aufgabenstellung ÜA-81
    Lösungsvorschläge ÜA-87

Zentrale Abitur-Prüfungsaufgaben

Abiturprüfung 2010
   Aufgabenstellung 2010-1
   Lösungsvorschläge 2010-12
Abiturprüfung 2011
   Aufgabenstellung 2011-1
   Lösungsvorschläge 2011-10
Abiturprüfung 2012
   Aufgabenstellung 2012-1
   Lösungsvorschläge 2012-11
Abiturprüfung 2013
   Aufgabenstellung 2013-1
   Lösungsvorschläge 2013-18

Jeweils zu Beginn des neuen Schuljahres erscheinen die
neuen Ausgaben der Abiturprüfungsaufgaben mit Lösungen.

Autoren:

Marianne Eichholz (Übungsaufgabe 1)
Tobias Ibers (Übungsaufgaben 2–4, Lösungen 2011, 2012)
Lambert Lucas (Hinweise & Tipps, Lösung 2010)
Andrea Lütgemeier (Übungsaufgaben 5–6, Lösung 2013)

Vorwort

Liebe Schülerin, lieber Schüler,

Sie haben BWL mit Rechnungswesen und Controlling als zweiten, Profil bildenden Leistungskurs belegt und werden in diesem Fach Ihr Abitur ablegen. Dieses Buch hilft Ihnen, sich gezielt und effektiv auf die zentralen Abschlussprüfungen in dem Kurs vorzubereiten:

- Im ersten Teil finden Sie zahlreiche **Informationen zum Abitur**, deren Kenntnis für die gezielte Vorbereitung hilfreich und wichtig ist. Dazu gehören vor allem die **Schwerpunktthemen** und die **gültigen Operatoren** für das Abitur 2014.
- Der Aufgabenteil beginnt mit **Übungsaufgaben**, die auf die Schwerpunktthemen für das Abitur 2014 abgestimmt sind. Die erste Übungsaufgabe simuliert dabei in Umfang und Schwierigkeitsgrad eine **mögliche Abiturprüfung**. Die weiteren Übungsaufgaben legen jeweils einen Schwerpunkt auf **einzelne Kursthemen**, sodass Sie sich hiermit auch schon auf die Klausuren während der Qualifikationsphase vorbereiten können.
- Durch die **Original-Abituraufgaben der Jahre 2010 bis 2013** können Sie sich ein genaueres Bild davon machen, wie die Prüfungen bisher ausgesehen haben und wie die für 2014 relevanten Inhalte bereits konkret eingesetzt worden sind.
- Sämtliche Aufgaben im Buch enthalten **vollständige, schülergerechte Lösungsvorschläge**. Den größten Lerneffekt erzielen Sie, wenn Sie zuerst einmal versuchen, die Aufgaben selbstständig zu lösen und erst anschließend Ihre Antwort mit dem Vorschlag im Buch vergleichen.
- Jedem Lösungsvorschlag sind konkrete **Hinweise** vorangestellt, die Ihnen Hilfestellungen zum Herangehen an die jeweilige Aufgabenstellung geben.
- Ein **Stichwortverzeichnis** erleichtert Ihnen die gezielte Nutzung des Bandes und ermöglicht einen schnellen Zugriff auf zentrale Sachverhalte.

Sollten nach Erscheinen dieses Bandes noch wichtige Änderungen zum Zentralabitur 2014 vom Schulministerium Nordrhein-Westfalen bekannt gegeben werden, finden Sie aktuelle Informationen dazu im Internet unter:
www.stark-verlag.de/info.asp?zentrale-pruefung-aktuell.

Wir wünschen Ihnen viel Erfolg beim Abitur!

Die Autoren und der Verlag

Stichwortverzeichnis

Das Stichwortverzeichnis gibt das Jahr der Abschlussprüfung und die Nummer der Teilaufgabe an bzw. verweist auf eine Teilaufgabe der Übungsaufgabe.
Beispiele: Cashflow 2011: 1.3
    bedeutet, dass die Teilaufgabe 1.3 der Abschlussprüfung 2011
    die Thematik *Cashflow* beinhaltet.
    Abgrenzungsrechnung ÜA 3: 2.1
    bedeutet, dass die Teilaufgabe 2.1 der Übungsaufgabe 3
    die Bezüge zur *Abgrenzungsrechnung* enthält.

Abgrenzungsrechnung ÜA 3: 2.1, 2.4; 2013: 1.1
Absatz ÜA 1: 2.1, 2.2; ÜA 2: 1.2; ÜA 4: 2.2; ÜA 5: 1.1, 1.2; 2010: 1.1, 1.3; 2011: 1.1, 1.2, 3.1; 2012: 1.1, 1.3, 2.3, 3.1, 3.2; 2013: 1.3
Abschreibung ÜA 1: 1.1, 2.1; ÜA 2: 4.3; ÜA 3: 2.1, 2.5, 3.1; ÜA 5: 1.1; ÜA 6: 3.2; 2010: 1.4; 2013: 1.1, 1.2
Akkordlohn s. Lohn
Amortisation ÜA 4: 2.2; 2010: 1.1, 1.3
Anderskosten 2013: 1.1
Anlagedeckung 2010: 2.3
Annuität ÜA 1: 3.2, 3.4; ÜA 5: 2.1
Aufwands- und Ertragsstruktur 2010: 2.1

Barwert ÜA 1: 2.2; ÜA 5: 1.3; 2010: 1.2, 1.4
Betriebsabrechnungsbogen (BAB) ÜA 3: 3.1; 2013: 1.2
Betriebsergebnis ÜA 3: 1, 2.2, 2.4, 4.1; ÜA 4: 1.1; 2012: 2.3; 2013: 1.1–1.3
Bezugsrecht ÜA 6: 2.2–2.4; 2013: 3.3

Bilanz ÜA 6: 1.1–1.3; 2010: 2.2; 2011: 3.2; 2013: 3.2
Branchenkennzahlen 2010: 2.1, 2.2
Break-even-Point s. Gewinnschwelle
Buchführung ÜA 3: 2.5
Cashflow 2010: 2.2; 2011: 1.3

Darlehen ÜA 1: 3.1, 3.2, 3.4; ÜA 5: 2.1–2.3; 2010: 2.3
Deckungsbeitrag ÜA 2: 4.1; ÜA 4: 1.1, 1.3, 1.4, 2.2, 2.4; 2012: 1.3, 2.2–2.4; 2013: 1.3
Differenzkostenvorteil 2011: 2.2
Dividende ÜA 6: 1.1–1.3, 2.1; 2011: 3.2; 2013: 3.1

Effektivzins ÜA 1: 3.2
Eigenfinanzierung s. Innen-/Außenfinanzierung
Eigenkapitalquote ÜA 1: 3.4; 2010: 2.2; 2013: 3.1
Eigenkapitalrentabilität ÜA 3: 2.3, 2.4; ÜA 4: 2.7; ÜA 5: 2.4; 2010: 2.2; 2011: 1.3, 2.1; 2013: 3.1
Eigenproduktion ÜA 1: 1.3; ÜA 2: 2.1–2.3; 2011: 2.2; 2012: 3.3

Fertigungsverfahren ÜA 1: 1.2, 1.3;
ÜA 2: 3.1, 3.2, 4.1–4.3
Fixkostendegression ÜA 2: 4.1
Fließbandfertigung s. Fertigungsverfahren
Fremdbezug s. Eigenproduktion
Fremdfinanzierung s. Innen-/Außenfinanzierung

Gesamtkapitalrentabilität ÜA 1: 3.4;
2011: 1.3
Gewinnrücklage ÜA 6: 1.1–1.3;
2011: 3.2; 2013: 3.2, 3.4
Gewinnschwelle ÜA 2: 4.1; ÜA 5: 1.1,
1.2; 2010: 1.1, 1.3
Gewinn- und Verlustrechnung
ÜA 1: 1.1; ÜA 3: 1, 2.1, 2.3, 2.5;
2010: 2.1, 2.2; 2011: 1.2; 2013: 1.1
Gewinnvergleich ÜA 2: 4.2; ÜA 5: 1.1,
1.6
Gewinnverwendung 2011: 3.2
Goldene Bilanzregel 2010: 2.3
Grundschuld ÜA 1: 3.3, 3.4
Gruppenfertigung s. Fertigungsverfahren

Innen-/Außenfinanzierung ÜA 1: 1.1,
3.2; ÜA 5: 2.1–2.4; ÜA 6: 1.1–1.3;
2010: 2.3; 2011: 3.2, 3.3; 2013: 3.1
Interner Zinsfuß ÜA 1: 2.3, 2.4;
ÜA 5: 1.4–1.6
Investition ÜA 1: 2.2, 2.3, 3.4;
ÜA 3: 2.3; ÜA 4: 1.4, 2.2; ÜA 5: 2.4;
ÜA 6: 1.2; 2011: 2.1; 2012: 1.2–1.4,
3.1; 2013: 1.2, 3.4
Investitionsrechnung ÜA 1: 2.1, 2.4;
ÜA 5: 1.6; 2010: 1.1, 1.3
Ist-/Normal-Zuschlagssätze
ÜA 3: 3.2–3.4; 2010: 3.1; 2013: 1.2

Kalkulationsschema 2010: 3.1;
2013: 1.2
Kalkulatorische Kosten 2013: 1.1
Kalkulatorische Zinsen ÜA 1: 2.1;
ÜA 3: 2.1, 2.4; ÜA 5: 1.1; 2010: 1.1;
2013: 1.1

Kanban-System ÜA 1: 1.3; 2011: 2.4
Kapazitätsgrenze ÜA 2: 4.1; ÜA 4: 2.4;
2011: 2.2; 2013: 1.3
Kapitalwertmethode ÜA 1: 2.2, 2.4;
ÜA 5: 1.3, 1.6; 2010: 1.2, 1.3
Kontokorrent 2012: 1.3
Kostenfunktion ÜA 2: 2.1, 2.2, 4.3, 4.4;
2011: 2.3
Kostenträgerzeitrechnung ÜA 3: 4.1;
2013: 1.2
Kostenüber-/-unterdeckung ÜA 3: 3.3,
3.4, 4.1; ÜA 6: 3.1, 3.3; 2012: 1.3;
2013: 1.2
Kosten- und Leistungsrechnung (KLR)
ÜA 3: 1, 3.1; 2011: 2.2; 2013: 1.1
Kostenvergleichsrechnung ÜA 1: 2.1,
2.4; 2011: 2.2
Kritische Menge ÜA 1: 2.1; ÜA 2: 2.2;
2011: 2.3
Leverage-Effekt ÜA 1: 3.4; ÜA 5: 2.4;
2010: 2.2; 2011: 2.1
Liquidationserlös 2010: 1.4
Liquiditätskennziffern/-grade
ÜA 1: 3.4; ÜA 5: 2.1–2.3; 2010: 2.3
Lohn ÜA 2: 4.3, 6.1–6.3
Losgröße ÜA 1: 1.2; ÜA 2: 5.1, 5.2

Marktanteil ÜA 4: 1.3, 1.4, 2.2;
2010: 3.3; 2012: 2.4; 2013: 1.3

Neutrales Ergebnis ÜA 3: 1, 2.2, 2.4;
2013: 1.1
Nominalverzinsung ÜA 1: 3.2;
ÜA 6: 1.1, 1.3
Normalkosten ÜA 3: 3.4; 2010: 3.1;
2013: 1.2

Portfolio-Analyse ÜA 4: 1.2, 1.3, 2.2,
2.3
Prämienlohn s. Lohn
Preis-Absatz-Funktion ÜA 4: 2.6, 2.7;
2010: 3.2
Preispolitik ÜA 4: 2.1–2.8;
2010: 3.1–3.3; 2012: 1.3
Preisuntergrenze ÜA 4: 2.4; 2010: 3.2;
2012: 2.4

Produktion ÜA 1: 1.2, 1.3; ÜA 2: 1.1, 1.2; 2011: 2.3, 2.4; 2012: 1.3, 2.3, 2.4; 2013: 1.2
Produktionsengpass 2011: 2.2; 2012: 2.3
Produktivität ÜA 1: 1.3, 3.1; 2011: 1.2
Produktlebenszyklus ÜA 4: 1.1, 1.3, 1.4

Reihenfertigung s. Fertigungsverfahren
Rentabilität ÜA 1: 2.2, 2.4, 3.4; ÜA 3: 2.3, 2.4; ÜA 4: 2.7; ÜA 5: 1.3, 1.5, 2.4; 2010: 1.1, 1.3; 2012: 1.2
Rückstellungen 2011: 3.3; 2013: 3.2

Selbstfinanzierung s. Innen-/Außenfinanzierung
Sicherungsübereignung ÜA 1: 3.3
Stille Reserven/Rücklagen 2011: 3.3
Stille Selbstfinanzierung 2011: 3.3

Stücklohn s. Lohn
Stundenlohn s. Lohn

Umsatz ÜA 1: 1.1; ÜA 2: 1.2; ÜA 3: 2.1, 3.2, 3.3, 4.1; ÜA 4: 1.1, 1.3, 2.2, 2.7; ÜA 6: 3.2; 2010: 2.1, 3.3; 2012: 1.1, 1.3; 2013: 1.2
Unternehmerlohn ÜA 3: 2.1

Werbeplan 2010: 3.4; 2012: 3.3; 2013: 2.1
Werkstattfertigung s. Fertigungsverfahren
Wertansatz 2013: 1.1
Wertschöpfung ÜA 1: 1.2
Wirtschaftlichkeit ÜA 1: 1.1; ÜA 3: 4.2, 4.3; 2011: 1.2
Wirtschaftskrise 2011: 3.1

Zusatzkosten ÜA 3: 1; 2013: 1.1

Hinweise und Tipps zum Abitur 2014

1 Grundlage der schriftlichen Abiturprüfung

Für die schriftliche Abiturprüfung gelten grundsätzlich zwei Veröffentlichungen des Schulministeriums NRW als Grundlage: Der **Fachlehrplan Betriebswirtschaftslehre mit Rechnungswesen** und die **Vorgaben für die Abiturprüfung**, die für jeden Prüfungstermin neu herausgegeben werden. Diese beiden Informationsquellen können Sie sich unter folgenden Internetadressen herunterladen:
1. www.standardsicherung.nrw.de/abitur-bk/fach.php?fach=2
2. www.berufsbildung.nrw.de/cms/lehrplaene-und-richtlinien/berufliches-gymnasium

Der Fachlehrplan und die Vorgaben für die Abiturprüfung 2014 wurden unter der Bezeichnung „Betriebswirtschaftslehre mit Rechnungswesen" veröffentlicht, auch wenn die offizielle Bezeichnung Ihres Faches „Betriebswirtschaftslehre mit Rechnungswesen und Controlling" lautet.

2 Ablauf der Prüfung

Die Abiturprüfungsaufgaben werden zentral vom Schulministerium NRW gestellt und sind für alle Abiturienten des jeweiligen Jahrgangs verbindlich. Auch der Termin der Prüfung wird zentral vorgegeben. Das Fach Betriebswirtschaftslehre mit Rechnungswesen und Controlling stellt den 2. Leistungskurs dar. Die schriftliche Abiturprüfung darin findet am Dienstag, den 29. April 2014 statt (Stand: August 2013).

Die Prüfung dauert **255 Minuten**; davon sind 15 Minuten dafür vorgesehen, dass Sie sich einen Gesamtüberblick über die Aufgabenstellung verschaffen. 240 Minuten beträgt die reine Bearbeitungszeit. Der Umfang der Aufgabenstellungen liegt bei gut 10 Seiten, darin enthalten sind häufig umfangreiche Anlagen, die die eigentliche Aufgabe ergänzen.

Als Hilfsmittel zugelassen sind ein **nicht programmierbarer Taschenrechner** und ein **Rechtschreib-Wörterbuch**. Das Vorhandensein eines Handys am Platz oder sogar auf der Toilette gilt als Täuschungsversuch und kann zum Ausschluss von der Abiturprüfung führen. Handys sind vor Beginn der Prüfung beim Aufsicht führenden Lehrer abzugeben.

3 Inhalte und Schwerpunktthemen

Grundsätzlich werden in der Abiturprüfung **alle Inhalte des Fachlehrplans** Betriebswirtschaftslehre mit Rechnungswesen als Grundlage herangezogen. Gleichzeitig macht das Schulministerium NRW eine verbindliche Aussage über die inhaltlichen **Schwerpunkte der Abiturprüfung des jeweiligen Jahrgangs**. Die Übungsaufgaben (ÜA) in diesem Band richten sich nach dieser Schwerpunktsetzung. Übungsaufgabe 1 simuliert dabei in Aufbau und Umfang eine vollständige Abiturprüfung. Die weiteren Übungsaufgaben konzentrieren sich jeweils auf ein Halbjahresthema, sodass Sie sich hiermit auch auf alle Oberstufenklausuren vorbereiten können.

Sie sollten den Fachlehrplan mit der Schwerpunktsetzung vergleichen, um festzustellen, welche Inhalte in Ihrer Abiturklausur wahrscheinlich nicht abgefragt werden. So können Sie die verbindlichen Inhalte für Ihre Abiturprüfung beim Lernen besser von anderen Themen abgrenzen. Insgesamt sollten Sie die anderen Themen des Fachlehrplans bei der Abiturvorbereitung aber nicht völlig vernachlässigen.

Verbindliche Unterrichtsinhalte für das Abitur 2014

Aus dem Kurshalbjahr ...	Beispiele
12.1 Prozess der Leistungserstellung Planung der Leistungserstellung • Planung des Produktionsprogramms (Fertigungsprogramm, Fertigungsbreite, Fertigungstiefe) • Planung der fertigungstechnischen Rahmenbedingungen (Grad der Automatisierung, Häufigkeit der Prozesswiederholung, Anordnung der Betriebsmittel im Produktionsprozess) Menschliche Arbeit im Produktionsprozess • Arbeitsentgelt (Zeitlohn, Akkordlohn, Prämienlohn; Erfolgsbeteiligung) Produktionscontrolling • Kennziffern des operativen Produktionscontrollings (Produktivität, Wirtschaftlichkeit und Rentabilität)	ÜA 1: 1.1–1.3 ÜA 2: 1.1–2.2, 3.1, 3.2, 5.1–6.3 ÜA 3: 4.2 2011: 1.2, 2.2, 2.3
Kosten- und Leistungsrechnung • inklusive aller Unterpunkte	ÜA 2: 4.1–4.4 ÜA 3: 1– 2.2, 2.4–4.1 2010: 3.1 2011: 2.2, 2.3 2012: 2.1–2.4 2013: 1.1–1.3

12.2	**Prozess der Leistungsverwertung** • Produktpolitik • Preispolitik	ÜA 4: 1.1–1.4, 2.1–2.6, 2.8 2010: 3.2, 3.3 2012: 3.2
	Investition • Investitionsrechnung als Entscheidungsinstrument	ÜA 1: 2.1–2.4 ÜA 5: 1.1–1.6
13.1	**Finanzierung** • Langfristige Fremdfinanzierung von Investitionen • Sicherheiten im Rahmen der Fremdfinanzierung • Beteiligungsfinanzierung bei der AG • Innenfinanzierung (inklusive Kapazitätserweiterungseffekt und Kapitalfreisetzungseffekt) • Finanzcontrolling	ÜA 1: 3.2–3.4 ÜA 5: 2.1–2.4 ÜA 6: 1.1–1.3, 2.1–2.4, 3.1–3.3 2010: 2.3 2011: 2.1, 3.1–3.3 2012: 1.2 2013: 3.1–3.4
	Jahresabschluss, Bilanzanalyse und Bilanzkritik Analyse und Kritik des Jahresabschlusses • Aufbereitung der Bilanz • Bilanzanalyse und -kritik • Analyse und Kritik der Erfolgsrechnung	2010: 2.2 2011: 1.3 2013: 3.2
13.2	**Veränderungsprozesse im Unternehmen** • Ursachen und Phänomene des Wandels	2011: 1.1, 2.4 2012: 1.1

4 Hinweise zu den Arbeitsaufträgen – die Operatoren

Operatoren stellen Handlungsanweisungen an Sie dar. Sie teilen Ihnen mit, wie Sie Mittel und Methoden anwenden müssen, um die Aufgabenstellung zu bearbeiten. Der Erfolg Ihrer Abiturprüfung hängt entscheidend davon ab, ob Sie den jeweiligen Operator entschlüsseln können. Es gehört also zur Abiturvorbereitung, die Kerninhalte der Operatoren genau zu lernen und sie beim Lösen von Aufgaben umsetzen zu können. In den Aufgabenstellungen sind die Operatoren grundsätzlich fett gedruckt. Operatoren werden den einzelnen Anforderungsbereichen zugeordnet.

Der **Anforderungsbereich I (Reproduktion)** umfasst die Wiedergabe von Sachverhalten aus einem abgegrenzten Gebiet und im gelernten Zusammenhang. Das reproduktive Benutzen der in der Schule eingeübten Arbeitstechniken ist Inhalt des Anforderungsbereichs I.

Dem Anforderungsbereich I entsprechen folgende Operatoren:

Operatoren	Definition	Beispiele
beschreiben/ darstellen/ skizzieren	Wesentliche Aspekte eines Sachverhalts werden im logischen Zusammenhang unter Verwendung der Fachsprache wiedergegeben. Die Antwort kann in Textform (beschreiben) oder in Form eines Schaubilds (darstellen, skizzieren) wiedergegeben werden.	ÜA 2: 1.2, 3.1 ÜA 4: 2.3, 2.5 2010: 3.2 2011: 1.3, 3.3 2012: 1.2, 1.4, 3.2 2013: 1.1, 2.1, 3.1
definieren	Gleichsetzen eines Fachbegriffs mit einer Kombination aus eigenen Worten, um den Begriff zu erklären, begrifflich zu bestimmen und ihn festzulegen	ÜA 2: 1.1, 5.1 ÜA 4: 2.8
ermitteln/ berechnen	Aufgaben anhand vorgegebener Daten und Sachverhalte mit bekannten Operationen lösen	ÜA 3: 2.2, 3.2, 3.3 2010: 1.1, 2.2, 3.1 2011: 1.2, 2.3, 3.2 2012: 1.2, 2.1 2013: 1.2
nennen	Kenntnisse (Fachbegriffe, Daten, Fakten, Modelle) und Aussagen in komprimierter Form (z. B. aufzählend) unkommentiert wiedergeben	ÜA 1: 1.2 ÜA 6: 2.1
zusammenfassen	Kenntnisse (Fachbegriffe, Daten, Fakten, Modelle) und Aussagen in komprimierter Form unkommentiert darstellen	2012: 1.1

Der **Anforderungsbereich II (Anwendung)** umfasst das selbstständige Erklären, Bearbeiten und Ordnen des Gelernten und Verstandenen. Das Anwenden bekannter Inhalte und Methoden auf andere Sachverhalte ist hier erforderlich.

Dem Anforderungsbereich II entsprechen folgende Operatoren:

Operatoren	Definition	Beispiele
analysieren	wirtschaftliche Sachverhalte aus Materialien kriterien- bzw. aspektorientiert beschreiben und erklären	ÜA 5: 2.3 2010: 2.1 2012: 1.3 2013: 1.2
anwenden/ überprüfen	grundlegende Arbeitsweisen und Modelle auf unbekannte Sachverhalte bzw. Zusammenhänge übertragen	ÜA 3: 2.4 2010: 1.2 2012: 2.2
auswerten	Daten oder Einzelergebnisse zu einer abschließenden Gesamtaussage zusammenführen	2010: 2.2
buchen	Eintragung eines Geschäftsvorfalls aufgrund eines Belegs in das Grundbuch (zeitliche Ordnung) oder das Hauptbuch (sachliche Ordnung) eines Betriebs	
erläutern/ erklären	Sachverhalte durch Wissen und Einsichten in einen Zusammenhang (Theorie, Modell, Regel, Gesetz, Funktionszusammenhang) einordnen und deuten; ggf. durch zusätzliche Informationen und Beispiele verdeutlichen	ÜA 1: 1.1, 2.2, 3.2 ÜA 6: 2.3, 3.3 2010: 2.2, 3.1, 3.2 2011: 1.2, 2.4, 3.3 2012: 1.4, 2.3, 3.2 2013: 1.1, 2.3, 3.3
erstellen	einen Sachverhalt in übersichtlicher, fachlich angemessener Form darstellen	ÜA 1: 2.1 2012: 2.3 2013: 3.2
herausarbeiten	aus Materialien bestimmte Sachverhalte herausfinden, die nicht explizit genannt werden, und Zusammenhänge zwischen ihnen herstellen	ÜA 1: 1.2 ÜA 4: 2.3 2011: 1.1 2013: 2.3
nachweisen	Aussagen durch Materialien oder bekannte Sachverhalte stützen und belegen	2011: 3.2 2013: 3.4
vergleichen	Sachverhalte gegenüberstellen, um Gemeinsamkeiten, Ähnlichkeiten und Unterschiede herauszuarbeiten	ÜA 1: 2.4 ÜA 2: 2.1

Der **Anforderungsbereich III (Problemlösung und Wertung)** umfasst problembezogenes Denken, Urteilen und Begründen. Erworbene Kenntnisse und erlangte Einsichten sollen in die Begründung eines selbstständigen Urteils, einer Folgerung, einer Deutung, einer Wertung oder eines Lösungsvorschlags einbezogen werden.

Dem Anforderungsbereich III entsprechen folgende Operatoren:

Operatoren	Definition	Beispiele
beurteilen/ bewerten	den Stellenwert von Sachverhalten und Prozessen in einem Zusammenhang bestimmen, um theorie- und kriterienorientiert zu einem begründeten Sachurteil zu gelangen	ÜA 3: 2.3, 2.4, 4.3 2010: 1.3 2011: 1.3 2012: 1.3, 1.4, 2.4 2013: 1.3
diskutieren	auf Grundlage einer kurzen Sachdarstellung zu einer ökonomischen Problemstellung eine Pro- und Kontra-Argumentation entwickeln, die zu einer begründeten Bewertung führt	ÜA 2: 1.2, 6.3 ÜA 6: 1.2 2010: 3.3 2011: 2.1, 2.3
entscheiden	auf Grundlage vorhandener Informationen eine sich daraus ergebende unternehmerisch sinnvolle Entscheidung treffen	ÜA 4: 2.1, 2.4 2010: 1.3, 2.3 2011: 2.2 2013: 1.3
Stellung nehmen	ausgehend vom Sachurteil unter Einbeziehung individueller Wertmaßstäbe zu einem begründeten eigenen Werturteil kommen	ÜA 2: 3.2 ÜA 4: 2.7 2010: 1.4 2012: 3.1
prüfen/ überprüfen	Inhalte, Sachverhalte, Vermutungen oder Hypothesen auf der Grundlage von Materialien auf ihre sachliche Richtigkeit hin untersuchen und eventuelle Widersprüche, Schwächen oder Lücken aufdecken	ÜA 3: 2.4 ÜA 5: 2.4
Vorschlag entwickeln/ Vorschlag unterbreiten/ Bericht erstellen	zu einem Sachverhalt oder einer Problemstellung ein konkretes Lösungsmodell, eine Gegenposition, einen Verbesserungsvorschlag oder einen Regelungsentwurf begründet entfalten	ÜA 5: 1.5 2010: 3.3 2011: 1.4 2012: 1.3., 3.3 2013: 1.2, 2.1, 2.2

In den Übungsaufgaben 2–6, die keine Abiturprüfungen, sondern Halbjahresklausuren nachbilden, werden zum Teil auch andere Operatoren verwendet, auf die Sie in vielen Klausuren treffen werden.

5 Leistungsanforderungen

Die Darstellungsleistung

In den Abiturklausuren sind maximal **180 Punkte** für die inhaltliche Richtigkeit zu erlangen. Dazu kommen **20 Punkte** für die sogenannte Darstellungsleistung, die keiner bestimmten Aufgabe zugeordnet ist. Diese Punkte können Sie durch eine strukturierte Darstellung (4 Punkte), das Einhalten formaler Regeln (8 Punkte), die stilistische Qualität und Wortwahl (4 Punkte) und die Verwendung von Fachsprache (4 Punkte) erhalten. Es werden nur ganze Punkte vergeben.

Eine gut **strukturierte Darstellung** verlangt einen roten Faden, der in der Lösung erkennbar ist. Der Lösungsweg muss leicht nachvollziehbar und logisch aufgebaut sein.

Die **Einhaltung formaler Regeln** ist das wichtigste Kriterium der Darstellungsleistung. Inhalte sollen übersichtlich und gut lesbar dargestellt werden. Zeichnungen und Tabellen müssen exakt und sauber gezeichnet werden. Tintenkiller darf z. B. in der Buchführung nicht benutzt werden, der Seitenrand gehört dem Lehrer, das Arbeiten mit vielen Fußnoten führt zu Unübersichtlichkeit und das „Reinquetschen" von ergänzenden Texten in den laufenden Text stört den Lesefluss. Das saubere Durchstreichen führt dagegen nicht zu Punktabzügen.

Auch die **stilistische Qualität** und die **Wortwahl** werden im Rahmen der Darstellungsleistung bewertet. Von Ihnen wird eine differenzierte und genaue Wortwahl erwartet. Die Sätze müssen grammatikalisch richtig konstruiert sein und die Zeitformen sollen normgerecht eingesetzt werden.

Außerdem erwartet der Korrigierende eine problemgerechte **Verwendung der Fachsprache** der Betriebswirtschaftslehre. Des Weiteren müssen Sie an den notwendigen Stellen Formeln, Symbole und Maßeinheiten richtig einsetzen.

Mögliche Notenabsenkung

Die errechnete Punktzahl aus inhaltlicher Leistung und Darstellungsleistung führt zu einer Note. Diese kann um ein bis zwei Notenpunkte abgesenkt werden, wenn Sie die Regeln zu Rechtschreibung und Zeichensetzung missachten.

Notenfindung

Notenpunkte	Notenstufen	erreichte Punktzahl
15	sehr gut +	190 – 200
14	sehr gut	180 – 189
13	sehr gut –	170 – 179
12	gut +	160 – 169
11	gut	150 – 159
10	gut –	140 – 149
9	befriedigend +	130 – 139
8	befriedigend	120 – 129
7	befriedigend –	110 – 119
6	ausreichend +	100 – 109
5	ausreichend	90 – 99
4	ausreichend –	78 – 89
3	mangelhaft +	66 – 77
2	mangelhaft	54 – 65
1	mangelhaft –	40 – 53
0	ungenügend	0 – 39

6 Methodische Hinweise und Zeitmanagement

Vorbereitung auf die Prüfung

- Bereiten Sie sich langfristig vor.
- Arbeiten Sie kontinuierlich im Unterricht mit und bearbeiten Sie den behandelten Stoff nach. Lösen Sie Aufgaben selbstständig.
- Lesen Sie nicht nur die Lösungen der Aufgaben durch. Ein kurzfristiges Nachvollziehen von Aufgaben in den Tagen vor der Prüfung täuscht Sie, da Sie die „Knackpunkte" der Aufgabe beim Nachvollziehen zwar verstehen werden, jedoch nur beim selbstständigen Lösen eigene Lösungsstrategien entwickeln.
- Erstellen Sie Übersichten von abgeschlossenen Themengebieten, die Sie kurz vor der Prüfung zum Auffrischen in kurzer Zeit verwenden können. Denken Sie an Arbeitsteilung und tauschen Sie Übersichten mit Ihren Mitschülern aus.
- Arbeiten Sie in Teams. Häufig erkennt man erst beim Erklären, was man noch nicht verstanden hat. Für den Zuhörer ist es oft hilfreich, den Lernstoff aus einem anderen Mund zu hören. Lehrer sprechen manchmal eine andere (Fach-)Sprache als Schüler. Wenn Fragen im Team nicht geklärt werden können, fragen Sie bei anderen Mitschülern oder beim Fachlehrer nach.
- Lassen Sie sich beim Üben nicht durch Musik, Fernseher oder andere Arbeiten ablenken.
- Arbeiten Sie im Unterricht mit. Sie erhalten so ein Feedback über Ihr Arbeiten und können (hoffentlich) Erfolgserlebnisse bei richtigen Antworten sammeln.

Bearbeitung der Prüfung
- Lesen Sie die Aufgabenstellung genau durch und markieren Sie wichtige Teile (z. B. Werte) mit einem Textmarker.
- Achten Sie auf ein zügiges Arbeitstempo. Berücksichtigen Sie immer die Bearbeitungszeit. Während der 255 Minuten der Abschlussprüfung können Sie 200 Punkte erreichen. In 15 Minuten sollten Sie sich einen Gesamtüberblick über die Anforderungen der Klausur verschaffen. 20 Punkte können Sie durch die Darstellungsleistung erreichen. Die restlichen 180 Punkte verteilen sich demnach auf 240 Minuten. Pro Punkt stehen Ihnen also 1,33 Minuten zur Verfügung. Für einen Aufgabenteil, der z. B. mit 6 Punkten bewertet wird, errechnet sich eine Bearbeitungszeit von knapp 8 Minuten. Dies ist ein grober Richtwert, dessen Beachtung Ihnen helfen kann, nicht in Zeitnot zu geraten. Beachten Sie außerdem, dass am Ende der Bearbeitungszeit noch Zeit zur Korrektur der Klausur verbleiben sollte.
- Achten Sie immer auf die Operatoren; sie bestimmen die Anforderung der jeweiligen Aufgabe. Wenn mehr als ein Operator in einer Teilaufgabe erscheint, bearbeiten Sie die Aufgabe in der Reihenfolge der genannten Operatoren. Eine Vermischung der Operatoren bei der Bearbeitung einer Aufgabenstellung führt zu Punktabzug.
- Bearbeiten Sie die Prüfungsklausur möglichst in der angegebenen Reihenfolge, halten Sie sich jedoch bei Schwierigkeiten nicht zu lange mit einer Teilaufgabe auf. Geben Sie bei einer Teilaufgabe jedoch auch nicht zu früh auf, denn oft genügen schon wenige zusätzliche Punkte für ein besseres Gesamtergebnis.
- Rechnen Sie auch bei offensichtlich falschen Zwischenergebnissen weiter, Folgefehler werden in der Regel beachtet.
- Fehlen Ihnen bei zusammenhängenden Aufgaben Zwischenschritte, so treffen Sie sinnvolle Annahmen für Zwischenergebnisse, damit Sie weiterrechnen können. Weisen Sie jedoch angenommene Werte klar aus.
- Achten Sie beim Arbeiten auf eine saubere Darstellung. Dies erleichtert nicht nur dem Lehrer das Nachvollziehen Ihrer Lösung, sondern hilft auch Ihnen bei der Überprüfung. Außerdem erhalten Sie dafür im Rahmen der Bewertung der Darstellungsleistung zusätzliche Punkte.
- Beschriften Sie Rechnungen und Werte und geben Sie zumindest bei Endergebnissen die Bezeichnungen mit an. Nichtzuordenbare Teile können nicht bewertet werden.
- Nutzen Sie Möglichkeiten zur Veranschaulichung. Zeichnen Sie Funktionen in Diagramme oder entwerfen Sie Schaubilder oder Tabellen für den Vergleich verschiedener Alternativen. Übersichten helfen häufig, den richtigen Lösungsansatz zu finden.
- Bedenken Sie, dass bei den Operatoren des Anforderungsbereichs III häufig die Ausgangssituation und der Vorspann der jeweiligen Aufgabenstellung einbezogen werden sollten. Die Berücksichtigung der Gesamtsituation zeichnet häufig insgesamt gelungene Prüfungsarbeiten aus.

| Übungsaufgabe 1 – Profil bildender Leistungskurs (NRW) |
| Betriebswirtschaftslehre mit Rechnungswesen und Controlling |

Themenschwerpunkte aus den Kursthemen:

- Prozess der Leistungserstellung
- Investition
- Finanzierung

Aufgabenstellung

Beschreibung der Ausgangssituation

Die Pumpen GmbH ist ein mittelständisches Unternehmen der Maschinenbaubranche. Unmittelbar nach dem Zweiten Weltkrieg wurde die Produktion von Wasserpumpen aufgenommen. Diese wurden in Wasserwerken eingesetzt, um die Wasserversorgungsnetze auszubauen.

Im Laufe der Jahrzehnte wurde das Produktspektrum stark erweitert. Der Verkaufsprospekt der Jahres 2012 zeigt verschiedene Variantenbereiche z. B. Kreiselpumpen, Kolbenpumpen, Vakuumpumpen, Chemiepumpen.

Stolz berichtet der Enkel des Firmengründers: „Wir sind in der Lage, den Kunden ein Spektrum von genau 2.633 verschiedenen Varianten anzubieten."
Neben den Standardpumpen, die hauptsächlich auf Lager produziert werden, hat die Pumpen GmbH in den letzten Jahren ein weiteres Standbein systematisch aufgebaut. Für Kunden mit einem hohen Anspruchsniveau (ab 50.000,00 €) entwickelte man individuelle Problemlösungen, z. B. Pumpen für spezielle Einsatzzwecke in überschwemmten Krisengebieten.
Die für solche Aufträge gefertigten Spezialbauteile werden größtenteils eigengefertigt.

Aufgabe 1   **52 Punkte**

Der Anstieg der Varianten- und Teilezahl ließ eine Fließbandfertigung nicht mehr zu. Die Produktion erfolgt nun ausschließlich in einer Werkstättenfertigung. Diese organisatorische Veränderung führte auch zu einem Anstieg der Personalkosten.

1.1 **Ermitteln Sie** den Gewinn und die Wirtschaftlichkeit des Unternehmens für die angegebenen Geschäftsjahre mithilfe der folgenden Unternehmensdaten.
    Erläutern Sie das Ergebnis.   16

GuV in 1.000 €	2000	2005	2012
Umsatzerlöse	32.000,00	35.000,00	39.000,00
Materialaufwand	17.500,00	20.500,00	23.000,00
Personalaufwand	8.500,00	8.900,00	10.500,00
Abschreibungen	950,00	1.500,00	2.200,00
Zinsaufwand	1.000,00	1.600,00	2.000,00
sonstiger betrieblicher Aufwand	1.900,00	2.000,00	2.100,00
Gewinn oder Verlust	?	?	?

1.2 Die Analyse der Unternehmensdaten stellt den Geschäftsführer nicht zufrieden. Er lässt ein Schaubild des Fertigungsablaufs anfertigen (**Anlage 1**). In einer Stellungnahme zum Fertigungsbereich heißt es: „Die reinen Produktionszeiten sind doch gar nicht unser Problem. Hier geht es vielmehr um ganz andere Zeiten."
Arbeiten Sie wesentliche Aussagen des Schaubilds heraus und **nennen Sie** insgesamt 5 Vor- und Nachteile der Werkstättenfertigung. 16

1.3 **Unterbreiten Sie** fallbezogen vier begründete **Verbesserungsvorschläge**. 20

Aufgabe 2 74 Punkte

In den Werkstätten soll verstärkt in flexible Fertigungssysteme investiert werden. Diese führen viele unterschiedliche Arbeitsgänge an vielen verschiedenen Produkten durch. Nach Prüfung der Angebote anhand qualitativer Investitionskriterien stehen zwei Angebote zur Auswahl.
Mithilfe von Investitionsrechnungen sollen Sie eine Investitionsentscheidung durchführen. Folgende Daten stehen zur Verfügung:

	Angebot 1 Fertigungsautomat 1	Angebot 2 Fertigungsautomat 2
Anschaffungskosten	890.000,00 €	1.110.000,00 €
Jahreskapazität	50.000 Stück	60.000 Stück
mögliche Absatzzahl pro Jahr	45.000 Stück	
Nutzungsdauer	5 Jahre	6 Jahre
kalkulatorischer Zinssatz	8 %	8 %
sonstige fixe Kosten pro Jahr (ohne Abschreibung und Zinsen)	85.000,00 €	106.000,00 €
variable Kosten (in Abhängigkeit der Auslastung)	207.000,00 € (bei Vollauslastung)	196.800,00 € (bei Vollauslastung)

2.1 **Erstellen Sie** auf der Grundlage der geplanten Absatzmenge eine Kostenvergleichsrechnung.
Entscheiden Sie sich (vorläufig) unter Berücksichtigung der kritischen Kostenmenge für ein Angebot. **Überprüfen Sie** dabei auch den Aussagewert der Kostenvergleichsrechnung.

2.2 Die Montageleistung der Fertigungsautomaten hat einen Marktwert von 13,70 €. Mithilfe der Kapitalwertmethode sollen Sie überprüfen, ob die vom Investor festgelegte Rendite von 15 % p. a. erreicht werden kann. Im ersten Jahr wird von einem geplanten Absatz von 45.000 Stück ausgegangen. Durch die Erschließung neuer Märkte erhofft man sich in den folgenden Jahren eine Absatzsteigerung von jeweils 1.000 Stück. Von den fixen Gesamtkosten sind bei beiden Maschinen jeweils 60 % ausgabewirksam.Die Controllingabteilung liefert Ihnen für die ersten vier Jahre bereits die Ergebnisse aus den geplanten Einnahmen und Ausgaben für beide Investitionsalternativen. Die Bezahlung der Maschine erfolgt zum Anschaffungszeitpunkt (t0). Die Überschüsse fallen zum Ende des jeweiligen Jahres an.

Einnahmeüberschüsse in Euro

Investitions-alternative	Jahr 1	Jahr 2	Jahr 3	Jahr 4
Fertigungsautomat 1	251.040,00	260.600,00	270.160,00	279.720,00
Fertigungsautomat 2	267.660,00	278.080,00	288.500,00	298.920,00

Berechnen Sie mithilfe der **Anlage 2** für beide Fertigungsautomaten die noch fehlenden Einnahmeüberschüsse.
Ermitteln Sie bei einer angestrebten Rendite von 15 % die Kapitalwerte und **erläutern Sie** Ihre Ergebnisse.

2.3 Bei einem kalkulatorischen Zins von 16 % p. a. führt die Investitionsentscheidung für den Fertigungsautomaten 1 zu einem Kapitalwert von −14.621,04 €.
Ermitteln Sie den internen Zinsfuß grafisch und rechnerisch für die Investitionsentscheidung für den Fertigungsautomaten 1.

Interner Zinsfuß: $r = i_1 - C_1 \cdot \dfrac{i_2 - i_1}{C_2 - C_1}$

i = Kalkulationszins; C = Kapitalwert

Erläutern Sie den Nutzen dieses internen Zinses für die anstehende Investition.

2.4 **Vergleichen Sie** kritisch die Ergebnisse der statischen und der dynamischen Investitionsrechnungen. **Entscheiden Sie** sich in diesem Zusammenhang auf Grundlage der vorhandenen Informationen begründet für ein Angebot. 13

Aufgabe 3   54 Punkte

Die Pumpen GmbH beschließt die Investition in flexible Fertigungssysteme. Die Finanzierung der Investition soll über die Hausbank in Form eines Darlehens abgewickelt werden. Die zunächst benötigte Darlehenssumme beträgt 500.000,00 €.

3.1 Neben einer sachlichen Kreditwürdigkeitsprüfung möchten die Sachbearbeiter der Hausbank auch eine Betriebsbesichtigung durchführen. Welche Informationen können sie hier gewinnen, um abschließend ein Urteil über die Bonität des Unternehmens zu fällen?
Beschreiben Sie vier wichtige Gesichtspunkte, die über eine sachliche Kreditwürdigkeitsprüfung hinaus die Konditionen der Hausbank beeinflussen. 12

3.2 Auch die Sachbearbeiter der Hausbank sind davon überzeugt, dass die Investition in flexible Fertigungssysteme die Wirtschaftlichkeit des Unternehmens verbessert. Sie unterbreiten der Pumpen GmbH diese Angebote:

Annuitätendarlehen		Fälligkeitsdarlehen	
Darlehenssumme	500.000,00 €	Darlehenssumme	500.000,00 €
Zinssatz	2,75 %	Zinssatz	2,5 %
Laufzeit	5 Jahre	Laufzeit	5 Jahre
Annuitätenfaktor	0,2188	Auszahlung	99 %
Bearbeitungsentgelt	0,00 €	Bearbeitungsentgelt	0,6 %

Erläutern Sie beide Darlehensarten.
Berechnen Sie die jeweiligen Kreditkosten sowie die Effektivverzinsung des Fälligkeitsdarlehens. 12

3.3 Zur Sicherstellung des Kredits könnte die Hausbank entweder eine Grundschuld an erster Stelle oder eine Sicherungsübereignung der flexiblen Fertigungssysteme verlangen.
Erläutern Sie ausführlich das Wesen, die Voraussetzungen und die Folgen der oben genannten Sicherstellungen. 18

3.4 **Beurteilen** Sie das Finanzierungsvorhaben der Pumpen GmbH allgemein und unter Berücksichtigung der Darlehensarten (3.2) und Sicherungsmöglichkeiten (3.3). 12

Anlage 1: Fertigungsablauf

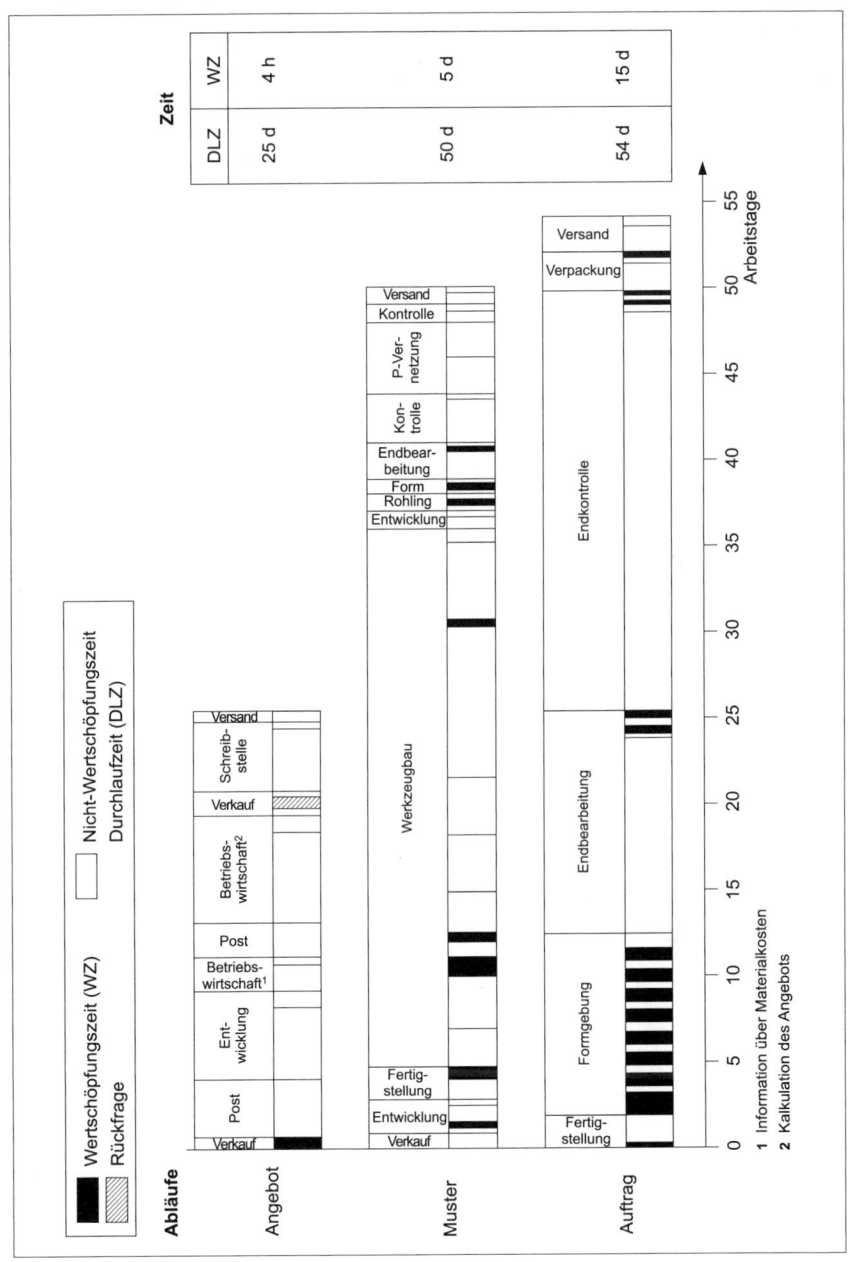

Anlage 2: Die Kapitalwertmethode

Fertigungsautomat 1

Zeitpunkt	t0	t1	t2	t3	t4	t5	t6
Absatzmenge							
Einzahlungen in €							
Auszahlungen in €							
Einnahme-überschuss in €							
Abzinsungs-faktor 15 %							
Barwert(e) in €							
Kapitalwert in €							

Fertigungsautomat 2

Zeitpunkt	t0	t1	t2	t3	t4	t5	t6
Absatzmenge							
Einzahlungen in €							
Auszahlungen in €							
Einnahme-überschuss in €							
Abzinsungs-faktor 15 %							
Barwert(e) in €							
Kapitalwert in €							

Lösungsvorschläge

Aufgabe 1

1.1 *Zur Ermittlung des Gewinns wird die Summe aller Aufwendungen von den Umsatzerlösen abgezogen. Die Wirtschaftlichkeit wird ermittelt, indem die Leistungen zu den Kosten ins Verhältnis gesetzt werden. Wirtschaftliches Handeln kann letztlich nur mithilfe der wertmäßigen Ergiebigkeit beurteilt werden. Die Ermittlung dieser Kennzahl ist eine wichtige Entscheidungsgrundlage eines Unternehmens.*

Ermittlung des Gewinns

GuV in 1.000 €	2000	2005	2012
Umsatzerlöse	32.000,00	35.000,00	39.000,00
Materialaufwand	17.500,00	20.500,00	23.000,00
Personalaufwand	8.500,00	8.900,00	10.500,00
Abschreibungen	950,00	1.500,00	2.200,00
Zinsaufwand	1.000,00	1.600,00	2.000,00
sonstiger betrieblicher Aufwand	1.900,00	2.000,00	2.100,00
Gewinn oder Verlust	2.150,00	500,00	−800,00

Ermittlung der Wirtschaftlichkeit

$$\text{Wirtschaftlichkeit} = \frac{\text{Umsatzerlöse}}{\text{Summe aller Aufwendungen}}$$

2000	2005	2012
$\frac{32.000,00}{29.850,00} = 1{,}072$	$\frac{35.000,00}{34.500,00} = 1{,}014$	$\frac{39.000,00}{39.800,00} = 0{,}980$

Die Wirtschaftlichkeit sinkt somit.

Die Ergebnisse sind zu erläutern. Mithilfe der Zahlenwerte sollen Sie betriebswirtschaftliche Sachverhalte erkennen. Die Ausgangssituation soll gedeutet werden.

Die Umsatzerlöse sind gestiegen. Die Produkte des Unternehmens werden somit vom Markt angenommen. Die Variantenvielfalt führt aber zu höheren Material- und Personalkosten. Der Anstieg der Abschreibungen deutet auf die Erneuerung des Maschinenparks, der Anstieg der Zinsen auf eine höhere Fremdfinanzierung hin. Der überproportionale Anstieg der Kosten im Verhältnis zu den Umsatzerlösen führt zu abnehmenden Gewinnen bzw. zu Verlusten. Dadurch wird die Wirtschaftlichkeit im Jahr 2012 sogar negativ. Die Umsatzerlöse können die Kosten nicht mehr decken.

1.2 Mithilfe des Schaubilds soll eine fallbezogene Pro- und Kontra-Argumentation entwickelt werden, indem Vor- und Nachteile der Werkstättenfertigung gegenübergestellt werden. Die Kontra-Argumente können aufgrund des Schaubilds dominieren, sollten aber nicht ausschließlich in die Antwort einfließen.

Aussage des Schaubilds
Das Schaubild zeigt ein deutliches Missverhältnis zwischen Durchlaufzeiten und Wertschöpfungszeiten. Die hohen Nicht-Wertschöpfungszeiten werden durch organisatorische Probleme in der Werkstättenfertigung verursacht. „Nicht-Wertschöpfung" bedeutet, dass hier Kapital gebunden wird, das dem Unternehmen anderweitig nicht zur Verfügung steht.

Argumente pro Werkstättenfertigung
- Die Werkstättenfertigung ermöglicht eine große Anpassungsfähigkeit bei Nachfrage- bzw. Produktionsprogrammänderungen.
- Der Einsatz von Universalmaschinen führt zu einer geringen Fixkostenbelastung.

Argumente kontra Werkstättenfertigung
- Liegezeiten, Transportzeiten und Umrüstung erhöhen die Durchlaufzeiten.
- Die unterschiedliche Eignung der Maschinen erschwert eine gleichmäßige Auslastung der Werkstätten und Maschinenplätze.
- Kleine Losgrößen verursachen einen starken Anstieg der Rüstzeiten.

Neben den hier aufgeführten Argumenten sind weitere denkbar wie etwa:
- *Ablaufstörungen können flexibler gelöst werden. (Pro)*
- *Höhere Durchlaufzeiten begrenzen die Produktivität, weil die Kapazitäten nicht voll genutzt werden können. (Kontra)*
- *Ein hohes Maß an Arbeitsvorbereitung ist erforderlich. (Kontra)*

1.3 Die Verbesserungsvorschläge sind betriebswirtschaftlich zu begründen und in einen fallbezogenen Kontext zu stellen. Es ist nicht sinnvoll, ausschließlich <u>ein</u> Fertigungsverfahren (z. B. die Fließfertigung) als Lösung anzubieten, da man in der Realität fast ausschließlich organisatorische Konzepte findet, die die Vorteile der Werkstätten- mit denen der Fließfertigung verbinden. Aktuelle Veränderungsprozesse in mittelständischen Unternehmen zeigen, dass diese einerseits im Rahmen von Kaizen-Prozessen organisatorische Verbesserungen in der Werkstättenfertigung durchführen und andererseits verstärkt in Universalmaschinen mit minimalen Rüstzeiten investieren. Die Maßnahmen sind somit kombiniert darzustellen. Weitere als die hier aufgeführten Vorschläge sind möglich.

- Eine **Verringerung der Fertigungstiefe:** Die Abläufe und die Kapazitäten können auf das Kerngeschäft konzentriert werden. Vorprodukte oder komplette Baugruppen könnten durch Zulieferer erstellt werden. Damit gewinnt eine verstärkte Fremdfertigung für das Unternehmen an Bedeutung.

- Eine **Inselfertigung:** Die notwendigen Maschinen und Mitarbeiter werden zu einer Fertigungsinsel (Fertigungssegment) zusammengefasst. Es entstehen selbst steuernde Regelkreise. Von der Unternehmensleitung werden nur noch Rahmendaten vorgegeben. Verfügt das Fertigungssegment über die wesentlichen Informationen, z. B. Personal-, Maschinen- und Rohstoffverfügbarkeit, können die Arbeitsaufträge selbstständig geplant und ausgeführt werden. Die Inselfertigung ermöglicht u. U. eine Produktivitäts- und Qualitätssteigerung, weil die Eigenverantwortlichkeit der Arbeitskräfte motivierend wirkt.
- Eine **verstärkte Produktion von Standardteilen:** Diese können in Fließfertigung hergestellt werden, um eine Standardisierung von Fertigungsabläufen zu erreichen. Organisatorische Veränderungen erfordern neue Investitionen.
- **Informationsdefizite beheben:** Durch eine konsequente Kanban-Steuerung werden die Impulse für eine Produktion und die entsprechenden Daten über EDV-Systeme weitergeleitet. Das Kanban-System zerlegt die Produktion in aufeinanderfolgende Produktionsstufen, die durch möglichst kleine Pufferlager miteinander verbunden sind. Den Impuls zur Produktion gibt der Versand an die letzte Produktionsstufe. Der Informationsfluss und die Steuerung erfolgen gegen die Produktionsrichtung. Deshalb wird diese Art der Steuerung auch als „Hol-Prinzip" bezeichnet.

Aufgabe 2

2.1 *Betriebswirtschaftliche Entscheidungen beruhen sowohl auf qualitativen (vgl. Situationsbeschreibung in Teilaufgabe 2) als auch auf quantitativen Kriterien.*
Qualitative Kriterien machen eine Diskussion offen und flexibel. Sie berücksichtigen wichtige Erfahrungswerte und relativieren quantitative Modellberechnungen. Vor allem sind dies
  – wirtschaftliche Kriterien (Garantie, Kundendienst, Zuverlässigkeit des Lieferers, das erforderliche Kapital ...)
  – technische Kriterien (Genauigkeitsgrad, Störanfälligkeit ...)
  – soziale Kriterien (Umweltfreundlichkeit, Arbeitsmonotonie ...)
  – rechtliche Kriterien (Einhaltung von Unfall- und Umweltschutzvorschriften ...)
  – steuerliche Gesichtspunkte (Abschreibungsmöglichkeiten), die Investitionsentscheidungen beeinflussen.
Investitionsrechnungen liefern quantitative Kriterien. Sie beruhen auf Modellrechnungen. Diese haben den Vorteil, dass die eingesetzten Daten überschaubar bleiben, allerdings muss in Bezug auf die Realität eine Modellkritik erfolgen.
Beim Erstellen der Kostenvergleichsrechnung sind die Berechnungswege nachvollziehbar aufzuzeigen. Die Ergebnisse einzelner Berechnungen müssen zusammengeführt werden, um eine rationale betriebswirtschaftliche Entscheidung vorzubereiten. Bei der Berechnung der kalkulatorischen Abschreibung wird zur

Vereinfachung nicht vom Wiederbeschaffungswert, sondern vom Anschaffungswert (AW) ausgegangen. Er wird auf die Jahre der Nutzung (n) verteilt. Die kalkulatorischen Zinsen (i) beziehen sich auf den durchschnittlichen Wert der Kapitalbindung: AW/2.

Kostenvergleich bei einem Absatz von 45.000 Stück

	Angebot 1 in €	Angebot 2 in €
kalk. Abschreibung = $\frac{AW}{n}$	178.000,00	185.000,00
kalk. Zinsen = $\frac{AW \cdot i}{2}$	35.600,00	44.400,00
sonstige K_f	85.000,00	106.000,00
gesamte K_f	298.600,00	335.400,00
K_v bei 45.000 Stück	186.300,00	147.600,00
Gesamtkosten	484.900,00	483.000,00

Bei Ihrer Entscheidung müssen Sie die Schwächen der Kostenvergleichsrechnung berücksichtigen. Die Ausbringungsmenge, von der an es vorteilhaft wird, eine andere Anlage zu verwenden, bezeichnet man als kritische Menge. Eine Anlage, die höhere Anschaffungskosten und geringere Lohnkosten (k_v) hat, nennt man „kapitalintensiv".

Ermittlung der kritischen Menge

$K_1 = K_2$
$k_{v1} + K_{f1} = k_{v2} + K_{f2}$
$4{,}14x + 298.600 = 3{,}28x + 335.400$
$x = 42.791$

Entscheidung für ein Angebot

Ab einer Produktionsmenge von 42.791 Stück ist der Fertigungsautomat 2 kostengünstiger. Die Anlage 2 hat geringere variable Kosten, aber höhere fixe Kosten. Der Kostenvorteil, der durch die geringen variablen Kosten entsteht, kann erst ab einer Ausbringungsmenge, die größer als 42.791 Stück ist, genutzt werden. Das Gesetz der Massenproduktion wirkt. Aufgrund dieser Berechnung fällt die Entscheidung für den Fertigungsautomaten 2.

Der Entscheidung liegt nur eine statische Berechnungsmethode in Form der Kostenvergleichsrechnung zugrunde. Sie ist einerseits in der Praxis einfach anzuwenden, andererseits bleiben (realistische) Veränderungen in den Kosten im Zeitablauf unberücksichtigt. Es wird nur eine Rechenperiode berücksichtigt. Die Kosten werden ausschließlich zum Zeitpunkt t0 betrachtet.

2.2 Die Daten werden hier komplexer, weil ausgewählte Daten aus der Teilaufgabe 2.1 mit neuen Angaben aus der Teilaufgabe 2.2 zu verbinden sind. Die Berechnungen müssen zusammengeführt werden.

Die Kapitalwertmethode berücksichtigt die abgezinsten Einnahmeüberschüsse (Barwert), die bei einer Investition im Zeitablauf anfallen. Von der Summe der Barwerte wird die Anschaffungsausgabe abgezogen. Die Differenz wird als Kapitalwert bezeichnet. Der vom Investor angestrebte Zinssatz bestimmt den Kapitalwert. Je höher der angestrebte Zinssatz ist, desto niedriger fällt der Kapitalwert aus. Nimmt der Kapitalwert den Wert null an oder wird sogar negativ, dann ist aus wirtschaftlicher Sicht die Investition nicht mehr lohnend.

Nebenrechnung:
Berechnungsbeispiel für das Angebot 1

Einzahlungen in €	45.000 · 13,70		616.500,00
– Auszahlungen in €			
K_f von 60 %	298.600,00 · 0,6	179.160,00	
K_v von 4,14 €/Stück	· 45.000	186.300,00	
K (gesamt) in €			365.460,00
Einnahmeüberschuss in €			251.040,00

Berechnungsbeispiel für das Angebot 1 zum Zeitpunkt t1

$$\text{Abzinsungsfaktor} = \frac{1}{(1+i)^n} = \frac{1}{1{,}15^n} = \frac{1}{1{,}15^1} = 0{,}8696$$

Fertigungsautomat 1

Zeitpunkt	t0	t1	t2	t3	t4	t5	t6
Absatzmenge	–	45.000	46.000	47.000	48.000	49.000	–
Einzahlungen in €	0,00	616.500,00	630.200,00	643.900,00	657.600,00	671.300,00	–
Auszahlungen in €	–890.000,00	–365.460,00	–369.600,00	–373.740,00	–377.880,00	–382.020,00	–
Einnahmeüberschuss in €	0,00	251.040,00	260.600,00	270.160,00	279.720,00	289.280,00	–
Abzinsungsfaktor 15 %		0,8696	0,7561	0,6575	0,5718	0,4972	–
Barwert(e) in €	896.748,14	218.304,38	197.039,66	177.630,20	159.943,89	143.830,01	–
Kapitalwert in €	**6.748,14**	–			–	–	–

Fertigungsautomat 2

Zeitpunkt	t0	t1	t2	t3	t4	t5	t6
Absatzmenge	–	45.000	46.000	47.000	48.000	49.000	50.000
Einzahlungen in €	0,00	616.500,00	630.200,00	643.900,00	657.600,00	671.300,00	685.000,00
Auszahlungen in €	–1.110.000,00	–348.840,00	–352.120,00	–355.400,00	–358.680,00	–361.960,00	–365.240,00
Einnahmeüberschuss in €	0,00	267.660,00	278.080,00	288.500,00	298.920,00	309.340,00	319.760,00
Abzinsungsfaktor 15 %	–	0,8696	0,7561	0,6575	0,5718	0,4972	0,4323
Barwert(e) in €	1.095.660,60	232.757,13	210.256,28	189.688,75	170.922,45	153.803,84	138.232,24
Kapitalwert in €	**–14.339,40**	–	–	–	–	–	–

Die kritische Betrachtung der Kostenvergleichsrechnung (Teilaufgabe 2.1) wird nun um die kritische Betrachtung dynamischer Methoden ergänzt. Die Ergebnisse sind in eine neue Entscheidungsfindung einzubinden.

Bei einem Kalkulationszinssatz von 15 % ist der Kapitalwert für den Fertigungsautomaten 1 positiv = 6.748,14 €. Die Einnahmeüberschüsse decken vollständig die Investitionssumme und die vom Investor festgelegte Verzinsung (15 % p. a.). Der Fertigungsautomat 2 erreicht nicht die geforderte Rendite. Der Kapitalwert ist negativ = –14.339,40 €.

2.3 Der interne Zinsfuß wird ermittelt, indem zwei unterschiedliche Zinssätze (Versuchszinssätze) frei gewählt werden. Den Versuchszinssätzen werden die entsprechenden Kapitalwerte zugeordnet. Während die Kapitalwertmethode lediglich durch einen positiven Kapitalwert zeigt, ob die Investition dem Investor die Investitionssumme und die von ihm festgelegte Mindestverzinsung zurückgibt, will der interne Zinsfuß die tatsächliche Verzinsung zeigen, die in dem Investitionsobjekt steckt. Der Zinssatz ist somit nicht vorgegeben wie bei der Kapitalwertmethode. Vielmehr ist der Zinssatz zu ermitteln, bei dem der Kapitalwert gleich null wird.
In dieser Aufgabe ist der interne Zinsfuß sowohl rechnerisch als auch grafisch zu ermitteln. Bei der grafischen Darstellung werden auf der x-Achse die Kapitalwerte, auf der y-Achse die Zinssätze eingetragen. Die beiden Kapitalwerte werden durch eine Gerade miteinander verbunden. Der Schnittpunkt mit der y-Achse zeigt den internen Zinsfuß. Die Berechnung des internen Zinsfußes erfolgt nach der angegebenen Formel.

Rechnerische Ermittlung
für Fertigungsautomat 1 bei einem Zinssatz $i_1 = 16\,\%$ und $i_2 = 15\,\%$.

$$r = i_1 - C_1 \cdot \frac{i_2 - i_1}{C_2 - C_1}$$

$$= 16 - (-14.621,04) \cdot \frac{15 - 16}{6.748,14 - (-14.621,04)}$$

$$= 16 - (-14.621,04) \cdot \frac{-1}{21.369,18}$$

$$= 16 - (-14.621,04) \cdot (-0,0000467)$$
$$= 16 - 0,68280$$
$$= 15,32$$

Grafische Ermittlung

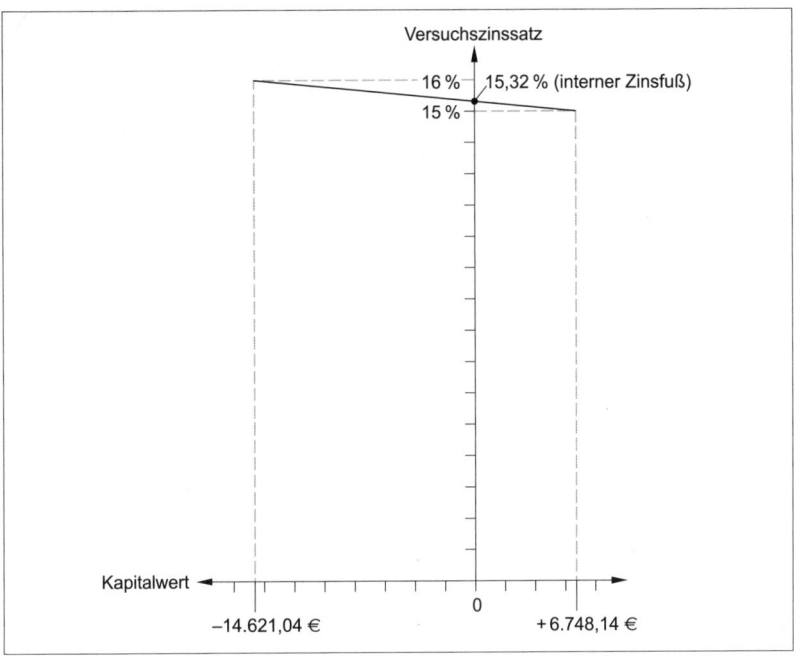

Wichtig ist hier, dass Sie sich in der Erläuterung des allgemeinen Nutzens des internen Zinses für die anstehenden Investitionen der Pumpen GmbH nicht auf Ihre vorherige Berechnung stützen.

Der interne Zins stellt die interne (tatsächliche) Verzinsung der Investition dar. Bei einem internen Zins von 15,32 % (als Näherungswert) ergibt der Kapitalwert 0. Die Überschüsse der Investition werden mit dem internen Zins abgezinst, sodass sich ein Kapitalwert von 0 ergibt. Der interne Zins wird häufig mit alternativen Kapitalmarktrenditen verglichen.

2.4 *Die Ergebnisse der statischen Investitionsrechnung (hier: Kostenvergleichsrechnung) sind den Ergebnissen der dynamischen Investitionsrechnungen (hier: Kapitalwertmethode, interner Zinsfuß) gegenüberzustellen, um Gemeinsamkeiten oder Unterschiede herauszuarbeiten. Der Aussagewert der hier aufgeführten Investitionsrechnungen ist kritisch zu bewerten. Fallbezogene Rahmenbedingungen, wie Kapazität und Nutzungsdauer der Anlagen, sind in die Entscheidung miteinzubeziehen.*

Laut der **Kostenvergleichsrechnung** (statische Investitionsrechnung) ist der Automat 2 ab einer Ausbringungsmenge von 42.791 Stück kostengünstiger.

Die Berechnungen der **Kapitalwertmethode** zeigen, dass der Automat 1 bei einem vom Investor festgelegten Zinssatz von 15 % die angestrebte Rendite erreicht. Der Kapitalwert des Fertigungsautomaten 2 ist unter diesen Bedingungen negativ. Somit wird hier eine andere Entscheidung gefällt als mithilfe der Kostenvergleichsrechnung.

Diese Unterschiede erklären sich durch eine differenziertere Vorgehensweise der dynamischen Investitionsrechnungen im Vergleich zu den statischen Methoden. Die Unterschiede können folgendermaßen zusammengefasst werden: Im Vergleich zu den **statischen** berücksichtigen **dynamische Investitionsrechnungen** realistischer

- die Veränderungen von Ein- und Auszahlungen während der Investitionsdauer,
- die gesamte Investitionsdauer,
- die Zinseffekte der Einnahmeüberschüsse.

Aber auch bei den dynamischen Methoden sind Unsicherheiten vorhanden, denn bei längeren Planungsperioden basieren die Berechnungen auf prognostizierten Werten.

Die Entscheidung sollte berücksichtigen, dass der Automat 2 die größere Kapazität und eine längere Nutzungsdauer hat. Bei Absatzsteigerungen wäre der Umstieg auf eine neue Anlage nicht so dringend erforderlich.

Aufgabe 3

3.1 „Beschreiben" bedeutet, dass wesentliche Aspekte eines Sachverhalts unter Verwendung der Fachsprache wiedergegeben werden sollen. Dieser Sachverhalt ist dann in einen Zusammenhang einzuordnen. Die Konditionen der Hausbank werden einerseits durch die allgemeine Zinsentwicklung, andererseits durch die Kreditwürdigkeit (Bonität) der Pumpen GmbH bestimmt: GuV-Rechnung, Bilanz, Handelsregister- und Grundbuchauszüge, Steuerunterlagen und Gesellschaftervertrag.

Zusätzlich zu einer sachlichen Kreditwürdigkeitsprüfung lassen sich durch eine Betriebsbesichtigung Informationen gewinnen über
- die Organisation des Unternehmens und insbesondere des Fertigungsprozesses. Diese ist maßgeblich verantwortlich für die Produktivität des Unternehmens.
- die fachliche Qualifikation der Mitarbeiter. Je höher die Qualifikation, desto höher ist die Flexibilität des Unternehmens.
- die Qualität der Produkte. Je höher die Qualität, desto enger ist die Kundenbindung. Das Ausmaß der Qualitätskontrollen und der Kundenreklamationen lassen Rückschlüsse auf die Kundenbindung zu.
- die Absatzstrategien. Auf welchen Märkten erwartet das Unternehmen zumindest mittelfristig positive Erfolgswirkungen?

3.2 *Das Darlehen ist eine Form der Fremdfinanzierung. Finanzmittel werden von außen für eine bestimmte Zeit zur Verfügung gestellt und je nach Finanzbedarf des Unternehmens ausbezahlt. Diese Außenfinanzierung bildet oder erhöht das Fremdkapital des Unternehmens. Die unterschiedlichen Darlehensarten unterscheiden sich nach der Art der Tilgung und den davon abhängigen Kreditkosten.*

Beim **Annuitätendarlehen** wird eine feste Annuität (Zinsen + Tilgung) vereinbart. Diese gleichbleibende Gesamtbelastung führt dazu, dass die Zinsbelastung im Laufe der Zeit abnimmt und die Tilgungsraten ansteigen. Die Zinsen werden jeweils von der Restdarlehensschuld berechnet.

Beim **Fälligkeitsdarlehen** wird die Darlehenssumme am Ende der Laufzeit zurückgezahlt. Während der gesamten Laufzeit werden die Zinsen von der Gesamtsumme berechnet.

Beim Annuitätendarlehen muss mithilfe des Annuitätenfaktors die Annuität errechnet werden. Der Faktor ist abhängig vom Zinssatz und der Laufzeit des Annuitätendarlehens. Er beträgt in diesem Fall 0,2188. Die Kreditkosten sind unter Berücksichtigung der angegebenen Einflussfaktoren zu berechnen.

Beim Fälligkeitsdarlehen ist neben den Kreditkosten auch die Effektivverzinsung zu berechnen. Sie ist von der Nominalverzinsung zu unterscheiden, bei der das Disagio, Bearbeitungsentgelte usw. nicht berücksichtigt werden. Kreditinstitute müssen für ihre Darlehen immer Effektivzinssätze angeben. Hier werden sämtliche Kosten berücksichtigt, die über die Laufzeit des Kredits entstehen.

Die Berechnungswege sind nachvollziehbar aufzuzeigen. Die Ergebnisse einzelner Berechnungsschritte müssen zusammengeführt werden.

Annuitätendarlehen		Fälligkeitsdarlehen	
Darlehenssumme	500.000,00 €	Darlehenssumme	500.000,00 €
Zinssatz	2,75 %	Zinssatz	2,5 %
Laufzeit	5 Jahre	Laufzeit	5 Jahre
jährliche Annuität	109.400,00 €	Auszahlung	99 %
gesamte Annuität	547.000,00 €	Bearbeitungsentgelt	0,6 %
gesamte Kreditkosten	**47.000,00 €**	Jährliche Zinszahlungen	12.500,00 €
		Gesamte Zinszahlungen	62.500,00 €
		+ 1 % Disagio	5.000,00 €
		+ 0,6 % Bearbeitungsentgelt	3.000,00 €
		Gesamte Kreditkosten	**70.500,00 €**

Beim Fälligkeitsdarlehen betragen die gesamten Kreditkosten 70.500,00 €. Sie sind auf eine Laufzeit von 5 Jahren zu beziehen.

$$\text{Effektivzinssatz} = \frac{(\text{Zinsbetrag} + \text{Bearbeitungsgebühr} + \text{Disagio}) \cdot 100}{\text{Ausgabebetrag} \cdot \text{Laufzeit}}$$

$$= \frac{(62.500{,}00 + 3.000{,}00 + 5.000{,}00) \cdot 100}{495.000{,}00 \cdot 5}$$

$$= \frac{70.500{,}00 \cdot 100}{495.000{,}00 \cdot 5} = 2{,}85\,\%$$

Die Effektivverzinsung beträgt **2,85 %**.

3.3 *Die Kreditgeber verlangen von den Kreditnehmern in der Regel Sicherheiten. Sie sollen die fristgerechte Verzinsung und Tilgung des Kreditbetrags gewährleisten. Die Aufgabenstellung bezieht sich auf Realkredite. Diese werden durch unbewegliche (Grundstücke) oder durch bewegliche Sachen (Maschinen, Fuhrpark) gesichert. Die Grundschuld und die Sicherungsübereignung sind in ihren wesentlichen Grundzügen zu erläutern.*

Die **Grundschuld** gehört zu den Grundpfandrechten. Sie wird in § 1191 (1) BGB definiert: Bebaute oder unbebaute Grundstücke werden danach „in der Weise belastet [...], dass an denjenigen, zu dessen Gunsten die Belastung erfolgt, eine bestimmte Geldsumme aus dem Grundstück zu zahlen ist". Weil kein Zusammenhang zwischen diesem Pfandrecht und einer Forderung gegeben sein muss, ist eine Grundschuld abstrakt. In das Grundbuch wird nur die Grundschuld zugunsten des Kreditgebers eingetragen, aber nicht der Schuldgrund. Somit kann die Grundschuld hier auch zur Sicherung aller anderen Kreditgeschäfte mit der Pumpen GmbH herangezogen werden. Der Kreditnehmer haftet nur dinglich mit dem Grundstück und nicht mit seinem persönlichen Vermögen. Eine Grundschuld an erster Stelle bedeutet, dass die Forderung der Hausbank vor den Forderungen anderer Kreditgeber Vorrang hat.

Die **Sicherungsübereignung** ist aus Sicht des Kreditnehmers einfach und unkompliziert. Weil sie sich aus dem Pfandrecht entwickelt hat, bezieht sie sich auf bewegliche Teile des Anlagevermögens. Die neu investierten Maschinen können als dingliche Kreditsicherheit angeboten werden. Sie bleiben aber im Besitz der Pumpen GmbH, sodass diese damit weiter uneingeschränkt produzieren kann. Die Pumpen GmbH ist unmittelbare Besitzerin und wirtschaftliche Eigentümerin. Sie darf deshalb die sicherungsübereigneten Anlagen bilanzieren und abschreiben. Allerdings ist die Sicherungsübereignung mit hohen Auflagen seitens des Kreditgebers verbunden. Die Maschinen sind regelmäßig zu warten und entsprechend zu versichern.

Die Bank wird fiduziarische (= treuhänderische) Eigentümerin. Sie kann die Anlagen nur bedingt verwerten, weil eine Veräußerung nur dann möglich ist, wenn die Pumpen GmbH das Darlehen nicht zurückzahlt. Aus Sicht der Bank ist diese Sicherheit zwar einfach und kostengünstig abzuwickeln, aber es besteht die Gefahr, dass der Wert des Sicherungsgutes durch Preisverfall, Beschädigung usw. sinkt oder das Gut bereits sicherungsübereignet ist. Im Fall einer Insolvenz der Pumpen GmbH hat die Bank das Recht, das Sicherungsgut aus der Insolvenzmasse abzusondern (= Absonderungsrecht), um es dann zu veräußern.

3.4 *Die allgemeine Beurteilung soll wichtige Pro- und Kontra-Argumente hinsichtlich der Fremdfinanzierung berücksichtigen, um dann durch einen Vergleich des Annuitätendarlehens mit dem Fälligkeitsdarlehen und einen Vergleich der vorgeschlagenen Sicherheiten zu einem begründeten Sachurteil zu gelangen.*

Eine **Investition, die durch Fremdkapital finanziert wird**, gehört zu den typischen Unternehmerrisiken.

Die **Vorteile** der Pumpen GmbH bestehen darin, dass sie den Zinsaufwand konstant kalkulieren kann. Im Unterschied zur Beteiligungsfinanzierung haben die Kapitalgeber kein direktes Mitspracherecht. Ein höherer Fremdkapitaleinsatz kann dann interessant sein, wenn die Gesamtkapitalrentabilität größer ist als der Fremdkapitalzinsfuß (Leverage-Effekt). In diesem Fall sollte das Eigenkapital geschont werden. Erhöht das Investitionsvorhaben der Pumpen GmbH in dem oben beschriebenen Ausmaß die Wirtschaftlichkeit und Rentabilität des Unternehmens, ist die Fremdfinanzierung sinnvoll.

Zu den **Nachteilen** gehört, dass der Zinsaufwand auch in ertragsschwachen Zeiten gezahlt werden muss. Ebenso wirkt in diesen Zeiten die Rückzahlung des geliehenen Kapitals für das Unternehmen belastend. Die Aufnahme von Fremdkapital lässt die Eigenkapitalquote sinken und verschlechtert somit die Kreditwürdigkeit. In der Regel verlangt der Kreditgeber Sicherheiten.

Viele Investitionen bringen nicht sofort die gewünschte Rendite. Somit könnte trotz höherer Kreditkosten auch ein **Fälligkeitsdarlehen** sinnvoll sein. Während beim **Annuitätendarlehen** die Liquiditätsbelastung gleichmäßig ist und die Zinsaufwendungen durch die permanente Tilgung sinken, muss beim Fälligkeitsdarlehen der gesamte Darlehensbetrag im fünften Jahr zurückgezahlt werden. Die prognostizierten Gewinnerwartungen beeinflussen somit die Wahl der Darlehensart.

Für die Pumpen GmbH ist die **Sicherungsübereignung** sinnvoller, auch wenn zunächst Kosten für Versicherungen anfallen.

Ob die Pumpen GmbH ihre Vorstellungen durchsetzen kann, hängt vom Verschuldungsgrad des Unternehmens ab. Einerseits können bereits erstrangig eingetragene **Grundschulden** vorhanden und somit nicht mehr möglich sein, andererseits sollte das Unternehmen versuchen, diese für weitere Kreditaufnahmen als Sicherheit bereitzuhalten.

Übungsaufgabe 2 – Profil bildender Leistungskurs (NRW)
Betriebswirtschaftslehre mit Rechnungswesen und Controlling

Themenschwerpunkt aus den Kursthemen: Prozess der Leistungserstellung

Aufgabenstellung

Beschreibung der Ausgangssituation

Die Brenner GmbH ist ein Industriebetrieb, der sich auf die kundenindividuelle Herstellung von Metallkonstruktionen im Baubetrieb spezialisiert hat. Produktion und Verwaltung des Unternehmens befinden sich in Paderborn. Das Produktionsprogramm umfasst die Bereiche Standbalkone, Wintergärten, Terrassen sowie Überdachungen. Die Produkte des Unternehmens zeichnen sich durch eine hohe Funktionalität aus. Die zudem gute Verarbeitungsqualität wird ergänzt durch ein modernes Design.

Die Produkte der Brenner GmbH werden überwiegend von Bauträgern erworben. Fast alle Produkte werden in Werk I in der Organisationsform der Werkstattfertigung produziert. Der Vertrieb der kundenindividuellen Konstruktionen erfolgt überwiegend über den Fachgroßhandel und die Produkte sind dem gehobenen Preissegment zuzuordnen.

Lediglich die Überdachungen und die Standbalkone werden in Werk II in Kleinserien in der Organisationsform der Reihenfertigung produziert. Auch sie werden im Baugroßhandel angeboten.

Mit der Geschäftsentwicklung der vergangenen zwei Jahre sind die Gesellschafter des Unternehmens, Carsten Meier und Olav Nagel, nicht zufrieden. Durch die Wirtschaftskrise hat auch die Brenner GmbH einen Absatzrückgang zu verzeichnen, der dazu führt, dass die qualifizierten Mitarbeiter aus Werk I nicht ausgelastet sind und einige entlassen werden müssen. Zudem sind die hohen Preise der Produkte am Markt nicht mehr durchsetzbar. Aus diesem Grund rechnet das Unternehmen im Jahr 2014 damit, einen Verlust zu erwirtschaften. Um dem Abwärtstrend entgegenzuwirken, möchte die Geschäftsleitung Kosteneinsparungen im Produktionsbereich und eine Umstrukturierung des Produktionsprogramms vornehmen.

Aufgabe 1: Produktionsprogrammplanung 10 Punkte

Im Bereich der Standbalkone ist der Umsatz in den vergangenen zwei Jahren im Vergleich zu den anderen Bereichen besonders stark gesunken. Eine Analyse der Verkaufskataloge der Konkurrenz ergab, dass diese über eine umfangreichere Produktpalette verfügt. Herr Nagel schlägt deshalb vor, das Angebot um Anbaubalkone zu erweitern.

1.1 **Definieren Sie** den Begriff „Produktion" aus betriebswirtschaftlicher Sicht zunächst allgemein und dann am Beispiel der Brenner GmbH. 4

1.2 **Beschreiben Sie**, um was für eine Veränderung des Produktionsprogramms es sich bei Herrn Nagels Vorschlag handelt und **diskutieren Sie**, ob der Vorschlag von Herrn Nagel eine geeignete Strategie darstellt, um die wirtschaftliche Situation des Betriebs zu verbessern. 6

Aufgabe 2: Eigenfertigung und Fremdfertigung – Kritische Menge 14 Punkte

Um die Kosten zu senken, überlegt Herr Meier, bisher selbst gefertigte Überdachungen hinzuzukaufen. Es liegt das Angebot des Lieferanten Dicht vor, der für die Überdachungen einen Preis von 3.500,00 € verlangt. Für die Eigenfertigung der Überdachungen fallen fixe Kosten in Höhe von 890.000,00 € an. Pro Dach rechnet man mit einer Arbeitszeit von 300 Minuten, der Stundenlohn beträgt 60,00 €. Zudem fallen pro Dach Materialkosten von 500,00 € an. Die derzeitige Fertigungsstückzahl beträgt 600 Stück.

2.1 **Vergleichen Sie** die Gesamtkosten und die Stückkosten von Eigenfertigung und Fremdbezug bei der erwarteten Fertigungsmenge. 4

2.2 **Berechnen Sie** nunmehr die kritische Menge, **erläutern Sie** das von Ihnen berechnete Ergebnis und **entscheiden Sie** begründet über Eigen- oder Fremdfertigung. 6

2.3 **Erläutern Sie** kurz drei Gesichtspunkte, die Herr Meier und Herr Nagel kostenunabhängig bei der Entscheidung über die Eigen- oder Fremdfertigung berücksichtigen sollten. 4

Aufgabe 3: Fertigungsverfahren 12 Punkte

Die Wintergärten, die das Unternehmen produziert, werden in Werk II in der Organisationsform der Reihenfertigung erstellt. Der Produktionsleiter Herr Steffen plädiert im Fall der Brenner GmbH für die Umstellung auf eine Gruppenfertigung, um so dem Kosteneinsparungsziel näher zu kommen.

3.1 **Beschreiben Sie** die Hauptmerkmale der Fertigungsorganisationsformen Reihenfertigung und Gruppenfertigung.
Analysieren Sie im Anschluss kritisch, ob die Gruppenfertigung der Brenner GmbH Vorteile und Kosteneinsparungspotenziale bieten kann und **entscheiden Sie** begründet über die Einführung der Gruppenfertigung. 4

3.2 Angenommen, die Gruppenfertigung soll eingeführt werden. Wie wird der Betriebsrat eine Umstellung auf die Gruppenfertigung beurteilen? **Nehmen Sie** aus Sicht des Betriebsrats **Stellung**. Beachten Sie, dass der Betriebsrat sowohl das wirtschaftliche Wohl des Betriebs als auch die besonderen Interessen der Arbeitnehmer beachten sollte. **Unterbreiten Sie Vorschläge** zur Behebung ggf. auftretender Nachteile. 8

Aufgabe 4: Teilkostenrechnung   **22 Punkte**

Durch eine Umstrukturierung von Werkstatt- zu Fließbandfertigung in Werk I wird sich die Kostenstruktur und die Gewinnsituation des Unternehmens verändern. Derzeit werden 330 Terrassen der Serie Annika im Werk I gefertigt.

Im Rahmen der Werkstattfertigung liegen folgende Daten für die Terrasse Annika aus der Kosten- und Leistungsrechnung vor:

max. Kapazität bei einer 40-Std.-Woche	400 Stück/Jahr
variable Kosten je Stück	750,00 €
fixe Kosten im Jahr	250.000,00 €
Erlös je Stück	2.175,00 €

Für die Fließbandfertigung sind die Werte wie folgt:

max. Kapazität bei einer 40-Std.-Woche	400 Stück/Jahr
variable Kosten je Stück	600,00 €
fixe Kosten im Jahr	300.000,00 €
Erlös je Stück	2.175,00 €

4.1 **Ermitteln Sie** den Gewinn bei der Werkstattfertigung bei einer 30-Std.-Woche.
Berechnen Sie ebenfalls die Gewinnschwelle (Break-even-Point).
Erklären Sie die Gewinnentwicklung und **erläutern Sie** in diesem Zusammenhang den Begriff „Fixkostendegression". 6

4.2 Bei der Fließbandfertigung ergibt sich folgende neue Gewinnsituation:

Gewinnschwelle	191 Stück
Gewinn bei 30-Std.-Woche	172.500,00 €
Gewinn bei 40-Std.-Woche	330.000,00 €

Beurteilen Sie die Veränderung bei der Fertigungsorganisation aus kostenrechnerischer Sicht und **unterbreiten Sie** der Geschäftsleitung **eine Empfehlung** in Bezug auf die Wahl des Fertigungsverfahrens. 8

4.3 **Erstellen Sie** die Kostenfunktionen bei der Werkstattfertigung und der Fließbandfertigung.
Erklären Sie die Unterschiede bei den fixen und den variablen Kosten. 4

4.4 Bei der Kostenfunktion der Fließbandfertigung sind Veränderungen aufgetreten. Bei einer Produktionsmenge von 400 Stück geht die Kostenrechnung von Gesamtkosten in Höhe von 560.000,00 € aus, bei einer Ausbringungsmenge von 300 Stück von 495.000,00 €.
Geben Sie die neue Kostenfunktion **an**. 4

Aufgabe 5: Fertigungsverfahren und optimale Losgröße 17 Punkte

Die Standbalkone, mittlerweile ein standardisiertes Produkt, werden in Werk II in der Organisationsform der Reihenfertigung in Kleinserien erstellt.

5.1 **Erläutern Sie** den Ablauf der Kleinserienfertigung am Beispiel der Standbalkone der Brenner GmbH. **Definieren Sie** in diesem Zusammenhang den Begriff „optimale Losgröße". 5

5.2 Im Rahmen des Kosteneinsparungsprogramms wird die Ermittlung und Einführung der optimalen Losgröße in diesem Fertigungsbereich diskutiert.
Berechnen Sie die optimale Losgröße mithilfe der unten stehenden Tabelle und der Andler'schen Losgrößenformel. Die Tabellenlücken sind sinnvoll zu ergänzen.
Erläutern Sie Ihre Ergebnisse. 12

Folgende Daten liegen vor:

benötigte Jahresmenge	800 Stück
Rüstkosten	900,00 €
Herstellkosten	60,00 €
Lagerkostensatz	10 %

Losgröße in Stück		Rüstkosten in €		Lagerkosten in €	Gesamtkosten
800					
400					
200					
100					

$$\text{Optimale Losgröße} = \sqrt{\left(\frac{200 \cdot \text{Jahresbedarf} \cdot \text{Rüstkosten}}{\text{Herstellkosten pro Stück} \cdot \text{Lagerkostensatz}}\right)}$$

Aufgabe 6: Festlegung des Arbeitsentgelts 25 Punkte

Die Veränderungen im Produktionsbereich führen dazu, dass das Entlohnungssystem der Brenner GmbH in einigen Produktionsbereichen umgestellt werden muss. Statt des bisher gezahlten Prämienlohns soll in Zukunft ein Akkordlohn in Abhängigkeit von der produzierten Menge bezahlt werden.

6.1 **Grenzen Sie** kurz die Begriffe „Akkordlohn" und „Prämienlohn" voneinander **ab**. 4

6.2 **Berechnen Sie** die Konsequenzen der Umstellung, wenn ein Mitarbeiter täglich 16, 18, 20, 22, 24, 26 Profilträger herstellt. **Ermitteln Sie** dabei die Stundenlöhne und die Stücklöhne.
Erläutern Sie Ihre Ergebnisse und gehen Sie dabei insbesondere auf die Entwicklung der Stücklöhne ein. 15

Es liegen folgende Daten zugrunde:

Normalleistung laut Arbeitszeitstudie und geplante Produktionsmenge bei Fließbandfertigung	2 Profilträger / Stunde
Grundlohn (garantierter Mindestlohn)	10,00 € / Stunde
Akkordzuschlag	20 % des Stundenlohns

Prämienlohnsystem nach Halsey:

Arbeitszeit pro Tag	8 Stunden
Vorgabezeit je Regal	30 Minuten
Zeitlohn	10,00 € / Stunde
Prämie	50 % des ersparten Zeitlohns

6.3 **Diskutieren Sie** die Vor- und Nachteile dieser Umstellung aus der Sicht der Unternehmensleitung. 6

Lösungsvorschläge

Lesen Sie die Ausgangssituation stets sehr aufmerksam durch. Sie soll Ihnen zum einen helfen, sich in die Unternehmenssituation einzufinden, zum anderen stellt sie die Basis für alle Aufgaben dar. Es wird also in den Aufgaben immer wieder darauf Bezug genommen.

Prägnante Stellen sollten Sie sich mit einem Textmarker kennzeichnen, um später schneller zu den Informationen zu gelangen, wenn Sie diese im Laufe der Bearbeitung noch einmal nachlesen möchten. Auch wenn das bunte Markieren von Texten oft „albern" erscheint, handelt es sich hierbei um eine sinnvolle Texterfassungsmethode. Wenn Sie diese nicht anwenden, können Ihnen wichtige Informationen entgehen. Es bietet sich an, z. B. eine Farbe für erkannte Thematiken, die Sie etwa durch Fachtermini identifiziert haben, und eine andere Farbe für die Beschreibung der Unternehmenssituation zu verwenden.

Aufgabe 1

1.1 Hier müssen Sie zwei Definitionen des Begriffs „Produktion" aus betriebswirtschaftlicher Sicht angeben.

Allgemeine Definition
Produktion ist die Kombination von Produktionsfaktoren zur Erstellung einer wirtschaftlichen Leistung, die von den Kunden am Markt gewünscht wird.

Fallbezogene Definition
Die Brenner GmbH transformiert als Input die Produktionsfaktoren Werk- und Betriebsstoffe (Metall und Schrauben, Öle etc.), den Produktionsfaktor Arbeit durch Schlosser, Dreher, Werkzeugbauer etc. und Kapital in den Output der Balkone, Wintergärten, Terrassen und Überdachungen.

Statt der hier gewählten Definitionen sind Alternativen denkbar. Eine weitere allgemeine Definition wäre etwa: Als Produktion wird die Transformation von Input in Form der Produktionsfaktoren (wie Werkstoffe, Betriebsmittel und Arbeitskräfte) in Output in Form von fertigen Erzeugnissen bezeichnet.

1.2 In der Aufgabenstellung wird eine Beschreibung und Diskussion erwartet. Für beide möglichen Strategien – eine mehr oder eine weniger umfangreiche Produktpalette – gibt es Argumente. Eine Diskussion umfasst immer die Darstellung der Argumente beider Seiten.

Beschreibung der Veränderung des Produktionsprogramms
Es handelt sich um eine Verbreiterung des Produktionsprogramms, da diesem ein weiteres Produkt hinzugefügt wird.

Diskussion der Strategie
Der Vorschlag könnte positive Wirkungen auf den Absatzbereich haben. So könnte die Brenner GmbH noch stärker auf Kundenwünsche eingehen, neue

Kundengruppen ansprechen und Kundenbindung betreiben. Durch das zusätzliche Angebot wäre die Brenner GmbH weniger anfällig bei Absatzschwankungen der anderen Bereiche. Außerdem würde sich die Bekanntheit der Brenner GmbH erhöhen, wodurch auch der Umsatz der anderen Produkte gesteigert werden könnte, weil z. B. mit Anbaubalkonen gute Erfahrungen mit der Brenner GmbH gemacht wurden.

Andererseits widerspricht der Vorschlag dem Kostensenkungsziel des Unternehmens im Produktionsbereich. Ein breites Produktionsprogramm bedingt eine komplexere Planung und Steuerung der Fertigung, was einen Aufwand darstellt. Zudem entstünden Produkteinführungskosten etwa durch Werbung und Produktanpassungen. Wird das zusätzliche Produkt auf den gleichen Maschinen hergestellt, muss häufiger umgerüstet werden. Insgesamt sind höhere Lagerbestände (sowohl an Rohstoffen als auch an Fertigerzeugnissen) die Folge.

Aufgabe 2

2.1 *Um die Kostenpositionen vergleichen zu können, sind sie zunächst zu ermitteln. Dazu werden die Gesamtkosten bei gegebener Auslastung berechnet und für die Stückkostenbetrachtung durch die Anzahl gefertigter Stücke geteilt.*

Berechnung der variablen Kosten bei der Kostenfunktion:

$k_v = 500{,}00$ € $+ 60{,}00$ € $\cdot 5$
$k_v = 800{,}00$ €

Berechnung der Kosten bei einer Stückzahl von 600:

Stückzahl 600
fixe Kosten Eigenfertigung 890.000,00 €
variable Kosten 800,00 €

	Kosten Eigenfertigung	Kosten Fremdfertigung
variable Kosten	480.000,00 €	2.100.000,00 €
fixe Kosten	890.000,00 €	
Gesamtkosten	1.370.000,00 €	2.100.000,00 €
Stückkosten	2.283,33 €	3.500,00 €

Die Kosten sind bei einer Menge von 600 Stück in Eigenfertigung geringer. Unter Kostenaspekten wird man bei einer zu fertigenden Menge von 600 Dächern die Eigenfertigung bevorzugen.

2.2 *Zur Berechnung der kritischen Menge für die Entscheidung, ob ein Produkt selbst (= Eigenfertigung) oder fremdbezogen (= Fremdfertigung) gefertigt werden soll, sind die Kostenfunktionen zunächst gleichzusetzen und nach der Unbekannten, dem Parameter x (für die gesuchte Menge) aufzulösen.*

Berechnung der kritischen Menge
$KE(x) = KF(x)$
$800{,}00 \cdot x + 890.000{,}00 = 3.500{,}00 \cdot x$
$890.000{,}00 = 2.700{,}00 \cdot x$
$x = 329{,}63$ Stück

Erläuterung des Ergebnisses und Entscheidungsfindung
Die kritische Menge beträgt 329,63 Stück: Schon ab 330 Stück ist die Eigenfertigung kostengünstiger. Würde in Zukunft also die Verkaufsmenge unter 330 Stück fallen, böte sich die Fremdfertigung an. Ansonsten sollte man bei der Eigenfertigung bleiben.

2.3 *Hier sollen Sie kostenunabhängige Gesichtspunkte, unter denen Eigenfertigung oder Fremdbezug beurteilt werden sollten, ggf. unter Einbezug zusätzlicher Informationen oder Beispiele verdeutlichen.*

Im Fall der Brenner GmbH als Anbieter qualitativ hochwertiger Produkte mit anspruchsvollen Kunden sollte die **Produktqualität** ein zusätzliches Entscheidungskriterium darstellen. Zuzukaufen ist nicht immer die qualitativ nachrangigere Lösung. Fremdlieferanten sind oft sehr spezialisiert und beherrschen bestimmte Prozesse vielleicht besser als das Unternehmen selbst.
Ggf. kann es allerdings einen schlechteren Eindruck bei den eigenen Kunden machen, wenn die Produkte zugekauft werden, sodass das **Unternehmensimage** Schaden nimmt.
Entscheidet sich das Unternehmen für die Fremdfertigung, muss es sich über die entstehende **Abhängigkeit vom Lieferanten** bewusst sein und die langfristige Geschäftsentwicklung im Auge behalten. So ist es wichtig, dass der Lieferant auch künftig noch zur Verfügung steht und das auch zu verlässlichen Konditionen. Andernfalls könnte sich die Fremdfertigung später als Fehlentscheidung herausstellen, die dann vielleicht nicht wieder revidiert werden kann, weil z. B. Produkt- und Fertigungs-Know-how nicht mehr verfügbar sind.

Aufgabe 3

3.1 *Unter Berücksichtigung der Fachsprache sollen Sie in dieser Teilaufgabe die Hauptmerkmale der Reihen- und der Gruppenfertigung zusammenhängend darstellen.*

Bei der **Reihenfertigung** sind Maschinen und Arbeitsplätze nach der Reihenfolge der erforderlichen Arbeitsabläufe geordnet. Die Verrichtung erfolgt nach dem Flussprinzip. Jeder Arbeitsgang ist die Folge einer hohen Arbeitszerlegung und es wird mit Spezialmaschinen gearbeitet. Für die Tätigkeiten können ungelernte Arbeiter angestellt werden, die zwischen den Arbeitsvorgängen die Werkstücke selbst befördern. So entstehen Zwischenlager.

Bei der **Gruppenfertigung** ist die Produktionsstätte in mehrere Fertigungsinseln aufgeteilt, an denen Fachkräfte unterschiedliche Arbeitsvorgänge verrichten. Dazu müssen die Arbeiter ausgebildet sein. Sie transportieren die Werkstücke zwischen den Gruppen selbst. Zwischenlager sind unvermeidbar.

Beziehen Sie in die Analyse die Informationen zur Brenner GmbH mit ein, die Ihnen durch die Beschreibung der Ausgangssituation vorliegen. Ihre Lösung sollte durch eine Kriterien- bzw. Aspektorientierung klar strukturiert sein.

Analyse der Gruppenfertigung
Die Brenner GmbH nutzt mit dem Einsatz der Reihenfertigung bereits ein sehr kosteneffizientes Verfahren im Vergleich zur Baustellen- oder Werkstattfertigung. Bei der Gruppenfertigung bedarf es eines höheren Planungsaufwands, da die Auslastung des Personals genau eingeteilt und abgestimmt werden muss. Zwar sind die Arbeitsvorgänge nicht immer voneinander abhängig, aber aufwendiger als bei der Reihenfertigung. Die Personalkosten sind folglich deutlich höher.
Allerdings kann das qualifizierte Personal auch deutlich flexibler auf Kundenwünsche eingehen, da es besser ausgebildet ist. Kundenanfertigungen und Sonderwünsche können daher besser und auch kostengünstiger ausgeführt werden, als dies mit der Reihenfertigung möglich wäre. Auch ist das Personal grundsätzlich motivierter, weil die Arbeitsvorgänge abwechslungsreicher sind und weil es in die Planung der Arbeitsabläufe stärker einbezogen wird. Das verkürzt Arbeitszeiten und lässt flexible Einsätze zu, was sich ebenfalls kostenmindernd auswirkt.
Vermutlich sind bei dem Produkt „Wintergarten" sehr viele kundenindividuelle Anpassungen notwendig, da es sich um ein individuelles Produkt handelt, das nicht vollständig aus Standardelementen bestehen könnte.

Entscheidung über die Gruppenfertigung
Insofern liegt die Kostenersparnis bei Einführen der Gruppenfertigung nahe. Für eine genauere Beurteilung wären jedoch weitere Informationen über die Brenner GmbH notwendig.

3.2 *„Aus Sicht des Betriebsrats" bedeutet hier, dass Sie sich in dessen Situation versetzen und tatsächlich so schreiben sollen, als wenn Sie den Betriebsrat vertreten würden. Denken Sie daran: 10 % der Abiturwertung entfällt auf Ihre korrekte Formulierung sowie auf Ausdruck, Form und Rechtschreibung. Bei einem wie hier geforderten Fließtext erkennen die Korrektoren möglicherweise vorhandene Schwächen, wenn Sie etwa versuchen, möglichst viel Text zu vermeiden. Geben Sie ihnen dazu keine Gelegenheit.*
Beachten Sie, dass die Stellungnahme in diesem Fall das Unterbreiten von Vorschlägen miteinbezieht.

Sehr geehrte Betriebsleitung,

wir haben von den Plänen erfahren, die Wintergärten künftig im Fertigungsverfahren der Gruppenfertigung zu produzieren. Dabei geben wir zu bedenken, dass dies eine grundsätzliche personelle Umstrukturierung zur Folge hat, die sich auch auf die **Mitarbeiterzufriedenheit** auswirken kann. Zahlreiche Mitarbeiterinnen und Mitarbeiter, die als ungelernte Kräfte derzeit in der Reihenfertigung tätig sind, würden ihren Arbeitsplatz verlieren oder müssten sich weiterbilden. Neues, **ausgebildetes Personal** müsste aufwendig rekrutiert werden, sofern der Arbeitsmarkt dies aufgrund des herrschenden Fachkräftemangels überhaupt zulässt. Dabei geben wir zu bedenken, dass sowohl die externe Personalbeschaffung als auch eine mögliche interne Weiterqualifizierung mit **hohen Kosten** verbunden sind. Auf jeden Fall müsste das Unternehmen vorab prüfen, ob die derzeitigen Kräfte den neuen Herausforderungen gewachsen und für die Qualifizierung geeignet sind. Interne Kolleginnen und Kollegen sind bei der Stellenbesetzung unbedingt vorzuziehen. Bedenken Sie bitte auch, dass die Mitarbeiter mit den Anforderungen einer Gruppenfertigung einen höheren **Entgeltanspruch** haben.

Wir freuen uns aber auch darüber, dass Sie unseren Kolleginnen und Kollegen diese anspruchsvollen Tätigkeiten zutrauen und ihnen **mehr Verantwortung** übertragen möchten. Damit verbunden ist die höhere eigene Kontrolle über den Arbeitsplatz und insofern bestimmt auch eine bessere **Identifikation** mit unserem Unternehmen insgesamt.

Mit freundlichen Grüßen
Ihr Betriebsrat

Aufgabe 4

4.1 *In dieser Teilaufgabe werden vier Anforderungen an Sie gerichtet. Beim schnellen Lesen oder einer möglichen Nervosität gelangt manchmal das zuerst Gelesene zum Ende der Aufgabenstellung hin schon wieder in Vergessenheit oder es besteht die Gefahr, das zuerst Gelesene schnell richtig machen zu wollen und dabei die anderen Aufgabenteile zu vernachlässigen. Markieren Sie sich daher zunächst alle Operatoren, die Sie in den Aufgabenstellungen finden.*
Bei der Ermittlung sind zunächst reine Werte darzustellen. Sie können auch Nebenrechnungen angeben.

max. Kapazität	400 Stück
prop. variable Kosten	750,00 €
fixe Kosten	250.000,00 €
Stückerlös	2.175,00 €

Gewinnvergleich bei	300 Stück
Umsatzerlös	652.500,00 €
fixe Kosten	250.000,00 €
variable Gesamtkosten	225.000,00 €
Gewinn	**177.500,00 €**

Der Break-Even-Point oder die Gewinnschwelle wird ermittelt, indem die Ausbringungsmenge für den Fall gesucht wird, in dem kein Gewinn erwirtschaftet wird. Dies ist dann gegeben, wenn die Erlöse die Kosten decken, also Erlöse – Kosten = 0.

$E(x) = K(x)$
$2.175{,}00 \cdot x = 750{,}00 \cdot x + 250.000{,}00$
$1.425{,}00 \cdot x = 250.000{,}00$
$x = 175{,}44$

Bei einer Menge von 175 Stück erwirtschaftet das Unternehmen Verlust, bei einer Menge von 176 Stück erwirtschaftet das Unternehmen Gewinn.

Unter dem alternativen Ansatz der Deckungsbeitragsrechnung wird geprüft, wie viele Stückdeckungsbeiträge ausreichen, um die fixen Kosten zu decken, also

$$\frac{K_f}{db} = \frac{250.000{,}00}{2.175{,}00 - 750{,}00} = 175{,}44$$

Zur Erklärung der Gewinnentwicklung wird von Ihnen ein Fließtext verlangt.

Die Gewinnerhöhung kommt durch die Fixkostendegression zustande: Die Stückerlöse bleiben gleich, während sich die Stückkosten verringern, da sich die konstante Gesamtsumme der fixen Kosten auf eine größere Produktionsmenge verteilt. Bei steigender Produktionsmenge verringern sich die fixen Kosten pro Stück, dies nennt man Fixkostendegression.

4.2 *In dieser Teilaufgabe sollen Sie die Veränderung bei der Fertigungsorganisation aus einer bestimmten Perspektive – aus kostenrechnerischer Sicht – bestimmen. Beziehen Sie dabei auch Informationen aus der Aufgabenstellung bzw. Situationsbeschreibung mit ein. Das eine Beurteilung grundsätzlich abschließende Sachurteil wird hier von Ihnen in Form einer Empfehlung an die Geschäftsleitung verlangt.*

Beurteilung der Änderung der Fertigungsorganisation
Die Gewinnschwelle ist gegenüber der Werkstattfertigung nun von 176 Stück auf 191 Stück gestiegen. Das Unternehmen muss also mehr Terrassen absetzen, um Gewinn zu erwirtschaften.

Der Gewinn ist bei einer Produktionsmenge von (wie bisher) 330 Stück bei der Fließbandfertigung geringer als bei der Werkstattfertigung: 220.250,00 € bei der Werkstattfertigung gegenüber 219.750,00 € bei der Fließbandfertigung.
Die Produktionsmenge muss in Zukunft auf jeden Fall oberhalb von 330 Stück liegen, damit sich die Umstellung überhaupt lohnt. Es müssten also Aussichten auf die Möglichkeit des Absatzes einer wesentlich höheren Menge bestehen, ohne dass der Preis nach unten korrigiert werden muss.

Empfehlung eines Fertigungsverfahrens
Bei der derzeitigen Auslastung ist von einer Umstellung der Fertigungsverfahren abzuraten, da der Gewinn geringer ausfallen würde. Erst bei einer dauerhaft deutlich höheren Ausbringungsmenge lohnt sich die Fließbandfertigung.

Nebenrechnungen:

	Werkstattfertigung	Fließbandfertigung
Gewinnvergleich	330 Stück	330 Stück
Umsatzerlöse	717.750,00 €	717.750,00 €
fixe Kosten	250.000,00 €	300.000,00 €
variable Gesamtkosten	247.500,00 €	198.000,00 €
Gewinn	220.250,00 €	219.750,00 €

4.3 *Stellen Sie sachlich und knapp beide gefragten Kostenfunktionen dar.*

Aus der Situationsbeschreibung lassen sich die Kostenfunktionen ableiten. Die Kostenfunktion für die Werkstattfertigung lautet $f(x) = 750x + 250.000$ und die Kostenfunktion der Fließbandfertigung $f(x) = 600x + 300.000$.

Greifen Sie für die Erklärung der Unterschiede auf Ihre Kenntnisse aus dem Unterricht und auf die Informationen in der Aufgabenstellung zurück.

Bei der **Werkstattfertigung** bestehen höhere variable Kosten, weil mehr Mitarbeiter benötigt werden, die zudem höhere Löhne beziehen, also insgesamt höhere Lohnkosten verursachen.
Bei der **Fließbandfertigung** sind hingegen die Fixkosten besonders hoch, weil u. a. die Anschaffung der Spezialmaschinen sehr teuer ist. Die hohen Anschaffungskosten wirken sich dann über die Abschreibungen in den einzelnen Jahren als hohe Fixkostenbeträge aus.

4.4 *Passen Sie auf Grundlage der zur Verfügung stehenden Werte die Funktion an.*

Kostenänderung bei der angegebenen Mengenänderung: 65.000,00 €
Nebenrechnung: 65.000,00 € : 100 = 650,00 €

Kostenfunktion: $f(x) = 650x + 300.000$

Aufgabe 5

5.1 *Den allgemeinen Ablauf der Kleinserienfertigung sollen Sie hier unter Bezugnahme auf ein konkretes Beispiel – die Brenner GmbH – erklären. Hierin sollen Sie die Definition der optimalen Losgröße einbinden.*

Die **Kleinserienfertigung** am Beispiel der Brenner GmbH kann als Fertigung von unterschiedlichen Standbalkonen in relativ geringen Mengen nacheinander beschrieben werden. Erst wird z. B. Standbalkon Nr. 1 in Kleinserie Nr. 1 gefertigt, dann erfolgt die Maschinenumstellung (Rüsten), im Anschluss wird Regalsystem Nr. 2 in Kleinserie Nr. 2 gefertigt usw.

Die Losgröße gibt in diesem Zusammenhang die Menge an, die innerhalb einer Kleinserie gefertigt wird. Die **optimale Losgröße** ist die Produktionsmenge innerhalb einer Kleinserie, bei der die Summe aus Lager- und Rüstkosten/auflagenfixen Kosten sowie auflagenvariablen Kosten am geringsten ist.

5.2 *Die optimale Losgröße ist sowohl mithilfe der vorgegebenen Tabelle (Näherungslösung) als auch nach der angegebenen Formel zu ermitteln.*

Für Ersteres ist zunächst der Lagerwert, also der Wert der eingelagerten Güter, zu bestimmen. Dafür multipliziert man die Herstellkosten mit dem durchschnittlichen Lagerbestand. Die Höhe der Lagerkosten wiederum wird mit 10 % des Lagerwerts angenommen. Folglich ist der Lagerwert mit dem Lagerkostensatz von 10 % zu multiplizieren, um auf die Höhe der Lagerkosten zu kommen.

Tabellarische Ermittlung

Losgröße in Stück	Anzahl Lose	Rüstkosten in €	Durchschnitt Lagerbestand in Stück	Lagerkosten in €	Gesamtkosten in €
800	1	900,00	400	2.400,00	3.300,00
400	2	1.800,00	200	1.200,00	3.000,00
200	4	3.600,00	100	600,00	4.200,00
100	8	7.200,00	50	300,00	7.500,00

Ermittlung anhand der Andler'schen Losgrößenformel

$$\text{Optimale Losgröße} = \sqrt{\left(\frac{200 \cdot 800 \cdot 900}{60 \cdot 10}\right)} = 489{,}9$$

Die zuvor ermittelten Ergebnisse sollen Sie nun in den Zusammenhang der Aufgabenstellung einordnen und deuten: Was sagen die Ergebnisse aus?

Mithilfe des **tabellarischen Verfahrens** kann man die optimale Losgröße nur näherungsweise ermitteln und durch viele Annäherungsrechnungen wird ein hoher Aufwand verursacht. Bei den vorgegebenen Losgrößen ergibt sich eine Vorteilhaftigkeit der 400er-Losgröße gegenüber den Alternativen.
Für die genaue Berechnung ist die Anwendung der **Andler'schen Losgrößenformel** notwendig. Damit ergibt die optimale Losgröße 490 (489,9) Standbalkone: Bei dieser Seriengröße ist die Summe aus Lager- und Rüstkosten am geringsten.

Aufgabe 6

6.1 *„Abgrenzen" erfordert hier eine klare Definition der angegebenen Begriffe von Ihnen, jedoch ohne allzu detailliert zu werden bzw. abzuschweifen (kurz).*

Der **Prämienlohn** ist im Grunde ein Zeitlohn, der um eine Prämie erweitert ist. Sie wird – ggf. auch anteilig – gezahlt, je nachdem wie hoch die Menge oder der Qualitätsgrad der zu verrichtenden Tätigkeit ausfällt. Die Prämie wird nach Halsey prozentual vom Zeitlohn ermittelt.
Der **Akkordlohn** hingegen ist eine Entlohnung nach der Menge an Verrichtungen (z. B. an Werkstücken). Er wird aus der Leistung im Verhältnis z. B. zur produzierten Fertigungsmenge ermittelt.

6.2 *Hier müssen Sie die Stück- und Stundenlöhne sowohl bei Zahlung des Akkordlohns als auch im Fall eines Prämienlohns berechnen. Denken Sie – wie bei allen Aufgaben – an das kaufmännische Runden.*

Ermittlung des Akkordlohns

Grundlohn	10,00 €
Normalleistung	2 Stück
Akkordzuschlag	20 %

Ist-Leistung	16	18	20	22	24	26
Grundlohn	10,00 €	10,00 €	10,00 €	10,00 €	10,00 €	10,00 €
+ Akkordzuschlag	2,00 €	2,00 €	2,00 €	2,00 €	2,00 €	2,00 €
= Akkordrichtsatz	12,00 €	12,00 €	12,00 €	12,00 €	12,00 €	12,00 €
Akkordrichtsatz / Normalleistung pro Std. = Stückakkordsatz	6,00 €	6,00 €	6,00 €	6,00 €	6,00 €	6,00 €
Bruttolohn Akkord	96,00 €	108,00 €	120,00 €	132,00 €	144,00 €	156,00 €
Stundenlohn	12,00 €	13,50 €	15,00 €	16,50 €	18,00 €	19,50 €

Ermittlung des Prämienlohns

Ist-Leistung/Tag in Stück	Arbeitszeit/Tag in Std.	ersparte Zeit/Tag in Std.	Grundlohn/Tag in €	Prämie/ Tag in €	Bruttolohn/Tag in €	Stücklohnkosten in €	Stundenlohn in €
16	8	–	80,00	0,00	80,00	5,00	10,00
18	8	1	80,00	5,00	85,00	4,72	10,63
20	8	2	80,00	10,00	90,00	4,50	11,25
22	8	3	80,00	15,00	95,00	4,32	11,88
24	8	4	80,00	20,00	100,00	4,17	12,50
26	8	5	80,00	25,00	105,00	4,04	13,13

Zur Erläuterung der Ergebnisse bietet sich ein Vergleich dieser an.

Der Akkordstundenlohn ist bei allen gegebenen Mengen höher als der Prämienlohn. Die Lohnstückkosten bleiben beim Akkordlohn gleich, während sie sich beim Prämienlohn mit zunehmender Stückzahl verringern, da das fixe Grundgehalt sich auf eine größere Menge verteilt.

6.3 *„Diskutieren" verlangt von Ihnen das Aufführen von Pro- und Kontra-Argumenten. Die Umstellung des Entlohnungssystems sollen Sie nicht etwa aus der Perspektive der Mitarbeiter, sondern aus Unternehmersicht bewerten.*

Die Vorteile der Einführung eines Akkordlohns sind offensichtlich: Durch das höhere Arbeitsentgelt sind die **Mitarbeiter** wahrscheinlich **motivierter**, höhere Stückzahlen zu erzeugen, wodurch die **angebotene Menge** des Unternehmens **am Markt** steigt. Das Unternehmen kann mehr verkaufen, seine Bekanntheit dadurch steigern und bei Komplementärgütern ggf. weitere Produkte absetzen.
Außerdem ist für die Unternehmensleitung nachvollziehbar, welcher Mitarbeiter welche Leistung erbringt. Besonders **leistungsstarke Mitarbeiter** können so identifiziert und in ihren Stärken möglicherweise weitergebildet oder befördert werden. **Leistungsschwächere Mitarbeiter** werden auch identifiziert und können so gezielt unterstützt oder anderen Aufgaben zugeteilt werden, bei denen sie vielleicht besser eingesetzt werden können.
Was als positiver Motivator in puncto Entgeltanreiz genannt wird, gilt nachteilig als Auswirkung auf die **Lohnkosten**, die dadurch unwillkürlich **steigen**.
Das schnelle Arbeiten der Arbeitskräfte kann zudem dazu führen, dass die **Qualität** der Arbeitsausführung und damit auch der Produkte leidet. Das wiederum würde sich negativ auf die **Kosten** auswirken, weil Kunden ihre Produkte reklamieren würden. Eine Folge wäre zudem ein **schlechteres Unternehmensimage**.

> **Übungsaufgabe 3 – Profil bildender Leistungskurs (NRW)**
> **Betriebswirtschaftslehre mit Rechnungswesen und Controlling**

Themenschwerpunkt aus den Kursthemen: Kosten- und Leistungsrechnung

Aufgabenstellung

Beschreibung der Ausgangssituation
Die H. A. Schmuck & Accessoires OHG ist ein inhabergeführtes Unternehmen, spezialisiert auf Schmuckprodukte der Extraklasse im Hochpreissegment. Das Geschäft ist saisonal unabhängig, da die weltweit verteilten Abnehmer mit unterschiedlichen Kulturen und Kaufgewohnheiten einzelne Marktschwankungen ausgleichen. Allerdings lassen sich die Produkte immer nur kurzzeitig zu Höchstpreisen absetzen, da das Unternehmen mit seinen Marken als Trendsetter gilt und es von Nachahmern zu einem späteren Zeitpunkt zu niedrigeren Verkaufspreisen gezwungen wird.
Sie sind in diesem Unternehmen im Controlling eingesetzt.

Aufgabe 1: Grundsätzliche Unterschiede zwischen KLR und GuV 6 Punkte

1 **Erläutern Sie** den Unterschied zwischen dem Betriebsergebnis und dem Unternehmensergebnis/Gesamtergebnis. Gehen Sie dabei auch auf die Begriffe „Kosten" und „Aufwand" sowie „Ertrag" und „Leistung" ein.   6

Aufgabe 2: Ergebnistabelle 42 Punkte

Sie sollen nun das nachfolgende Ergebnis der Finanzbuchhaltung des Standorts in Paderborn prüfen, wozu das Beschriften und Vervollständigen der Ergebnistabelle (**Anlage 1**) notwendig ist.

2.1 **Führen Sie** die Abgrenzungsrechnung **durch**. Berücksichtigen Sie dabei die folgenden Angaben:

Die Unternehmer berücksichtigen im vorletzten Abrechnungsmonat einen umsatzabhängigen Unternehmerlohn in Höhe von 50.000,00 € bei einem Umsatz von 2 Mio. €. Der Berechnung folgend ist der Unternehmerlohn für diesen Abrechnungsmonat anzusetzen.

Unter den Abschreibungen des Rechnungskreises 1 befinden sich monatsanteilige Abschreibungen auf vermietete Lagergebäude in Höhe von 16.000,00 €.
Die kalkulatorischen Abschreibungen betragen 200.000,00 €.

Als kalkulatorische Zinsen des betriebsnotwendigen Kapitals finden Sie 10 % in den Unterlagen des Betriebs angegeben.

Anlagevermögen	2.000.000,00 €
davon – verpachtete Grundstücke – vermietete Lagerhalle	450.000,00 € 151.000,00 €
Umlaufvermögen	2.198.660,00 €
Eigenkapital	3.400.000,00 €
Hypothekenschulden	980.000,00 €
Darlehensschulden	500.000,00 €
Verbindlichkeiten aus L. u. L.	640.000,00 €
Anzahlungen von Kunden	240.000,00 €

Beständewagnis: Von den gelagerten Rohstoffen der letzten 6 Monate mit einem Wert von insgesamt 4 Mio. € wurden im gleichen Zeitraum Rohstoffe im Wert von 132.000,00 € durch Verderb bzw. Veralten unbrauchbar. In diesem Monat wird mit einem Rohstoffverbrauch von 0,4 Mio. € gerechnet. 21

2.2 **Berechnen Sie** die neutralen Ergebnisse, das Betriebs- und das Gesamtergebnis des Unternehmens. 6

2.3 **Ermitteln** und **bewerten Sie** ausgehend vom Unternehmensergebnis die Eigenkapitalrentabilität, wenn der marktübliche Zinssatz 3 % beträgt. 5

2.4 **Beurteilen Sie** die von Ihnen ermittelten Ergebnisse (Teilaufgaben 2.1 und 2.2), indem Sie auch auf mögliche Ursachen der Abweichungen zwischen Unternehmens- und Betriebsergebnis eingehen. **Überprüfen Sie** in diesem Zusammenhang auch die vorgenommene Abgrenzung kritisch. 6

2.5 **Beschreiben Sie**, warum in der Kostenrechnung die sogenannten kalkulatorischen Abschreibungen berücksichtigt werden und warum diese höher sein können als in der Finanzbuchführung. 4

Aufgabe 3: BAB und Kostenträgerrechnung 31 Punkte

Der Ergebnistabelle des Standorts Düsseldorf entnehmen Sie für den Monat Dezember folgende Beträge:

Umsatzerlöse	264.600,00 €
Bestandsmehrungen	1.750,00 €
Fertigungsmaterial	90.250,00 €
Hilfs- und Betriebsstoffe	7.000,00 €
Energie	9.010,00 €
Fertigungslöhne (einschließlich darauf entfallender Sozialkosten)	35.700,00 €
Gehälter	28.240,00 €
Sozialkosten (Gehaltsbereich)	4.770,00 €
betriebliche Steuern	13.050,00 €
kalkulatorische Abschreibungen	59.535,00 €
sonstige kalkulatorische Kosten	22.850,00 €

Als Kostenstelleneinzelkosten liegen Ihnen folgende Daten vor:

Kosten im Eingangslager	500,00 €
Kosten für die Produktionsablaufsteuerung	1.500,00 €
Kosten für die Kantine in der Verwaltung	400,00 €

3.1 **Stellen Sie** den Betriebsabrechnungsbogen (**Anlage 2**) nach folgendem Verteilungsschlüssel **auf**. 8

Gemein-kostenart	Material	Fertigung	Verwaltung	Vertrieb
Hilfs- und Betriebsstoffe	800,00 €	5.000,00 €	500,00 €	700,00 €
Energie	38.000 kWh	90.200 kWh	17.000 kWh	35.000 kWh
Gehälter	4.000,00 €	3.100,00 €	15.000,00 €	6.140,00 €
Sozialkosten (Gehalts-bereich)	870,00 €	2.400,00 €	1.000,00 €	500,00 €
betriebliche Steuern	1 Teil	11 Teile	4 Teile	2 Teile
kalkulato-rische Ab-schreibungen	6.000,00 €	40.000,00 €	5.000,00 €	8.535,00 €
sonstige kal-kulatorische Kosten	40 Teile	250 Teile	120 Teile	47 Teile

3.2 **Berechnen Sie** mithilfe der Gemeinkosten die Selbstkosten auf Istkostenbasis und **ermitteln Sie** dann die Zuschlagssätze (**Anlage 3**).
Gehen Sie von folgenden Ist-Gemeinkosten aus:
Material-GK   16.795,00 €   Fertigungs-GK   76.985,00 €
Verwaltungs-GK   31.650,00 €   Vertriebs-GK   21.425,00 €   12

3.3 **Ermitteln Sie** die Normalgemeinkosten sowie die Kostenüber- bzw. -unterdeckungen in den einzelnen Kostenbereichen und insgesamt (**Anlage 4**). 6

3.4 Bereits bei drei aufeinanderfolgenden Betriebsabrechnungen wurden erhebliche Kostenunterdeckungen in den Kostenstellen Material und Fertigung festgestellt, während die Abweichungen in den übrigen Kostenstellen bisher immer nur geringfügig waren.
Der Leiter der Materialkostenstelle begründet die Kostenunterdeckung mit den gestiegenen Rohstoffpreisen. Er schlägt vor, die Normalkostenzuschlagssätze zu erhöhen; dann werde in Zukunft eine Kostendeckung erreicht.
Der Leiter der Fertigungskostenstelle argumentiert anders: Im Fertigungsbereich sei ein ungewöhnlich hoher Betriebsstoffverbrauch entstanden, mit dem nicht zu rechnen gewesen sei. Er will die Entnahme der betreffenden Betriebsstoffe in den nächsten Monaten dokumentieren, um festzustellen, ob sich Verbrauchsspitzen auf eine Produktionslinie konzentrieren. Aufbauend auf den Verbrauchsaufzeichnungen will er weitere Maßnahmen zur Kostensenkung ergreifen.
Beurteilen Sie die Erklärungen der beiden Kostenstellenleiter kritisch. 5

Aufgabe 4: Kostenträgerzeitrechnung   21 Punkte

Die Geschäftsbuchhaltung der H. A. Schmuck & Accessoires OHG liefert Ihnen für den Monat Januar für zwei Produktgruppen folgende Angaben in Euro:

		Kostenträger	
	Gesamt	Produktgruppe A	Produktgruppe B
Fertigungsmaterial	400.000,00	300.000,00	100.000,00
Fertigungslöhne	200.000,00	160.000,00	40.000,00

Unfertige Erzeugnisse			
Anfangsbestand	10.000,00	8.000,00	2.000,00
Endbestand	35.000,00	30.000,00	5.000,00
Bestandsveränderung	25.000,00	22.000,00	3.000,00
Fertige Erzeugnisse			
Anfangsbestand	15.000,00	6.000,00	9.000,00
Endbestand	5.000,00	5.000,00	0,00
Bestandsveränderung	–10.000,00	–1.000,00	–9.000,00
Netto-Umsatzerlöse	1.920.000,00	1.000.000,00	920.000,00

Im Abrechnungszeitraum wurde mit folgenden Normalgemeinkostenzuschlagssätzen kalkuliert:
Material-GK   15 %   Fertigungs-GK   170 %
Verwaltungs-GK 28 %   Vertriebs-GK   16 %

Die Kostenüberdeckung (+) bzw. -unterdeckung (–) laut BAB betrug im Abrechnungsmonat –66.600,00 €.

4.1 **Ermitteln Sie** die Umsatzergebnisse der Produktgruppen und das Betriebsergebnis für den Abrechnungsmonat (**Anlage 5**). 12

4.2 **Berechnen Sie** die Wirtschaftlichkeit der beiden Produktgruppen. 3

4.3 **Beurteilen Sie** die errechneten Werte für das Unternehmen. 6

Puh, Sie haben es geschafft für heute. Es war ein anstrengender Tag in der H. A. Schmuck & Accessoires OHG. Aber Hauptsache, es hat Spaß gemacht. Einen schönen Feierabend wünschen wir Ihnen.

Anlage 1: Ergebnistabelle für den Monat Oktober

Finanzbuchhaltung (= RK I)			Kosten- und Leistungsrechnung (= RK II)				
Konto	Aufwen-dungen	Erträge	Neutrale Auf-wendungen	Neutrale Erträge	Betriebliche Aufwendungen	Verrechnete Kosten	Kosten	Leistungen
Umsatzerl. f. eig. Erzeugn.		1.648.000,00						
Bestandsveränderungen		87.000,00						
Mieterträge		39.000,00						
Zinserträge		23.000,00						
Aufw. für Rohstoffe	400.000,00							
Aufw. für Hilfsstoffe	100.000,00							
Aufw. für Betriebsstoffe	70.000,00							
Personalaufwendungen	630.000,00							
Abschreib. auf Sachanlagen	180.000,00							
Mietaufwand	25.000,00							
Werbeaufwand	35.000,00							
Verluste a. Anlagenabgang	30.000,00							
Verluste a. Wertpap.-Verkauf	15.000,00							
Zinsaufwand	22.000,00							
außerordentliche Aufwend.	14.000,00							

Anlage 2: Betriebsabrechnungsbogen

Gemeinkostenart	Zahlen der KLR in €	Material in €	Fertigung in €	Verwaltung in €	Vertrieb in €
Summe					

Anlage 3: Berechnung der Selbstkosten

	Ist	Zuschlagssätze
Fertigungsmaterial		
= Selbstkosten		

Anlage 4: Betriebsabrechnungsbogen

	Material in €	Fertigung in €	Verwaltung in €	Vertrieb in €
Übertrag Ist-Gemeinkosten				
Übertrag Ist-Zuschlagssatz				
Normal-Zuschlagssatz	17,00 %	210,00 %	15,00 %	10,00 %
Zuschlagsgrundlage				
Normalgemeinkosten				
Kostenüberdeckung (+)				
Kostenunterdeckung (−)				
Kostenüber-/unterdeckung gesamt				

Anlage 5: Kostenträgerblatt

			Kostenträger insgesamt		Verrechnete Normalkosten	
					Kostenträger	
					Produkt A	Produkt B
			%	€	€	€
Kostenträgerzeitrechnung						
Ergebnis						

Wirtschaftlichkeitskoeffizienten:

ÜA-43

Lösungsvorschläge

- *Die Form, Struktur und Vollständigkeit Ihrer Ausarbeitungen umfasst im Abitur einen bedeutenden Teil der Bewertung. Dazu einige Hinweise:*
- *– Führen Sie Ihre Berechnungen grundsätzlich in übersichtlicher Form und unter Verwendung von Fachbegriffen (gängige Abkürzungen sind in Ordnung) durch.*
- *– Runden Sie bei Ihren Berechnungen alle Ergebnisse und Zwischenergebnisse kaufmännisch auf zwei Nachkommastellen.*
- *– Abgesehen von den schriftlichen Ausführungen sind mögliche Fehlerquellen auch fehlende oder unvollständige Grafen- oder Tabellenbeschriftungen.*
- *– Achten Sie bei Ihren Ausführungen darauf, vor jedem neuen Sinnabschnitt einen Absatz zu lassen.*
- *– Strukturieren Sie Ihre Ausführungen gedanklich vor, indem Sie sich stichpunktartige Notizen machen, bevor Sie mit dem Schreiben beginnen.*
- *Beachten Sie bei der vorliegenden Übungsaufgabe: Für die Berechnung von Zuschlagssätzen ist von den üblichen Zuschlagsgrundlagen auszugehen.*

Aufgabe 1

1 Ordnen Sie die in der Aufgabenstellung angegebenen Begriffe klar der Kostenund Leistungsrechnung oder der Gewinn- und Verlustrechnung zu.

In das **Betriebsergebnis** fließen nur Ergebnisgrößen aus Aktivitäten ein, die unmittelbar dem Betriebszweck dienen. Die Erfolgsgrößen werden dann als **Kosten** und **Leistungen** bezeichnet, wohingegen sie im Rechnungskreis 1, in der Gewinn- und Verlustrechnung, als **Aufwand** und **Ertrag** bezeichnet werden. Die Abgrenzung der beiden Ergebnisse findet durch das neutrale Ergebnis statt, das sich aus dem Ergebnis der kostenrechnerischen Korrekturen und der unternehmensbezogenen Abgrenzung ergibt.

Zum Ergebnis der kostenrechnerischen Korrekturen werden periodenfremde, betriebsfremde und außerordentlich hohe Aufwendungen und Erträge erfasst. Beim Ergebnis aus der unternehmensbezogenen Abgrenzung werden Andersund Zusatzkosten unterschieden und gegenüber den Werten aus Gewinn- und Verlustrechnung sowie den kostenrechnerischen Korrekturen abgegrenzt.

In das **Unternehmensergebnis** fließen die Ergebnisgrößen aller Aktivitäten des Unternehmens ein. Es ergibt sich somit aus der Summe des betrieblichen und des neutralen Ergebnisses.

Im Rechnungskreis 1 sind gesetzliche Vorschriften nach dem Handelsgesetzbuch zu beachten, der Rechnungskreis 2 hingegen dient rein der internen Kostenrechnung und der Kalkulation der Produkte.

Aufgabe 2

2.1 In dieser Teilaufgabe wird von Ihnen verlangt, die Anlage 1 auszufüllen. Die dazu notwendigen Nebenrechnungen und Überlegungen sollten Sie notieren.

Finanzbuchhaltung (= RK I)			Kosten- und Leistungsrechnung (= RK II)					
Konto	Aufwendungen	Erträge	Neutrale Aufwendungen	Neutrale Erträge	Betriebliche Aufwendungen	Verrechnete Kosten	Kosten	Leistungen
Umsatzerl. f. eig. Erzeugn.		1.648.000,00						1.648.000,00
Bestandsveränderungen		87.000,00						87.000,00
Mieterträge		39.000,00		39.000,00				
Zinserträge		23.000,00		23.000,00				
Aufw. für Rohstoffe	400.000,00				400.000,00	413.200,00	413.200,00	
Aufw. für Hilfsstoffe	100.000,00						100.000,00	
Aufw. für Betriebsstoffe	70.000,00						70.000,00	
Personalaufwendungen	630.000,00						630.000,00	
Abschreib. auf Sachanlagen	180.000,00		**16.000,00**		**164.000,00**	**200.000,00**	**200.000,00**	
Mietaufwand	25.000,00						25.000,00	
Werbeaufwand	35.000,00						35.000,00	
Verluste a. Anlagenabgang	30.000,00		30.000,00					
Verluste a. Wertpap.-Verkauf	15.000,00		15.000,00					
Zinsaufwand	22.000,00				22.000,00			
außerordentliche Aufwend.	14.000,00		14.000,00					
Unternehmerlohn						41.200,00	41.200,00	
	1.521.000,00	1.797.000,00	75.000,00	62.000,00	586.000,00	926.166,00	1.786.166,00	1.735.000,00
	276.000,00			**13.000,00**	**340.166,00**			**51.166,00**
	1.797.000,00	1.797.000,00	75.000,00	75.000,00	926.166,00	926.166,00	1.786.166,00	1.786.166,00
	Gesamtergebnis		Ergebnis aus unternehmensbez. Abgrenz.		Ergebnis aus kostenrechn. Korrekturen		Betriebsergebnis	
			Neutrales Ergebnis					

ÜA-45

Nebenrechnungen:

Berechnung des Unternehmerlohns

Das Unternehmen kalkuliert mit einem umsatzabhängigen Unternehmerlohn. Wie hoch die genaue „Abhängigkeit" ist, muss durch Sie ermittelt werden.

Ein Lohn von 50.000,00 € wird bei einem Umsatz von 2.000.000,00 € gezahlt; das entspricht 2,5 %. Folglich ist dieser Prozentsatz auch zur Ermittlung des Unternehmerlohns dieses Monats anzusetzen. Der Umsatz geht aus der GuV bzw. der Ergebnistabelle hervor und beträgt 1.648.000,00 €.
Die Höhe des Unternehmerlohns ermittelt sich dann wie folgt:
1,648 Mio. € · 2,5 % = 41.200,00 €

Ermittlung der kalkulatorischen Abschreibungen

16.000,00 € der Abschreibungen, die in der GuV ausgewiesen sind, sind als betriebsfremd abzugrenzen. Ihnen stehen 200.000,00 € kalkulatorische Abschreibungen bei den kostenrechnerischen Korrekturen gegenüber, die in dieser Höhe zur Ermittlung des Betriebsergebnisses berücksichtigt werden.

Berechnung des Zinsaufwands

Beachten Sie, dass Sie in manchen Aufgaben nicht alle in der Aufgabenstellung angegebenen Werte verwenden müssen.

betriebsnotwendiges Anlagevermögen		1.399.000,00 €
+ betriebsnotwendiges Umlaufvermögen		2.198.660,00 €
= betriebsnotwendiges Vermögen		3.597.660,00 €
– Abzugskapital (Kapitalien, die dem Unternehmen zinslos zur Verfügung stehen)		640.000,00 € 240.000,00 €
= betriebsnotwendiges Kapital		2.717.660,00 €
= Zinsaufwand	kalk. Zinsen 10 %	271.766,00 €

Berechnung der kalkulatorischen Wagnisse

132.000,00 € : 4.000.000,00 € · 100 = 3,3 %

3,3 % · 400.000,00 € = 13.200,00 €

Den Rohstoffkosten sind 13.200,00 € hinzuzurechnen, weil durchschnittlich in dieser Höhe Material unbrauchbar wird.

2.2 *In der ausgefüllten Ergebnistabelle lassen sich nun das Unternehmens-, das neutrale und das Betriebsergebnis ermitteln, indem die jeweiligen Aufwendungen von den Erträgen bzw. Kosten von den Leistungen abgezogen werden.*

Lösung siehe Ergebnistabelle, S. ÜA-45.

2.3 Um die EK-Rentabilität zu berechnen, sind Teilergebnisse der vorherigen Aufgabe zu verwenden. Die EK-Rentabilität ergibt sich als Ergebnis der Division von Gewinn (hier: Unternehmensergebnis) und dem durchschnittlich eingesetzten Eigenkapital.

Ermittlung der Eigenkapitalrentabilität

Das Unternehmensergebnis beträgt laut Ergebnistabelle 276.000,00 €, das eingesetzte Eigenkapital laut Situationsbeschreibung 3.400.000,00 €.

$$\text{EK-Rentabilität} = \frac{\text{Gewinn}}{\text{durchschnittliches betriebsnotwendiges EK}} \cdot 100$$

$$= \frac{276.000,00}{3.400.000,00} \cdot 100 = 8,1\,\%$$

Bewertung der Eigenkapitalrentabilität

Das Unternehmen weist gemäß der GuV eine EK-Rentabilität von 8,1 % auf, die besser ist als der marktübliche Zinssatz von 3 %. Entsprechend lohnt sich eine Investition in das Unternehmen statt einer Geldanlage auf dem Finanzmarkt. Die EK-Geber erhalten eine (zusätzliche) Risikoprämie von 5,1 % für das unternehmerische Risiko.

Alternativ zum angegebenen Lösungsvorschlag kann auch mit der absoluten Gewinnhöhe argumentiert werden. Dazu ist der marktübliche Zins zu berechnen: 3.400.000,00 € · 3 % = 102.000,00 €.
Die EK-Geber erhalten also 276.000,00 € im Vergleich zu 102.000,00 € auf dem Kapitalmarkt.

2.4 *Hier sollen Sie eine Analyse des neutralen und betrieblichen Ergebnisses im Vergleich zum Unternehmensergebnis vornehmen.*

Das **gute Unternehmensergebnis** wird durch ein stark negatives Ergebnis bei den kostenrechnerischen Korrekturen aufgezehrt, was ein **negatives Betriebsergebnis** zur Folge hat. Die positiven Erfolgseffekte der 1. Abgrenzungsstufe können das nicht ausgleichen.

Innerhalb der kostenrechnerischen Korrekturen ist die Position der **kalkulatorischen Zinsen** maßgeblich. D. h., wenn das eingebrachte Eigenkapital zu 10 % verzinst würde, wäre kein wirtschaftliches Arbeiten mehr möglich.

10 % als eingeforderte **EK-Rendite** für das betrieblich gebundene Kapital ist für die derzeitige Marktsituation zu viel. Eine Kalkulation mit 10 % würde bedeuten, dass ein Risikozuschlag von 7 % – also das 2,3-Fache des marktüblichen Zinses – eingefordert wird. Die Forderung der EK-Geber ist folglich nicht angemessen. Würde ein Risikozuschlag in gleicher Höhe des Marktzinses verlangt, könnte mit 6 % kalkuliert werden. Dann beliefen sich die kalkulatorischen Zinsen auf 163.059,60 € (2.717.660 € · 6 %), würden also um 108.706,40 € reduziert. Somit wäre das Betriebsergebnis mit 57.540,40 € positiv.

Die EK-Geber müssten zu einer geringeren, angemessenen Forderung bewegt werden. Bei unveränderter Position müssten andere Maßnahmen erfolgen: Das Unternehmen müsste betriebliche Einsparungen in Höhe des Betriebsverlusts vornehmen oder am Markt höhere Preise durchsetzen, um den Verlust auszugleichen. Eine Hoffnung verbirgt sich in den **Bestandserhöhungen** in Höhe von über 5 % der Umsatzerlöse. Können sie mit einem guten Gewinn abgesetzt werden, trägt das zur Verbesserung bei. Bleiben die Bestände jedoch auf Lager, weil z. B. die Modelle außer Mode sind, ist ein höherer Verlust zu erwarten. In jedem Fall ist hier Kapital gebunden und steht somit nicht als Liquidität zur Verfügung. Der negative Effekt überwiegt.

2.5 *Diese Teilaufgabe verlangt von Ihnen, Gründe für ein Abweichen der kalkulatorischen von der buchhalterischen Abschreibungshöhe anzuführen.*

Entscheidend für die kalkulatorischen Abschreibungen sind die **Wiederbeschaffungskosten** in der Zukunft. Die liegen in der Regel über den **Anschaffungskosten** (der Vergangenheit). Diese Ansparung muss entsprechend im Vorfeld erwirtschaftet werden, weshalb ein höherer Abschreibungsansatz gilt.

Abgesehen davon ist es möglich, dass die **tatsächliche Wertminderung** höher ist als die steuerlich zulässige, die in der GuV verwendet wurde.

Aufgabe 3

3.1 *„Aufstellen" bedeutet hier, dass Sie den BAB in Anlage 2 ausfüllen sollen. Denken Sie daran: Es kann immer sein, dass Sie nicht alle in der Aufgabenstellung angegebenen Werte (sofort) verwenden müssen.*

Gemeinkostenart	Zahlen der KLR in €	Material in €	Fertigung in €	Verwaltung in €	Vertrieb in €
Kostenstelleneinzelkosten	2.400,00	500,00	1.500,00	400,00	0,00
Hilfs- und Betriebsstoffe	7.000,00	800,00	5.000,00	500,00	700,00
Energie	9.010,00	1.900,00	4.510,00	850,00	1.750,00
Gehälter	28.240,00	4.000,00	3.100,00	15.000,00	6.140,00
Sozialkosten (Gehaltsbereich)	4.770,00	870,00	2.400,00	1.000,00	500,00
betriebliche Steuern	13.050,00	725,00	7.975,00	2.900,00	1.450,00
kalkulatorische Abschreibungen	59.535,00	6.000,00	40.000,00	5.000,00	8.535,00
sonstige kalk. Kosten	22.850,00	2.000,00	12.500,00	6.000,00	2.350,00
Summe	146.855,00	16.795,00	76.985,00	31.650,00	21.425,00

3.2 Füllen Sie die Anlage 3 aus. Damit Sie nicht mit ggf. falschen Zwischenergebnissen weiterrechnen, sind die Ist-Gemeinkosten, von denen Sie ausgehen sollten, in der Aufgabenstellung noch einmal für Sie angegeben.

	Ist		Zuschlags-sätze	Zuschlags-grundlage
Fertigungsmaterial	90.250,00 €			
+ Materialgemeinkosten (MGK)	16.795,00 €		18,61 %	Fertigungsmaterial
= Materialkosten		107.045,00 €		
Fertigungslöhne	35.700,00 €			
+ Fertigungsgemeinkosten (FGK)	76.985,00 €		215,64 %	Fertigungslöhne
= Fertigungskosten		112.685,00 €		
= Herstellkosten der Abrechnungsperiode		219.730,00 €		
− Mehrbestand		1.750,00 €		
= Herstellkosten des Umsatzes		217.980,00 €		
+ Verwaltungsgemein-kosten (VwGK)		31.650,00 €	14,40 %	HK der Abrech-nungsperiode
+ Vertriebsgemeinkosten (VtGK)		21.425,00 €	9,83 %	HK des Umsatzes
= **Selbstkosten**		**271.055,00 €**		

Nebenrechnung am Beispiel Material:

Zuschlagssatz: $\dfrac{\text{MGK}}{\text{Fertigungsmaterial}} = \dfrac{16.795,00}{90.250,00} \cdot 100 = 18,61\,\%$

3.3 Zur Lösung dieser Teilaufgabe füllen Sie die Anlage 4 aus.

	Material in €	Fertigung in €	Verwaltung in €	Vertrieb in €
Übertrag Ist-Gemeinkosten	16.795,00	76.985,00	31.650,00	21.425,00
Übertrag Ist-Zuschlagssatz	18,61 %	215,64 %	14,40 %	9,83 %
Normal-Zuschlagssatz	17,00 %	210,00 %	15,00 %	10,00 %
Zuschlagsgrundlage	Fertigungs-material	Fertigungs-löhne	HK der Abrechnungs-periode	HK des Umsatzes
Normalgemeinkosten	15.342,50	74.970,00	32.439,38	21.451,25

			789,38	26,25
Kostenüberdeckung (+)	–	–	789,38	26,25
Kostenunterdeckung (–)	1.452,50	2.015,00	–	–
Kostenüber-/unterdeckung gesamt		–2.651,87		

3.4 *Der Operator „beurteilen" verlangt hier von Ihnen, sich mit den Begründungen der beiden Kostenstellenleiter theorie- und kriterienorientiert auseinanderzusetzen. Am Schluss der Beurteilung muss entweder ein gemeinsames begründetes Sachurteil stehen oder Sie formulieren zu jeder Position ein Urteil.*

Beurteilung der Erklärung der Materialkostenstelle
Der Leiter der Materialkostenstelle argumentiert mit gestiegenen Rohstoffpreisen. Rohstoffkosten sind aber Einzelkosten und gehen nicht in die Kostenabweichung der Materialgemeinkosten ein. Die Normalkosten und die Istkosten für das eingesetzte Material weichen dementsprechend gar nicht voneinander ab. Sie betragen 90.250,00 €. Dieses Argument des Kostenstellenleiters greift folglich nicht.

Beurteilung der Erklärung der Fertigungskostenstelle
Die Kostenabweichung in der Fertigungskostenstelle ist erheblich. Gemessen am Einsatz von Hilfs- und Betriebsstoffen (5.000,00 € für die Kostenstelle Fertigung) nimmt die Abweichung beim Einsatz von Hilfs- und Betriebsstoffen eine bedeutsame Größenordnung an. Insofern erscheint die Absicht des Kostenstellenleiters, seine Vermutung eines unwirtschaftlichen Mehrverbrauchs zu prüfen, durchaus sinnvoll. Allerdings stellt sich die Frage, warum erst jetzt mit einer Überwachung der Entnahmen begonnen werden soll. Schließlich treten die Kostenunterdeckungen bereits seit drei Monaten auf. Hier muss sich der Kostenstellenleiter den Vorwurf gefallen lassen, (zu) langsam auf die Unterdeckungen reagiert zu haben.

Aufgabe 4

4.1 *Hier sollen Sie das Kostenträgerblatt in Anlage 5 ausfüllen. Beachten Sie, dass Sie nur die für die Berechnungen relevanten Angaben aus der Aufgabenstellung einsetzen müssen.*

			Kostenträger insgesamt	Verrechnete Normalkosten	
				Kostenträger	
				Produkt A	Produkt B
		%	€	€	€
	1	Fertigungsmaterial		400.000,00	300.000,00	100.000,00
	2	+ MGK	15	60.000,00	45.000,00	15.000,00
	3	= Materialkosten		460.000,00	345.000,00	115.000,00
	4	Fertigungslöhne		200.000,00	160.000,00	40.000,00

Kostenträgerzeitrechnung	5	+ FGK	170	340.000,00	272.000,00	68.000,00
	6	= Fertigungskosten		540.000,00	432.000,00	108.000,00
	7	= Herstellk. der Erzeugnisse		1.000.000,00	777.000,00	223.000,00
	8	− Unfertige Erzeug.		25.000,00	22.000,00	3.000,00
	9	+ Fertige Erzeug.		10.000,00	1.000,00	9.000,00
	10	= Herstellk. d. Ums.		985.000,00	756.000,00	229.000,00
	11	+ VwGK	28	280.000,00	217.560,00	62.440,00
	12	+ VtGK	16	157.600,00	120.960,00	36.640,00
	13	**Selbstk. d. Ums.**		1.422.600,00	1.094.520,00	328.080,00
Ergebnis	14	Netto-Umsatzerlöse		1.920.000,00	1.000.000,00	920.000,00
	15	**Umsatzergebnis**		497.400,00	−94.520,00	591.920,00
	16	(+ −) Über-/Unterdeckung (lt. BAB)		−66.600,00		
	17	**Betriebsergebnis**		430.800,00		

4.2 *Die Wirtschaftlichkeitskoeffizienten sollten Sie ebenfalls in der Anlage 4 eintragen. Die Felder dafür sind vorgegeben.*

$$\text{Wirtschaftlichkeit} = \frac{\text{Leistung}}{\text{Kosten}}$$

$$W_{\text{Prod. A}} = \frac{1.000.000,00}{1.094.520,00} = 0,91$$

$$W_{\text{Prod. B}} = \frac{920.000,00}{328.080,00} = 2,80$$

4.3 *Die Ergebnisse Ihrer Berechnungen in Teilaufgabe 4 sollen Sie nun vor dem Hintergrund der Situationsbeschreibung beurteilen.*

Produkt A wird nicht wirtschaftlich produziert, da der Wirtschaftlichkeitskoeffizient unter 1 liegt. Insgesamt stellt sich aber ein positives Betriebs- und Umsatzergebnis dar. Die Verluste aus Produkt A werden also durch die Gewinne bei Produkt B mehr als ausgeglichen.

Obwohl Produkt A kein positives Ergebnis erwirtschaftet, kann es sinnvoll sein, die Produktgruppe zu halten:
- als Komplementärgut,
- als Image- bzw. Werbeträger für die Produktgruppe B oder andere,
- aufgrund der notwendigen Auslastung von Maschinen, mit denen ggf. auch gewinnbringende Produktgruppen gefertigt werden,
- um die dafür zuständigen Mitarbeiter, also Fachkräfte und damit ggf. hochqualifiziertes Personal, zu binden.

Übungsaufgabe 4 – Profil bildender Leistungskurs (NRW)
Betriebswirtschaftslehre mit Rechnungswesen und Controlling

Themenschwerpunkt aus den Kursthemen: Prozess der Leistungsverwertung

Aufgabenstellung

Beschreibung der Ausgangssituation

Die Outdoor Deluxe GmbH bewegt sich überwiegend auf dem deutschen Zelt- und Camping-Markt, den sich eine Vielzahl von Anbietern untereinander aufteilt. Rund 59 % der hier abgesetzten Zelte stammen aus inländischer Produktion. Die Hersteller sind zumeist kleine und mittelständische Unternehmen. In den jeweiligen Produktkategorien lassen sich die Hersteller in spezialisierte Premiumanbieter, Hersteller qualitativ guter Produkte zu mittleren Preisen und Billiganbieter, welche den Massenmarkt bedienen, unterscheiden.

Zum Produktions- und Absatzsortiment der Zelte gehören folgende Produkte:

Tunnel	Iglu	Hotel
Standardmodell	neues Modell; auf Wunsch auch in außergewöhnlichen Farbvarianten	bewährt im Camping; spricht vor allem konservative Käuferschichten an

Tunnel: © Ropix – Fotolia.com, Iglu und Hotel: © Sergey Skryl/Dreamstime.com

Zudem werden einige weitere Produkte vertrieben wie hochwertige Campingkocher, ein Sicherheits- und Beleuchtungssystem und anderes Zubehör.
In das Sicherheits- und Beleuchtungssystem „Shellproofi" sind 1.650.000,00 € Eigenkapital investiert.

Einhergehend mit dem Freiheitsgedanken und dem Entdeckungsdrang der 1980er-Jahre war das Modell „Tunnel" das erste Produkt zu Beginn der Geschäftstätigkeit. In diesem Marktsegment ist kein Marktwachstum mehr zu erzielen, dennoch hat die Produktgruppe „Tunnel" einen akzeptablen Marktanteil.

Das hochwertige „Hotel" leistet einen entscheidenden Beitrag zum sehr guten Betriebsergebnis.

Seit zwei Jahren ist das Unternehmen mit dem Topmodell „Iglu" mit bruchsicheren Fiberglasstangen am Markt. Diese Produktgruppe verzeichnet seit der Markteinführung ein permanentes Marktwachstum. Zurzeit rechnet man mit einem Marktwachstum von 14 % pro Jahr.

Wegen der sehr hohen Anfangsinvestitionen (z. B. Produktentwicklung, Absatzmarktforschung, Spezialmaschinen für die Produktion, Werbung) ist das Betriebsergebnis für die Produktgruppe „Iglu" derzeit noch negativ. Wenn das Marktwachstum auch in den nächsten Jahren so hoch bleibt, wird in einem Jahr erstmals ein Gewinn erwartet. Der Marktanteil im Marktsegment liegt momentan bei 20 %.

Das Modell „Iglu" wird bisher ausschließlich an die großen Fachmärkte wie Sportschleck oder Topsport verkauft. Bei der Herstellung wird ein hoher Qualitätsstandard eingehalten. Entsprechend positiv sind die Bewertungen des Produkts in verschiedenen Testzeitschriften ausgefallen. Der Verkaufspreis für ein Zelt beträgt 500,00 € und liegt damit ca. 13 % über dem Preis anderer Hersteller.

Aufgabe 1: Produktpolitik   **40 Punkte**

1.1 Mit der Entwicklung des Zeltes „Hotel" wurde vor 6 Jahren begonnen. Erste Exemplare wurden vor 5 Jahren verkauft; nach den ersten Verkaufs- und Erfahrungsberichten wurden einige Verbesserungen vorgenommen, um ein zielgruppengerechteres Produkt anbieten zu können. Werte der letzten Jahre liegen Ihnen vor (**Anlage 1**).
Analysieren Sie die Lebenszyklusphasen des Produkts „Hotel". **Bewerten Sie** in dem Zusammenhang die Entwicklung des Deckungsbeitrags.   8

1.2 Als Grundlage für produktpolitische Entscheidungen liegen Ihnen folgende Informationen aus dem Jahr 2012 für Deutschland vor:

	Tunnel	Hotel	Iglu
Umsatz des größten Konkurrenten	9.700.000,00 €	2.284.500,00 €	3.300.000,00 €
Umsatz des jeweiligen Produkts der Outdoor Deluxe GmbH	3.300.000,00 €	2.650.000,00 €	2.500.000,00 €
variable Kosten	3.250.000,00 €	1.800.000,00 €	1.950.000,00 €
Marktwachstum	−4 %	+8 %	+14 %

Führen Sie eine Portfolio-Analyse für die Zeltproduktgruppen **durch**. Verwenden Sie hierzu **Anlage 2** als Vorlage.   8

1.3 **Analysieren Sie** auf Basis des von Ihnen erstellten Portfolios allgemein die Marktsituation der Geschäftseinheit „Outdoor-Zelte". 9

1.4 **Unterbreiten Sie** nun dem Vorstand jeweils einen begründeten **Vorschlag** zur Entwicklung der einzelnen Produkte. 15

Aufgabe 2: Preispolitik 60 Punkte

2.1 **Entscheiden Sie** sich für eine geeignete preispolitische Strategie (geben Sie die Fachbezeichnung an) für das Produkt „Tunnel". **Begründen Sie** dabei kurz Ihre Wahl. 2

2.2 Für das Zelt „Iglu" wurde die Hochpreis- oder auch Präferenzpreisstrategie gewählt.
Vergleichen Sie diese preispolitische Strategie mit der Penetrationspreisstrategie. **Stellen Sie** dazu Chancen und Risiken beider preispolitischer Strategien für die Outdoor Deluxe GmbH **gegenüber**. 12

2.3 Die Einschätzung des Produkts „Iglu" am Absatzmarkt als qualitativ hochwertig erlaubt der Outdoor Deluxe GmbH im Marktsegment einen gewissen preispolitischen Spielraum.
Erläutern Sie den Begriff „konkurrenzorientierte Preispolitik".
Arbeiten Sie die Bedeutung der konkurrenzorientierten Preispolitik für die Outdoor Deluxe GmbH **heraus** und **stellen Sie einen Zusammenhang** zum monopolistischen Spielraum **her**. 10

2.4 Der große Discounter Rally möchte ein Sicherheits- und Beleuchtungssystem („Shellproofi") der Outdoor Deluxe GmbH, ebenfalls ein hochpreisiges Modell für besonders anspruchsvolle Camper, in sein Sortiment aufnehmen.
Er stellt in Aussicht, pro Geschäftsperiode 200 Einheiten abzunehmen.
Allerdings ist er nur bereit, den Auftrag an die Outdoor Deluxe GmbH zu vergeben, wenn der Preis pro Einheit 400,00 € beträgt.
Die maximale Produktionskapazität von 5.000 Einheiten pro Geschäftsjahr ist derzeit zu 80 % ausgelastet.
Die variablen Kosten pro Verpackungseinheit betragen 390,00 €.
Bei einem Preis von 500,00 € wurden im letzten Jahr 5.000 Stück verkauft.
Entscheiden Sie ausschließlich kostenrechnerisch begründet, ob die Outdoor Deluxe GmbH den Auftrag von Rally annehmen sollte.
Geben Sie die absolute Preisuntergrenze zur Annahme des Zusatzauftrags **an**. 8

2.5 Die Outdoor Deluxe GmbH entschließt sich zur Annahme des Auftrags. Allerdings ist man sich in der Geschäftsleitung durchaus der problematischen Auswirkungen dieses „Sonderpreises" bewusst.
Stellen Sie zwei mögliche Konsequenzen **dar**, die das Gewähren eines „Sonderpreises" an einen einzelnen Abnehmer haben kann.
Unterbreiten Sie der Outdoor Deluxe GmbH einen konkreten **Vorschlag**, wie die negativen Auswirkungen des Vertrags mit dem Warenhandel Rally abgemildert bzw. vermieden werden könnten. 6

2.6 Sie widmen sich nun einer preispolitischen Untersuchung der Produktgruppe „Sicherheits- und Beleuchtungssystem" mit dem Produkt „Shellproofi" für den deutschen Markt.
Weitere Informationen zu „Shellproofi":
- Das System wird am Produktionsstandort Bielefeld hergestellt. Die Kosten- und Leistungsrechnung rechnet an diesem Standort mit etwa 150.000,00 € fixen Kosten und 390,00 € variablen Stückkosten.
- Der Vorstand äußert sich wie folgt: „Laut unseren Marktforschungsergebnissen wächst der Markt in diesem Jahr um etwa 3 %. Also erwarte ich für unser Produkt ein Umsatzwachstum von 5 %. Unsere Investoren verlangen eine Eigenkapitalrendite bezogen auf „Shellproofi" von 10 %."

Marktforschungsergebnisse belegen, dass der deutsche Markt für die Produktgruppe seit Jahren als unvollkommenes Angebotspolypol mit monopolistischem Absatzbereich zu charakterisieren ist. Um die Erfüllung der Zielvorgabe für das nächste Geschäftsjahr zu realisieren, soll die Verkaufsabteilung zunächst den neuen Angebotspreis für das folgende Jahr festlegen. Hierzu liegen Ihnen folgende Daten der Marktforschung vor:

möglicher Verkaufspreis in €	435,00	440,00	450,00	475,00	500,00	510,00	515,00
geschätzte abgesetzte Menge	6.900	6.300	5.700	5.400	5.200	4.500	4.100

Erstellen Sie eine aussagekräftige Grafik der Preis-Absatz-Funktion für das Produkt „Shellproofi". 8

2.7 **Überprüfen Sie**, ob durch eine Preisänderung die Zielvorgabe des Vorstands erreicht werden kann und welche Konsequenzen dies auf den Erfolg dieser Geschäftseinheit hat. **Kalkulieren Sie** dazu in einer übersichtlichen, tabellarischen Darstellung.

Nehmen Sie Stellung zur preispolitischen Zielvorgabe des Vorstands und setzen Sie Akzente durch Ihre Beratung als Stabstelle.
Unterbreiten Sie dem Unternehmen einen **Vorschlag** für langfristige Maßnahmen (über das kommende Jahr hinaus), um die vom Vorstand ausgegebene Zielvorgabe für das Sicherheitssystem weiterhin sichern bzw. ausbauen zu können. 8

2.8 Die Outdoor Deluxe GmbH stellt neben den oben angegebenen Entscheidungen Überlegungen zu möglichen Preisdifferenzierungen mit dem Ziel der Abschöpfung einer etwaigen Konsumentenrente an.
Definieren Sie die Konsumentenrente.
Erklären Sie den Ansatz der Preisdifferenzierung.
Geben Sie einen konkreten **Vorschlag** mit einem Beispiel zur Umsetzung dieser Politik für die Outdoor Deluxe GmbH. 6

Anlage 1: Die Werte des Zeltes „Hotel" der letzten Jahre

in €	vor 5 Jahren	vor 4 Jahren	vor 3 Jahren	vor 2 Jahren	vor 1 Jahr	in diesem Jahr
unternehmens-fixe Kosten	1.200.000,00	1.200.010,00	1.200.050,00	1.200.040,00	1.200.080,00	1.200.100,00
erzeugnis-gruppenfixe Kosten	540.000,00	525.000,00	502.000,00	505.000,00	480.000,00	462.000,00
erzeugnisfixe Kosten	200.000,00	250.000,00	240.000,00	220.000,00	190.000,00	160.000,00
variable Stückkosten	325,00	360,00	346,50	340,00	320,00	300,00
Umsatz	1.210.124,00	2.090.010,00	2.380.987,00	2.456.444,00	2.655.791,00	2.650.000,00

Anlage 2: Portfolio-Analyse

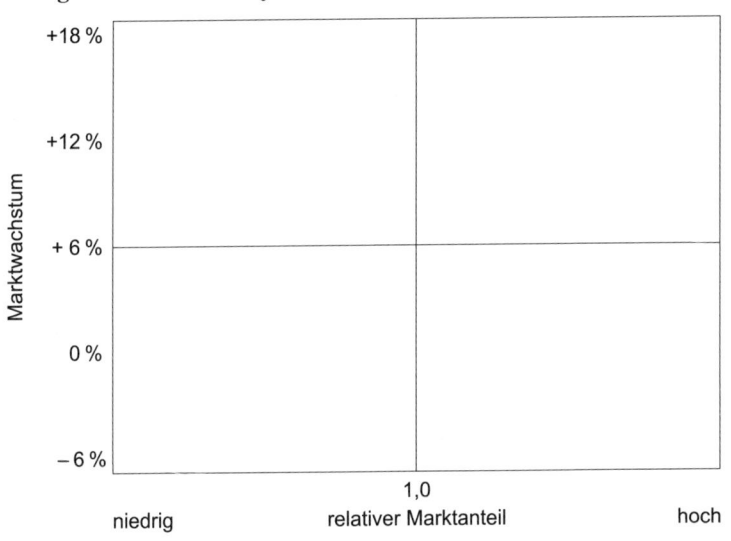

Lösungsvorschläge

* Achten Sie bei jeder Aufgabenstellung genau auf die Operatoren. Es kann sein, dass Ihnen schon Weiterreichendes einfällt, was bei einer Aufgabe des Anforderungsbereichs I bzw. II aber nicht zu Punkten führt. Falls Sie den Eindruck haben, in der Aufgabenstellung fehlen Aspekte, lesen Sie zunächst die Folgeaufgaben. Häufig bauen die Teilaufgaben aufeinander auf. Sie werden aber getrennt gestellt, damit Sie sich vollständig auf den jeweiligen Operator konzentrieren können und nichts vergessen. Diese Gefahr besteht bei komplexeren Aufgabenstellungen.

Aufgabe 1

* 1.1 Der Operator „analysieren" verlangt von Ihnen, über eine reine Beschreibung eines Sachverhalts hinauszugehen. Sie sollen hier die gegebenen Daten erklären. In Ihre Lösung sollen Sie zudem einen Bezug zur Deckungsbeitragsentwicklung einbinden.

Aus den Werten zum Umsatz wird deutlich, dass sich das Zelt in diesem Jahr in der **Sättigungsphase** befindet, nach einer vorausgegangenen **Reifephase** in den letzten Jahren. Vor 4 Jahren war das Zelt in der **Entwicklungsphase**, worauf die Produktnachbesserungen hinweisen. Zwischenzeitliche Kostenanstiege sind in der Entwicklungsphase üblich.

Zudem ist erkennbar, dass der **Beitrag zum Betriebsergebnis** in den vergangenen Jahren stetig gestiegen ist. Dies lässt sich an den sinkenden variablen Kosten, aber auch an der Entwicklung der erzeugnis- und erzeugnisgruppenfixen Kosten erkennen. Der nach Abzug der Kosten vom Umsatz übrige Betrag steigt also. In der Reifephase können diese Kosten durch Lern- und Mengeneffekte gesenkt werden.

Eine Betrachtung der unternehmens- und gruppenfixen Kosten führt zu keiner weiterreichenden Aussage. Aus den sinkenden variablen und erzeugnisfixen (Stück-)Kosten ist aber eine Effizienzsteigerung ersichtlich, die zu Kosteneinsparungen führt und damit den **Beitrag zur Deckung der unternehmens- und gruppenfixen Kosten** erhöht.

Ohne Produktanpassungen ist eine sich anschließende **Rückgangsphase** wahrscheinlich.

* 1.2 In dieser Teilaufgabe sollen Sie das Instrument der Portfolio-Analyse für alle drei angegebenen Produktgruppen anwenden. Greifen Sie hierbei unbedingt auf die Anlage 2 zurück, die Ihnen durch die Beschriftung und Aufteilung schon eine Hilfestellung bietet.

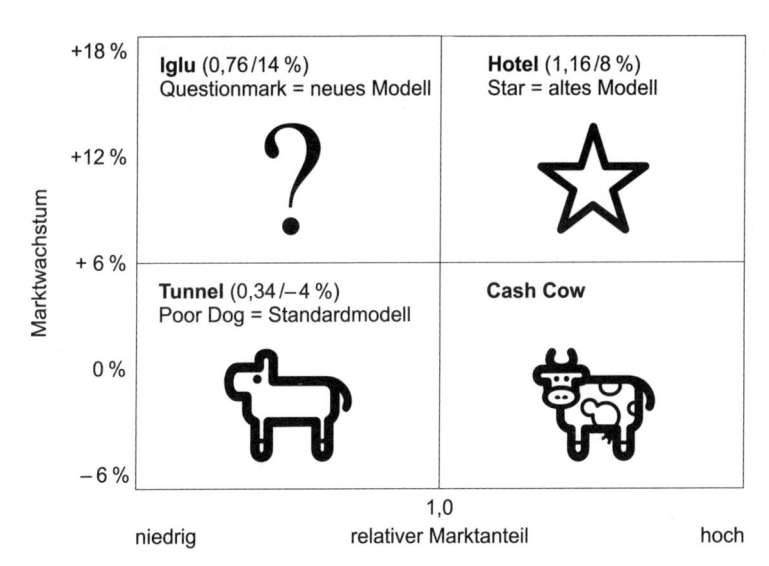

	niedrig	1,0 relativer Marktanteil	hoch
+18 %	**Iglu** (0,76 / 14 %) Questionmark = neues Modell	**Hotel** (1,16 / 8 %) Star = altes Modell	
+12 %	?	☆	
+ 6 %			
0 %	**Tunnel** (0,34 / –4 %) Poor Dog = Standardmodell	**Cash Cow**	
–6 %			

Marktwachstum (y-Achse)

Nebenrechnung:
Berechnungsbeispiel für das Zelt „Tunnel":

$$\text{relativer Marktanteil} = \frac{\text{eigener Umsatz des Produkts}}{\text{Umsatz des stärksten Wettbewerbers}}$$

$$= \frac{3.300.000,00\ €}{9.700.000,00\ €}$$

$$= 0{,}34$$

▌ 1.3 *Beziehen Sie alle zur Verfügung stehenden Informationen aus Ausgangssituation und Aufgabenstellung mit ein.*

Tunnel – Poor Dog Standardmodel	Hotel – Star altes Modell	Iglu – Questionmark neues Modell
kleiner Marktanteil	großer Marktanteil	mittlerer Marktanteil
negatives Wachstum	hohes Wachstum	sehr hohes Wachstum
Rückgangsphase	Reife-/Sättigungsphase	Einführungsphase
wichtigster Umsatzträger		

	Tunnel	**Hotel**	**Iglu**
Umsatz	3.300.000,00 €	2.650.000,00 €	2.500.000,00 €
– variable Kosten	3.250.000,00 €	1.800.000,00 €	1.950.000,00 €
= Deckungsbeitrag	50.000,00 €	850.000,00 €	550.000,00 €

In der Analyse der Modellreihe fällt auf, dass sich unter den Produkten keine **Cash Cow** befindet. Eine Cash Cow ist aber notwendig, um Gewinne zu generieren und so einen Rückfluss getätigter Investitionen (z. B. in Forschung und Entwicklung) zu erhalten.

Das umsatzstärkste Produkt „Tunnel" ist ein Poor Dog und steht am Ende des Produktlebenszyklus.

Die ausschließlich positiven Deckungsbeiträge zeigen allerdings eine insgesamt positive wirtschaftliche Situation auf. Der Zustand der Sparte „Zelte" kann als noch gesund bezeichnet werden.

1.4 *Hier sollen Sie insgesamt drei Vorschläge entwickeln, wie die Produkte unternehmerisch sinnvoll weiterentwickelt werden sollten.*

Vorschlag zur Entwicklung des „Tunnel"
Das Produkt „Tunnel" ist derzeit der wichtigste Umsatzträger. Eine Elimination wäre zum jetzigen Zeitpunkt zu früh, da noch ein positiver Deckungsbeitrag (von 50.000,00 €) erwirtschaftet wird. Langfristig ist jedoch eine Aufgabe des Bereichs zu empfehlen.

Vorschlag zur Entwicklung des „Iglu"
Noch ist unklar, ob sich das Produkt zum Star oder zum „Looser" entwickelt. Immerhin wird derzeit ein Deckungsbeitrag von 550.000,00 € erzielt. Deshalb und weil sich das Produkt auf einem Markt mit sehr hohem Wachstum befindet, ist der Ausbau des Produkts zu empfehlen. Dazu ist weitere massive Werbung nötig. Die Offensivstrategie ist anzuwenden. Möglichkeiten zum Ausbau zur Cash Cow sollten näher geprüft werden.

Vorschlag zur Entwicklung des „Hotel"
Das Produkt „Hotel" befindet sich in der „Steilzone" des Produktlebenszyklus: Der Markt zeigt ein hohes Wachstum und der Marktanteil des Produkts ist relativ hoch. Bei der Outdoor Deluxe GmbH weist dieses Produkt derzeit einen hohen Deckungsbeitrag auf. Die Investitionsstrategie ist zu empfehlen: Das Produkt muss mit absatzstützenden Maßnahmen gefördert werden, um den Marktanteil auszubauen oder zumindest zu halten. Das Ziel der Outdoor Deluxe GmbH sollte sein, das Hotel zu einer neuen Cash Cow zu entwickeln.

Aufgabe 2

2.1 *Die Anwendung der Penetrationspreispolitik ist hier nicht möglich, da es sich bei dem Produkt „Tunnel" um keine Markteinführung handelt, sondern um ein bestehendes, etabliertes Produkt, bei dem ohne Verbesserungen keine spätere Preisanhebung möglich ist.*

Für das Produkt „Tunnel" könnte die Niedrigpreisstrategie oder **Promotionspreispolitik** zur maximalen Marktabschöpfung Anwendung finden.

2.2 *Der Vergleich der Präferenz- mit der Penetrationspreisstrategie sollte durch eine Gegenüberstellung von Pro- und Kontra-Argumenten aus Sicht der Outdoor Deluxe GmbH gekennzeichnet sein.*

Chancen und Risiken der Hochpreisstrategie
Die Hochpreis- bzw. Präferenzpreisstrategie zielt auf Abnehmer mit gehobenen Ansprüchen ab. Das Produkt wird als **exklusiv** dargestellt. Eine häufig gewählte Form der Umsetzung ist die **Skimmingstrategie**, bei der zunächst ein hoher Preis für das Produkt verlangt werden kann, weil sich dieses vorteilhaft von anderen abgrenzt. Später wird dann der Preis ggf. gesenkt, weil Nachahmer auf den Markt kommen oder eine Sättigung einsetzt.
Aufgrund des **hohen Qualitätsstandards** von „Iglu" setzte die Outdoor Deluxe GmbH höchstwahrscheinlich die Skimmingpolitik ein. Dies war in der Einführungsphase möglich, da bereits sehr frühzeitig ein relativ **hohes Marktwachstum** zu erreichen war (vgl. Portfolio-Matrix). Man zielt auf die **hohe Kaufkraft** der Käuferschicht ab, um möglichst schnell die **hohen Anfangsinvestitionen** amortisieren zu können (vgl. Beschreibung in der Ausgangssituation). Zudem kann es so gelingen, die kaufkräftigen Kunden durch Exklusivität zu erreichen.
Die Gefahr bei Anwendung der Strategie ist jedoch, dass das Kalkül nicht aufgeht, wenn nach Markteinführung kein ausreichend hoher Absatz erzielt werden kann. Ggf. wären Kunden sogar zum Kauf bereit, aber erfahren nicht von den Vorzügen des Produkts. Das muss durch **ausreichende Werbemaßnahmen** vermieden werden. Kann die Hochpreisstrategie aufgrund einer **Produktführerschaft** durchgängig beibehalten werden, bedarf dies einer ständigen Produkterneuerung oder -optimierung, um den Vorsprung zu halten. Das Unternehmen muss dann aufpassen, nicht zu hohe Investitionen z. B. in Forschung und Entwicklung zu tätigen, die es nicht wieder erlösen kann. Wird die Hochpreispolitik als Skimmingstrategie angewendet, könnten **Kunden misstrauisch** werden, wenn plötzlich die Preise gesenkt werden. Die Bereitschaft, einen hohen Preis für andere Produkte des Unternehmens zu zahlen, könnte gemindert werden.

Chancen und Risiken der Penetrationspreisstrategie
Die Penetrationspreisstrategie zeichnet sich durch **niedrige Preise** in der Einführungsphase aus. Der erforderliche Umsatz wird über eine **große Absatzmenge** angestrebt. Das Ziel ist die Sicherung eines großen Marktanteils in einer kurzen Zeit, bevor die Konkurrenz mit einem vergleichbaren Produkt am Markt erscheint. Zudem wird mit einem niedrigen Preis eine hohe **Markteintrittsbarriere** geschaffen, da Konkurrenten ebenfalls eine große Abnahmemenge bräuchten, um den Rückfluss von Investitionskosten zu gewährleisten. Zielgruppe bei Anwendung dieser Strategie ist eine **breite Käuferschicht**, auch im Niedrig- und Mittelpreissektor, aber nicht ausschließlich. Durch schnelles Absatzwachstum können **hohe Gesamtdeckungsbeiträge** realisiert werden.
Andererseits sind bei sinkendem Absatz **keine Preissenkungen** mehr **möglich**. Führt das Unternehmen – wie auch die Outdoor Deluxe GmbH – mehrere Produkte, besteht zudem die Gefahr der **Schädigung des Prestiges** und Images anderer Produkte und damit des gesamten Unternehmens.

2.3 *Wie diese Aufgabenstellung zeigt, lohnt es sich grundsätzlich, zuerst die ganze Aufgabe zu lesen, bevor Sie mit der Bearbeitung beginnen: Erst im zweiten Schritt („Arbeiten Sie ... heraus ...") sollen Sie Bezüge zur Outdoor Deluxe GmbH herstellen. Demgegenüber sollen Sie zuerst einmal den Begriff der konkurrenzorientierten Preispolitik ganz allgemein erläutern.*

Grundsätzlich zeichnet sich die konkurrenzorientierte Preispolitik durch die **Ausrichtung** des eigenen Preises – unabhängig von der eigenen Kostensituation – **an den Preisen der Konkurrenz** aus.

Die Orientierung am Branchenpreis ist vor allem auf Märkten mit **homogenen Gütern** und **polypolistischer Konkurrenz** möglich. Bei einer breiten Streuung von Anbietern erfolgt die Orientierung am Preisführer. Dies ist der Anbieter, dem sich bei Preisänderungen die übrigen Anbieter anschließen. Oft liegt ein **oligopolistischer Markt** vor.

Auf Grundlage aller Ihnen zur Verfügung stehenden Informationen sollen Sie nun das Konzept der konkurrenzorientierten Preispolitik auf das Modellunternehmen anwenden. Hierbei ist ein Bezug zum monopolistischen Preisspielraum der Outdoor Deluxe GmbH herzustellen.

Die Outdoor Deluxe GmbH kann die Preisgestaltung beim „Iglu" weitgehend unabhängig von der Konkurrenz vornehmen. Aufgrund des qualitativ hochwertigen Produkts, das auch von den Konsumenten entsprechend eingeschätzt wird (vgl. hohes Marktwachstum, Portfolio-Matrix), hat sich die Outdoor Deluxe GmbH Präferenzen geschaffen, die einen monopolistischen Spielraum ermöglichen. Innerhalb dieses Spielraums kann sie in einem gewissen Rahmen **unabhängige Preisentscheidungen** treffen. Dies kann dazu führen, dass sie für Mitbewerber eine Preisführerschaft übernimmt.

2.4 *Über einen Zusatzauftrag sollen Sie nun eine kostenrechnerische Beurteilung anfertigen.*

Die **Kapazität** der Outdoor Deluxe GmbH ist zu 80 % ausgelastet, d. h., es werden 4.000 Einheiten im Geschäftsjahr produziert (5.000,00 € · 80 %). Die zusätzlich angefragte Menge von 200 Einheiten kann also produziert werden.

Stückdeckungsbeitrag = Stückpreis – variable Stückkosten
= 500,00 € – 390,00 € = 110,00 €

110,00 € · 4.000 Stück = 440.000,00 €

Der **Deckungsbeitrag** betrug bisher 440.000,00 €.

Der Preis für Rally beträgt 400,00 € je Stück. Das ergibt einen **zusätzlichen Deckungsbeitrag** von 2.000,00 €:

Stückdeckungsbeitrag = 400,00 € – 390,00 € = 10,00 €

10,00 € · 200 Stück = 2.000,00 €

Es wird also mit dem Zusatzauftrag ein leicht positiver Deckungsbeitrag erwirtschaftet. Dies bedeutet eine Erhöhung des gesamten Deckungsbeitrags um 2.000,00 € auf 442.000,00 €.

Der Zusatzauftrag sollte (ohne strategische Beurteilung, rein rechnerisch, mit kurzfristiger Perspektive) angenommen werden.

Um die Preisuntergrenze angeben zu können, müssen Sie aufführen, wie diese ermittelt wird bzw. woraus sie sich erschließen lässt.

Die Preisuntergrenze für einen Zusatzauftrag liegt in Höhe der variablen Kosten bei 390,00 €.

2.5 *Die Darstellung zweier möglicher Konsequenzen reicht zur Erreichung der vollen Punktzahl aus.*

Mögliche Konsequenzen aus dem zusätzlichen Vertrieb über Rally sind:
- Die anderen Abnehmer/Nachfrager erfahren von dem Sonderpreis und drängen ebenfalls auf Preissenkung.
- Das Produkt erleidet einen Imageschaden durch den Vertrieb über einen günstigen Warenhandel.

Statt der im Lösungsvorschlag genannten Beispiele wären weitere Möglichkeiten denkbar wie etwa:
– Die Hochpreispolitik wird von Mitbewerbern unterlaufen.
– Abnehmer/Nachfrager stornieren Aufträge bzw. erteilen keine neuen Aufträge mehr.

Nun erfordert die Aufgabenstellung von Ihnen, einen Vorschlag auszuarbeiten.

Ein aus den möglichen Konsequenzen resultierender Vorschlag wäre der Einsatz einer anderen Verpackungsgestaltung, sodass das Unternehmen als Produzent nicht in Erscheinung tritt.

Andere als das hier gewählte Beispiel wären z. B.:
– Vertrieb über Rally unter einem anderen Produktnamen,
– Verkauf einer einfacheren Produktvariante an Rally, damit die Differenzierung zu den hochpreisigen Produkten erkennbar bleibt. Das wäre eine Absenkung des Qualitätsstandards beim Discounter-Produkt.

2.6 *Die Preis-Absatz-Funktion aussagekräftig darzustellen bedeutet, dass daraus Aussagen ableitbar/ablesbar sein müssen. Sie ist folglich zu skalieren und mit Koordinaten/Werten zu versehen.*

Preis-Absatz-Funktion „Shellproofi"

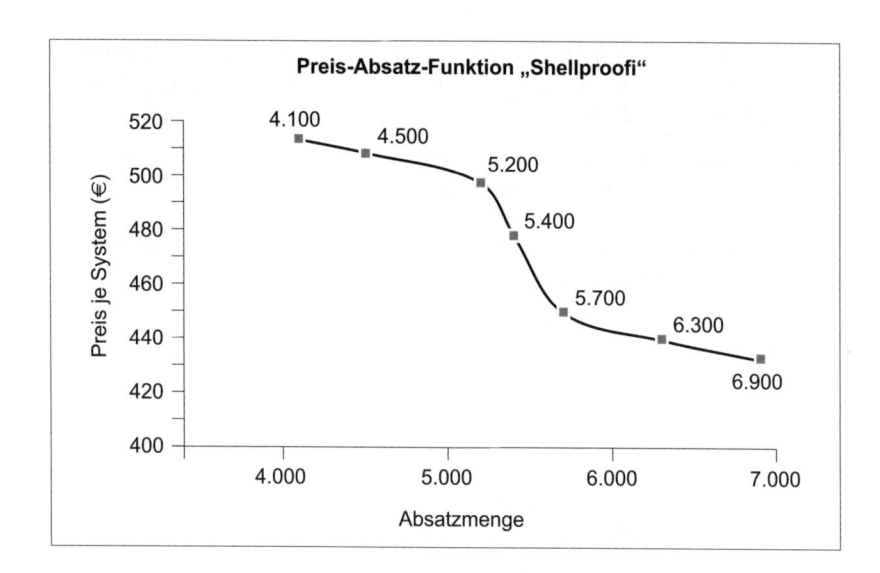

Preis je System (€) vs. Absatzmenge:
- 4.100 → 515
- 4.500 → 510
- 5.200 → 500
- 5.400 → 475
- 5.700 → 450
- 6.300 → 440
- 6.900 → 435

2.7 *Da Sie zur Überprüfung auf die Kalkulation zurückgreifen müssen, sollten Sie diese hier sinnvollerweise als Erstes durchführen. Beachten Sie, dass Sie zum Teil auf Informationen aus der Ausgangssituation sowie aus der Situationsbeschreibung in der Teilaufgabe 2.6 zurückgreifen müssen.*

Verkaufspreis (€)	Menge	Umsatz (€)	fixe Kosten (€)	variable Kosten (€)	gesamte Kosten (€)	Erfolg d. „Shellproofi" (€)	Umsatzzuwachs (%)	EK-Rendite (%)
515	4.100	2.111.500	150.000	1.599.000	1.749.000	362.500	−15,54	21,97
510	4.500	2.295.000	150.000	1.755.000	1.905.000	390.000	−8,20	23,64
500	5.200	2.600.000	150.000	2.028.000	2.178.000	422.000	4,00	25,58
475	5.400	2.565.000	150.000	2.106.000	2.256.000	309.000	2,60	18,73
450	5.700	2.565.000	150.000	2.223.000	2.373.000	192.000	2,60	11,64
440	6.300	2.772.000	150.000	2.457.000	2.607.000	165.000	10,88	10,00
435	6.900	3.001.500	150.000	2.691.000	2.841.000	160.500	20,06	9,73

Nebenrechnung am Beispiel eines Verkaufspreises von 515,00 €:

$$\text{EK-Rendite} = \frac{\text{Gewinn}}{\text{Eigenkapital}} \cdot 100 = \frac{362.500,00}{1.650.000,00} \cdot 100 = 21,97 \%$$

Die Überprüfung der Vorstandsvorgabe erfolgt durch einen Abgleich der jeweils zu den Preisen errechneten Umsatzvereinbarung zur Vorgabe von 10 %. Die Ziele des Vorstands und der Investoren können nur erreicht werden, wenn eine Preisanpassung auf 440,00 € erfolgt.

Aus einer vorgegebenen Perspektive – der beratenden Stabsstelle – ist hier ein Werturteil zur Vorgabe des Vorstands zu entwickeln.

Die Preissenkung ist kritisch zu sehen und nur unter dem Gesichtspunkt der Markteroberung, also des Setzens von Präferenzen bei Marktteilnehmern zu rechtfertigen, denn
- es würden Ergebniseinbußen akzeptiert. Mit dem bisherigen Preis von 500,00 € wird ein wesentlich höheres Ergebnis realisiert: 422.000,00 € gegenüber 165.000,00 € bei einem Preis von 440,00 €.
- es würde eine langfristig niedrige Preisvorgabe gesetzt, die nur durch eine Penetrationspreisstrategie wieder ausgeglichen werden könnte.
- Kunden würden sich über einen plötzlichen Preissturz wundern und nur im ersten Moment viel kaufen. Daneben besteht die Gefahr des Imageverlusts.
- der monopolistische Absatzbereich liegt zwischen 450,00 € und 500,00 €. Das ist der Bereich, in dem der Preis angepasst werden kann, ohne dass sich die Nachfrage spürbar ändert. Mit 440,00 € würde dieser Bereich folglich unterschritten und damit Nachfragepotenzial verschenkt.
- Preissteigerungen über 500,00 € führen zu starken Abwanderungen der Nachfrager, d. h., der monopolistische Preisspielraum wird verlassen.
- ab dem Preis von 450,00 € sind sowohl Gewinn (–61 %) als auch die EK-Rendite stark rückläufig.

Begründet sollen Sie nun eine Lösung für die Situation entfalten.

Der Vorstand sollte das Ziel der Markteroberung überdenken.
Das Unternehmen befindet sich mit einem Preis von 500,00 € für „Shellproofi" am oberen Rand des monopolistischen Preisspielraums, d. h., bei der aktuellen Preis-Absatz-Funktion sind keine Preiserhöhungen möglich.
Durch die Erhöhung des **akquisitorischen Kapitals** kann es aber gelingen, den monopolistischen Spielraum zu erhöhen und damit Abwanderungen zu verhindern und Kunden bei höheren Preisen zu halten. Dazu sind allerdings zahlreiche Maßnahmen mit den Marketinginstrumenten notwendig: **Persönliche Präferenzen der Nachfrager** müssen aufgebaut werden. Falls das langfristig gelingt, könnte der Preis weiter erhöht werden.

2.8 *Ganz allgemein, ohne Bezugnahme auf Ausgangssituation und Modellunternehmen, sollen Sie hier zunächst einen Fachbegriff erklären.*

Als Konsumentenrente bezeichnet man die Differenz aus dem Preis, den ein Konsument für ein Gut zu zahlen bereit ist, und dem verlangten Marktpreis (dem Gleichgewichtspreis). Es handelt sich also um die zusätzliche Zahlungsbereitschaft der Konsumenten für ein Produkt aufgrund einer Präferenz.

> *Auch hier wird noch nicht von Ihnen verlangt, an die Situation der Outdoor Deluxe GmbH anzuknüpfen.*

Die Präferenz entsteht durch unterschiedliche Wertschätzung seitens der Kunden. Durch eine Preisdifferenzierung werden Preisspannen zwischen dem sich auf dem Markt bildenden Preis und den individuellen Preisen der Nachfrager abgeschöpft. Die Voraussetzung dafür ist das Vorhandensein eindeutig getrennter Märkte, da sonst Nachfrager auf Märkte mit günstigeren Preisen wechseln könnten.

> *Im Anschluss an die allgemeinen Darstellungen ist nun ein konkreter Umsetzungsvorschlag für die Outdoor Deluxe GmbH anzufertigen.*

Bei der Outdoor Deluxe GmbH bietet sich z. B. die sachliche Differenzierung zwischen Produktvarianten auf dem Markt an. D. h., das Produkt im Discounter bei Rally würde sich qualitativ und funktionell von dem im Fachmarkt unterscheiden.

Übungsaufgabe 5 – Profil bildender Leistungskurs (NRW)
Betriebswirtschaftslehre mit Rechnungswesen und Controlling

Themenschwerpunkte aus den Kursthemen:

- Investitionsrechnung
- Langfristige Fremdfinanzierung

Aufgabenstellung

Beschreibung der Ausgangssituation

Die Videon GmbH ist ein alteingesessenes Unternehmen auf dem Elektroniksektor. Die Produktsparte Fernsehgeräte stellt insgesamt den umsatzstärksten Bereich dar und unterliegt daher dem besonderen Augenmerk der Geschäftsleitung. Die Fernsehgeräte der Marke „Videon" stehen für hohe Qualität und moderne Technologie. Sie werden innerhalb Deutschlands und in den europäischen Anrainerstaaten über Fachgeschäfte vertrieben.

Die Unternehmensentwicklung kann insgesamt als zufriedenstellend bezeichnet werden. Nach einer kurzen Phase der Stagnation haben sich die Umsatzzahlen für Fernsehgeräte seit dem vorigen Jahr wieder etwas über dem Branchentrend nach oben entwickelt. Allerdings erfordern die rasante technologische Entwicklung sowie das Bestreben, dauerhaft qualitativ hochwertige Geräte anzubieten, eine Modernisierung eines Teils der Produktionsanlagen. Für das Werk in Duisburg soll daher eine neue Fertigungsanlage angeschafft und mittels Bankdarlehen finanziert werden. Die Liquiditätslage der Videon GmbH ist grundsätzlich gut, allerdings muss in den kommenden zwei Jahren noch ein Darlehen für einen vor acht Jahren getätigten Grundstückskauf bedient werden.

Für die nächste Besprechung auf Geschäftsleiter- und Abteilungsleiterebene sind daher folgende Tagesordnungspunkte vorgesehen:
1. Investitionsentscheidungen zur Anschaffung einer neuen Produktionsanlage,
2. Entscheidungen zur Finanzierung der Investition.

Ihre Aufgabe ist es, Entscheidungsgrundlagen für diese Besprechung vorzubereiten.

Aufgabe 1: Gewinnvergleichsrechnung, Kapitalwertmethode, interner Zinsfuß

38 Punkte

Aufgrund der positiven Absatzerwartungen im Bereich der Fernsehgeräte mit Flachbildschirm und niedrigem Stromverbrauch will die Videon GmbH ihre Produktionskapazitäten erweitern und modernisieren. Für die Herstellung der technisch hochwertigen Fernseher ist es daher notwendig, eine neue Produktionsanlage anzuschaffen.
Es liegen folgende zwei Angebote von verschiedenen Maschinenbauern vor:

Investitionsalternativen	Anlage 1	Anlage 2
Anschaffungskosten	10.000.000,00 €	6.000.000,00 €
Nutzungsdauer	5 Jahre	5 Jahre
kalkulatorische Abschreibung	linear	linear
kalkulatorischer Zinssatz	7 %	7 %
maximale Kapazität pro Jahr	15.000 Geräte	15.000 Geräte
geplante Produktions- und Absatzmenge	10.000 Geräte	10.000 Geräte
nicht auszahlungswirksame Fixkosten pro Jahr (kalkulatorische Abschreibung und kalkulatorische Zinsen)	???	???
auszahlungswirksame Fixkosten pro Jahr	1.700.000,00 €	1.500.000,00 €
auszahlungswirksame variable Kosten pro Jahr bei Maximalauslastung	4.500.000,00 €	6.000.000,00 €
einzahlungswirksame Erlöse pro Jahr bei Maximalauslastung	11.250.000,00 €	10.950.000,00 €

1.1 **Erstellen Sie** eine übersichtliche Gewinnvergleichsrechnung auf der Grundlage der geplanten Produktions- und Absatzmenge. **Berechnen Sie** dabei auch den jeweiligen Break-Even-Point (BEP) sowie die Menge, bei der mit beiden Produktionsanlagen der gleiche Gewinn erzielt wird.   12

1.2 **Erläutern Sie** Ihre Ergebnisse aus Aufgabe 1.1 und **entwickeln Sie** daraus eine begründete **Empfehlung** für eine der beiden Produktionsanlagen.   6

1.3 **Berechnen Sie** mithilfe der Kapitalwertmethode, ob mit beiden Anlagen eine Mindestverzinsung (Rendite) von 15 % erreicht wird. Gehen Sie dabei weiterhin von einer Produktions- und Absatzmenge von 10.000 Fernsehgeräten sowie von konstanten Ein- und Auszahlungen über die Nutzungszeit von 5 Jahren aus. Verwenden Sie für Ihre Berechnungen die beigefügte Tabelle (**Anlage 1**).   6

1.4 **Ermitteln Sie** den internen Zinsfuß für die Produktionsanlage 1 mithilfe der Näherungsformel:

$$r = i_1 - C_1 \cdot \frac{i_1 - i_2}{C_1 - C_2}$$

Bei einem Kalkulationszinssatz von 10 % beträgt der Kapitalwert dieses Investitionsobjekts +614.203,00 €. 3

1.5 **Erläutern Sie** Ihre Ergebnisse aus den Aufgaben 1.3 und 1.4 und **unterbreiten Sie** auf dieser Grundlage einen **Vorschlag**, welche der beiden Produktionsanlagen angeschafft werden sollte. 5

1.6 **Beurteilen Sie**, ob es grundsätzlich ratsamer ist, die Ergebnisse aus der Gewinnvergleichsrechnung oder die Ergebnisse aus Kapitalwertmethode und internem Zinsfuß für eine Entscheidungsfindung heranzuziehen. 6

Aufgabe 2: Abzahlungs- und Annuitätendarlehen **22 Punkte**

Unabhängig davon, welche der beiden Produktionsanlagen angeschafft wird, geht die Videon GmbH von einem Fremdfinanzierungsbedarf in Höhe von 5.000.000,00 € aus. Daher hat sie schon Kontakt mit ihrer Hausbank aufgenommen. Inzwischen liegt ein schriftliches Finanzierungsangebot der Bank vor (**Anlage 2**).

2.1 **Beschreiben Sie** die grundsätzlichen wesentlichen Merkmale von Abzahlungsdarlehen (Ratendarlehen) und Annuitätendarlehen. 4

2.2 **Erstellen Sie** die Tilgungspläne für die beiden Darlehensangebote unter Verwendung der beigefügten Tabellen (**Anlage 3**). 8

2.3 **Analysieren Sie** die beiden Angebote hinsichtlich der gesamten Kreditkosten sowie der Liquiditätsbelastung und **entwickeln Sie** eine begründete **Empfehlung** für die Videon GmbH. 6

2.4 **Prüfen Sie**, ob sich für die Videon GmbH durch die Finanzierung der geplanten Investition mit Fremdkapital der sogenannte Leverage-Effekt erzielen lässt. 4

Anlage 1: Tabelle mit Abzinsungsfaktoren und Barwertfaktoren

Abzinsungsfaktoren

	5 %	6 %	7 %	8 %	9 %	10 %	11 %	12 %	13 %	14 %	15 %
1	0,952381	0,943396	0,934579	0,925926	0,917431	0,909091	0,900901	0,892857	0,884956	0,877193	0,869565
2	0,907029	0,889996	0,873439	0,857339	0,841680	0,826446	0,811622	0,797194	0,783147	0,769468	0,756144
3	0,863838	0,839619	0,816298	0,793832	0,772183	0,751315	0,731191	0,711780	0,693050	0,674972	0,657516
4	0,822702	0,792094	0,762895	0,735030	0,708425	0,683013	0,658731	0,635518	0,613319	0,592080	0,571753
5	0,783526	0,747258	0,712986	0,680583	0,649931	0,620921	0,593451	0,567427	0,542760	0,519369	0,497177
6	0,746215	0,704961	0,666342	0,630170	0,596267	0,564474	0,534641	0,506631	0,480319	0,455587	0,432328
7	0,710681	0,665057	0,622750	0,583490	0,547034	0,513158	0,481658	0,452349	0,425061	0,399637	0,375937
8	0,676839	0,627412	0,582009	0,540269	0,501866	0,466507	0,433926	0,403883	0,376160	0,350559	0,326902
9	0,644609	0,591898	0,543934	0,500249	0,460428	0,424098	0,390925	0,360610	0,332885	0,307508	0,284262
10	0,613913	0,558395	0,508349	0,463193	0,422411	0,385543	0,352184	0,321973	0,294588	0,269744	0,247185
11	0,584679	0,526788	0,475093	0,428883	0,387533	0,350494	0,317283	0,287476	0,260698	0,236617	0,214943
12	0,556837	0,496969	0,444012	0,397114	0,355535	0,318631	0,285841	0,256675	0,230706	0,207559	0,186907
13	0,530321	0,468839	0,414964	0,367698	0,326179	0,289664	0,257514	0,229174	0,204165	0,182069	0,162528
14	0,505068	0,442301	0,387817	0,340461	0,299246	0,263331	0,231995	0,204620	0,180677	0,159710	0,141329
15	0,481017	0,417265	0,362446	0,315242	0,274538	0,239392	0,209004	0,182696	0,159891	0,140096	0,122894

Barwertfaktoren

	5 %	6 %	7 %	8 %	9 %	10 %	11 %	12 %	13 %	14 %	15 %
1	0,952381	0,943396	0,934579	0,925926	0,917431	0,909091	0,900901	0,892857	0,884956	0,877193	0,869565
2	1,859410	1,833393	1,808018	1,783265	1,759111	1,735537	1,712523	1,690051	1,668102	1,646661	1,625709
3	2,723248	2,673012	2,624316	2,577097	2,531295	2,486852	2,443715	2,401831	2,361153	2,321632	2,283225
4	3,545951	3,465106	3,387211	3,312127	3,239720	3,169865	3,102446	3,037349	2,974471	2,913712	2,854978
5	4,329477	4,212364	4,100197	3,992710	3,889651	3,790787	3,695897	3,604776	3,517231	3,433081	3,352155
6	5,075692	4,917324	4,766540	4,622880	4,485919	4,355261	4,230538	4,111407	3,997550	3,888668	3,784483
7	5,786373	5,582381	5,389289	5,206370	5,032953	4,868419	4,712196	4,563757	4,422610	4,288305	4,160420
8	6,463213	6,209794	5,971299	5,746639	5,534819	5,334926	5,146123	4,967640	4,798770	4,638864	4,487322
9	7,107822	6,801692	6,515232	6,246888	5,995247	5,759024	5,537048	5,328250	5,131655	4,946372	4,771584
10	7,721735	7,360087	7,023582	6,710081	6,417658	6,144567	5,889232	5,650223	5,426243	5,216116	5,018769
11	8,306414	7,886875	7,498674	7,138964	6,805191	6,495061	6,206515	5,937699	5,686941	5,452733	5,233712
12	8,863252	8,383844	7,942686	7,536078	7,160725	6,813692	6,492356	6,194374	5,917647	5,660292	5,420619
13	9,393573	8,852683	8,357651	7,903776	7,486904	7,103356	6,749870	6,423548	6,121812	5,842362	5,583147
14	9,898641	9,294984	8,745468	8,244237	7,786150	7,366687	6,981865	6,628168	6,302488	6,002072	5,724476
15	10,379658	9,712249	9,107914	8,559479	8,060688	7,606080	7,190870	6,810864	6,462379	6,142168	5,847370

Anlage 2: Angebot der Hausbank (Auszug aus dem Schreiben)

Sehr geehrter Herr ...,

aufgrund der langjährigen und guten Geschäftsbeziehung zur Videon GmbH unterbreiten wir Ihnen folgendes Angebot zur Finanzierung Ihres Investitionsvorhabens:

Darlehen in Höhe von 5.000.000,00 €,
bei einer Laufzeit von 5 Jahren,
zum Zinssatz von 4 % p. a.

Dieses Darlehen können Sie wahlweise als Abzahlungsdarlehen (Ratendarlehen) oder als Annuitätendarlehen erhalten. Bei Wahl der zweitgenannten Alternative beträgt die Annuität in den ersten vier Jahren jeweils 1.125.000,00 € und wird im letzten Jahr auf 1.114.901,63 € angepasst.

Wir würden uns freuen, wenn Sie uns Ihre Entscheidung über die Wahl der Darlehensart noch diese Woche mitteilen könnten.

Mit freundlichen Grüßen

...

Anlage 3: Tilgungspläne

Tilgungsplan für das angebotene Abzahlungsdarlehen (Ratendarlehen)

Jahr	Darlehensbetrag am Jahresanfang in €	Zinsen in €	Tilgung in €	Liquiditätsbelastung in €	Darlehensbetrag am Jahresende in €
1					
2					
3					
4					
5					
Summe		–			–

Tilgungsplan für das angebotene Annuitätendarlehen

Jahr	Darlehensbetrag am Jahresanfang in €	Zinsen in €	Tilgung in €	Liquiditätsbelastung in €	Darlehensbetrag am Jahresende in €
1					
2					
3					
4					
5					
Summe		–			–

Lösungsvorschläge

Der Klausurumfang von 60 Punkten entspricht einem zeitlichen Umfang von 85 Minuten (ein Drittel des Umfangs einer Abiturklausur mit 180 Punkten bei 255 Minuten). Das bedeutet bei dieser Übungsaufgabe, dass Sie in etwa 60 Minuten für Teilaufgabe 1 und 30 Minuten für Teilaufgabe 2 zur Verfügung haben. Realistisch betrachtet ist die Zeit recht knapp bemessen. Die Lösungsvorschläge stellen jedoch einen Maximalansatz dar, der so nicht unbedingt bzw. nur eingeschränkt von Ihnen erwartet würde. Sie können sich zum Üben mit dieser Klausur also auch etwas mehr Zeit nehmen.

Aufgabe 1

1.1 Grundsätzlich wird bei Berechnungen erwartet, dass diese nachvollziehbar sind. Für die Vergleichsrechnung bietet sich hier eine tabellarische Darstellungsform an.

Erstellung der Gewinnvergleichsrechnung

	Anlage 1	Anlage 2
Erlöse für Planmenge $\dfrac{\text{Erlöse}_{max}}{\text{Menge}_{max}} \cdot \text{Planmenge}$	$\dfrac{11.250.000{,}00}{15.000} \cdot 10.000$ $= 7.500.000{,}00\ €$	$\dfrac{10.950.000{,}00}{15.000} \cdot 10.000$ $= 7.300.000{,}00\ €$
kalkulatorische Abschreibung $\dfrac{\text{Anschaffungskosten}}{\text{Nutzungsdauer}}$	2.000.000,00 €	1.200.000,00 €
kalkulatorische Zinsen $\dfrac{1}{2}$ Anschaffungskosten · Zinssatz	350.000,00 €	210.000,00 €
sonstige Fixkosten	1.700.000,00 €	1.500.000,00 €
− gesamte Fixkosten	= 4.050.000,00 €	= 2.910.000,00 €
− variable Kosten für Planmenge $\dfrac{K_v}{\text{Menge}_{max}} \cdot \text{Planmenge}$	$\dfrac{4.500.000{,}00}{15.000} \cdot 10.000$ $= 3.000.000{,}00\ €$	$\dfrac{6.000.000{,}00}{15.000} \cdot 10.000$ $= 4.000.000{,}00\ €$
= Gewinn	450.000,00 €	390.000,00 €

Berechnung der BEP sowie der Menge gleichen Gewinns

BEP der jeweiligen Produktionsanlage:
Erlös = Kosten
Stückerlös · x = Fixkosten + variable Stückkosten · x

BEP_{A1}: $750x = 4.050.000{,}00 + 300x \rightarrow x = $ **9.000 Geräte**
BEP_{A2}: $730x = 2.910.000{,}00 + 400x \rightarrow x = $ **8.819 Geräte**

Menge gleichen Gewinns:
$$\text{Gewinn}_{A1} = \text{Gewinn}_{A2}$$
$$\text{Erlös}_{A1} - \text{Kosten}_{A1} = \text{Erlös}_{A2} - \text{Kosten}_{A2}$$
$$\text{Stückerlös}_{A1} \cdot x - \text{Fixkosten}_{A1} - \text{variable Stückkosten}_{A1} \cdot x$$
$$= \text{Stückerlös}_{A2} \cdot x - \text{Fixkosten}_{A2} - \text{variable Stückkosten}_{A2} \cdot x$$
$$750\,x - 4.050.000{,}00 - 300\,x = 730\,x - 2.910.000{,}00 - 400\,x \rightarrow x = \mathbf{9.500\ Geräte}$$

1.2 *In dieser Teilaufgabe sollen Sie die drei Vergleichskriterien „Gewinn", „BEP" und „Menge gleichen Gewinns" im Zusammenhang darstellen und deuten. Da es hier um den Vergleich zweier Anlagen geht, sollten Sie die Ergebnisse für beide Anlagen vergleichend analysieren. Für eine endgültige Entscheidung sollte die Situationsbeschreibung, die von einer positiven Absatzentwicklung ausgeht, berücksichtigt werden.*

Erläuterung der Ergebnisse
Der **Gewinn** ist bei der geplanten Produktions- und Absatzmenge von 10.000 Fernsehgeräten bei der Anlage 1 mit 450.000,00 € um 60.000,00 € höher als bei der Anlage 2, die nur einen Gewinn von 390.000,00 € erzielt.
Der **BEP** wird bei beiden Anlagen noch relativ knapp vor der Planmenge erreicht. Da Anlage 2 bereits ab 8.819 Stück einen Gewinn erzielt, ist hier das Absatzrisiko geringfügig niedriger, falls die Planmenge unterschritten würde, denn Anlage 1 gelangt demgegenüber erst ab 9.000 Stück in die Gewinnzone.
Die **Menge gleichen Gewinns** liegt bei 9.500 Stück. Das bedeutet, Anlage 2 würde einen höheren Gewinn erzielen, solange die tatsächliche Menge zwischen 8.819 und 9.500 Stück läge.

Ableitung einer Empfehlung
Da die Absatzerwartungen positiv sind, sollte die geplante Produktions- und Absatzmenge als realisierbar unterstellt werden. Daher ist Anlage 1 vorzuziehen. Mit jeder über die Planmenge hinausgehenden Stückzahl erhöht sich der Vorteil dieser Investitionsalternative gegenüber Anlage 2.

1.3 *Hier ist darauf zu achten, dass bei der Kapitalwertmethode nur Zahlungsströme, also Einzahlungen und Auszahlungen, betrachtet werden. Die nicht zahlungswirksamen kalkulatorischen Abschreibungen und Zinsen dürfen daher nicht in die Berechnungen einbezogen werden.*
Da in diesem Fall die Einzahlungsüberschüsse (EZÜ) im Zeitablauf konstant sind, kann die Berechnung der Kapitalwerte mithilfe des Barwertfaktors vorgenommen werden. Die Berechnung mittels Abzinsungsfaktoren ist ebenso möglich, ist aber umständlich und zeitraubend und hier <u>nicht</u> erforderlich. Zur Verdeutlichung des Zusammenhangs wird diese Lösung aber zusätzlich aufgeführt. Sie zeigt, dass die Summe der Abzinsungsfaktoren über die Laufzeit von fünf Jahren 3,352155 beträgt und damit dem Barwertfaktor für fünf Jahre entspricht.

Nebenrechnung: Berechnung der EZÜ

	Anlage 1	Anlage 2
Einzahlungen p. a. (€)	7.500.000,00	7.300.000,00
Auszahlungen p. a. (€)	1.700.000,00 + 3.000.000,00 = 4.700.000,00	1.500.000,00 + 4.000.000,00 = 5.500.000,00
EZÜ p. a. (€)	2.800.000,00	1.800.000,00

Berechnung mittels Barwertfaktor
Kapitalwert
= Anfangsauszahlung + Barwertfaktor · konstanter Einzahlungsüberschuss p. a.

$C_{0,\ Anlage\ 1}$ = −10.000.000,00 € + 3,352155 · 2.800.000,00 €
= −10.000.000,00 € + 9.386.034,00 € = **−613.966,00 €**

$C_{0,\ Anlage\ 2}$ = −6.000.000,00 € + 3,352155 · 1.800.000,00 €
= −6.000.000,00 € + 6.033.879,00 € = **+33.879,00 €**

alternativ: Berechnung mittels Abzinsungsfaktoren
Anlage 1

Zeit-punkt	Einzahlungen (€)	Auszahlungen (€)	EZÜ (€)	Abzinsungs-faktor $(1+i)^{-t}$	Barwert (€)
0	0,00	10.000.000,00	−10.000.000,00	1	−10.000.000,00
1	7.500.000,00	4.700.000,00	2.800.000,00	0,869565	2.434.782,00
2	7.500.000,00	4.700.000,00	2.800.000,00	0,756144	2.117.203,20
3	7.500.000,00	4.700.000,00	2.800.000,00	0,657516	1.841.044,80
4	7.500.000,00	4.700.000,00	2.800.000,00	0,571753	1.600.908,40
5	7.500.000,00	4.700.000,00	2.800.000,00	0,497177	1.392.095,60
				Kapitalwert:	− 613.966,00

Anlage 2

Zeit-punkt	Einzahlungen (€)	Auszahlungen (€)	EZÜ (€)	Abzinsungs-faktor $(1+i)^{-t}$	Barwert (€)
0	0,00	6.000.000,00	−6.000.000,00	1	−6.000.000,00
1	7.300.000,00	5.500.000,00	1.800.000,00	0,869565	1.565.217,00
2	7.300.000,00	5.500.000,00	1.800.000,00	0,756144	1.361.059,20
3	7.300.000,00	5.500.000,00	1.800.000,00	0,657516	1.183.528,80
4	7.300.000,00	5.500.000,00	1.800.000,00	0,571753	1.029.155,40
5	7.300.000,00	5.500.000,00	1.800.000,00	0,497177	894.918,60
				Kapitalwert:	33.879,00

1.4 Setzen Sie die relevanten Zahlen in die angegebene Formel ein.

$$r = 0{,}15 - (-613{.}966{,}00) \cdot \frac{0{,}15 - 0{,}10}{-613{.}966{,}00 - 614{.}203{,}00} = 0{,}1250 \rightarrow \mathbf{12{,}5\ \%}$$

1.5 *Hier sind die beiden alternativen Investitionsobjekte hinsichtlich der Kriterien „Kapitalwert" und „interner Zinsfuß" zu vergleichen.*

Erläuterung der Ergebnisse
Bei **Anlage 1** ist der Kapitalwert negativ (−613.966,00 €). Das bedeutet, dass die abgezinsten Einzahlungen kleiner sind als die abgezinsten Auszahlungen. Die gewünschte Mindestverzinsung (= Rendite) von 15 % wird daher nicht erreicht. Die Berechnung des internen Zinsfußes zeigt, dass die Rendite nur bei 12,5 % liegt.
Bei **Anlage 2** hingegen ist der Kapitalwert größer als Null. Die abgezinsten Einzahlungen sind also größer als die abgezinsten Auszahlungen. Die Mindestrendite von 15 % wird daher nicht nur erreicht (das wäre bei einem Kapitalwert von Null der Fall), sondern sogar übertroffen. Bei wie viel Prozent die Rendite genau liegt, ließe sich mithilfe des internen Zinsfußes berechnen.

Unterbreitung eines Vorschlags
Die Anlage 2 ist daher vorzuziehen.

1.6 *In dieser Teilaufgabe wird von Ihnen erwartet, die grundsätzlichen Vor- und Nachteile der statischen und dynamischen Verfahren darzulegen und im Hinblick auf ihre Eignung als Entscheidungsinstrumente zu beurteilen. Eine konkrete Entscheidung für eine der beiden Investitionsalternativen ist an dieser Stelle nicht zu treffen.*

Die **Methode des Gewinnvergleichs** gehört zu den sogenannten statischen Verfahren der Investitionsrechnung und ist grundsätzlich mit folgenden Nachteilen behaftet:
- Es kann nur eine Periode (ein Jahr) betrachtet werden.
- Es können daher keine Unterschiede im Zeitablauf mit einkalkuliert werden.
- Der Zinseffekt (spätere Einzahlung ist heute weniger wert) kann nicht berücksichtigt werden.

Kapitalwertmethode und **interner Zinsfuß** gehören zu den sogenannten dynamischen Verfahren der Investitionsrechnung. Sie können grundsätzlich die Mängel der statischen Verfahren beheben, da mehrere Jahre, unterschiedliche Zahlungsströme im Zeitablauf und Zinsen berücksichtigt werden können. Die dynamischen Verfahren sind daher systematisch geeignet, genauere Ergebnisse zu liefern.

Problematisch sind jedoch die Prognoseungenauigkeiten bei langen Betrachtungszeiträumen und die festgelegte Mindestverzinsung, die sich in der Regel am Kapitalmarktzins orientiert, letztlich allerdings mit Subjektivität behaftet ist.

Dennoch sind insgesamt die dynamischen Verfahren zur Entscheidungsfindung vorzuziehen, insbesondere dann, wenn Prognosedaten und Mindestzins solide und realistisch eingeschätzt werden.

Aufgabe 2

2.1 *Geben Sie wesentliche Aspekte der zwei Darlehensarten in allgemeiner Form wieder.*

Das **Ratendarlehen** wird in gleichbleibenden Jahresraten getilgt. Da die Zinsen von einem jährlich abnehmenden Restdarlehensbetrag zu zahlen sind, sinkt der Zinsaufwand und damit auch die Liquiditätsbelastung im Zeitablauf.

Bei einem **Annuitätendarlehen** ist die jährliche Summe aus Tilgung und Zinsen, die man als Annuität bezeichnet, stets gleich hoch. Da sich die Schuldsumme durch die Tilgung ständig verringert, wird der Anteil der Zinsen an der jährlich gleichbleibenden Zahlung immer kleiner, der Anteil der Tilgung entsprechend größer.

2.2 *Die Werte sind anhand der Angaben im Angebot der Hausbank zu ermitteln und in die Tabellen einzutragen. Rechenwege sind hier nicht anzugeben.*

Tilgungsplan für das angebotene Abzahlungsdarlehen (Ratendarlehen)

Jahr	Darlehensbetrag am Jahresanfang in €	Zinsen in €	Tilgung in €	Liquiditätsbelastung in €	Darlehensbetrag am Jahresende in €
1	5.000.000,00	200.000,00	1.000.000,00	1.200.000,00	4.000.000,00
2	4.000.000,00	160.000,00	1.000.000,00	1.160.000,00	3.000.000,00
3	3.000.000,00	120.000,00	1.000.000,00	1.120.000,00	2.000.000,00
4	2.000.000,00	80.000,00	1.000.000,00	1.080.000,00	1.000.000,00
5	1.000.000,00	40.000,00	1.000.000,00	1.040.000,00	0,00
Summe	–	600.000,00	5.000.000,00	5.600.000,00	–

Tilgungsplan für das angebotene Annuitätendarlehen

Jahr	Darlehensbetrag am Jahresanfang in €	Zinsen in €	Tilgung in €	Liquiditätsbelastung in €	Darlehensbetrag am Jahresende in €
1	5.000.000,00	200.000,00	925.000,00	1.125.000,00	4.075.000,00
2	4.075.000,00	163.000,00	962.000,00	1.125.000,00	3.113.000,00
3	3.113.000,00	124.520,00	1.000.480,00	1.125.000,00	2.112.520,00
4	2.112.520,00	84.500,80	1.040.499,20	1.125.000,00	1.072.020,80
5	1.072.020,80	42.880,83	1.072.020,80	1.114.901,63	0,00
Summe	–	614.901,63	5.000.000,00	5.614.901,63	–

2.3 *Hier sind die in den Tabellen berechneten Gesamtkosten sowie die ermittelte Liquiditätsbelastung im Zeitablauf zu betrachten. Bei Ihrer Empfehlung müssen Sie die Unternehmenssituation berücksichtigen.*

Analyse beider Angebote
Die **gesamten Kreditkosten** ergeben sich hier aus der Summe der Zinsen, da keine weiteren Kosten (wie z. B. Disagio oder Gebühren) anfallen. Die Kosten sind beim Ratendarlehen um 14.901,63 € geringer als beim Annuitätendarlehen, da der zu verzinsende Restdarlehensbetrag in allen Jahren geringer ist und somit insgesamt weniger Zinsen anfallen.

Die gesamte **Liquiditätsbelastung**, die sich aus Tilgungsleistungen und Zinszahlungen ergibt, ist dementsprechend um den gleichen Betrag geringer als beim Annuitätendarlehen. In den ersten beiden Jahren ist die Liquiditätsbelastung beim Ratendarlehen höher, im dritten Jahr ist sie in etwa genauso hoch wie beim Annuitätendarlehen und ab dem vierten Jahr ist sie geringer.

Entwicklung einer Empfehlung
Unter dem **Kostenaspekt** ist das Ratendarlehen günstiger und daher vorzuziehen. Allerdings besteht gerade in den kommenden beiden Jahren gemäß der Beschreibung der Ausgangssituation ein kleiner **Liquiditätsengpass**. Das Annuitätendarlehen ist unter diesem Aspekt vorteilhafter, da die Liquiditätsbelastung hier im ersten Jahr um 75.000,00 € und im zweiten Jahr um 35.000,00 € geringer wäre als beim Ratendarlehen. Daher sollte die Videon GmbH das angebotene Annuitätendarlehen annehmen.

2.4 *Benennen Sie zunächst die grundsätzliche Aussage des Leverage-Effekts. Zur Überprüfung in dieser konkreten Situation müssen Sie die in Teilaufgabe 1 ermittelten Renditewerte und den in Teilaufgabe 2 angegebenen Kreditzinssatz betrachten.*

Der Leverage-Effekt besagt Folgendes: Durch die Aufnahme von zusätzlichem Fremdkapital erhöht sich die Eigenkapitalrentabilität, solange die Rendite aus dem Investitionsobjekt größer ist als der Fremdkapitalzinssatz.
Der Zinssatz für das aufzunehmende Darlehen beträgt 4 %. Die Rendite für die Produktionsanlage 1 beträgt 12,5 %, die Rendite für die Produktionsanlage 2 mehr als 15 % (siehe Teilaufgabe 1.5). Unabhängig davon, für welches der beiden Investitionsobjekte sich die Videon GmbH entscheidet, liegt die Rendite über dem Fremdkapitalzinssatz.
Der Leverage-Effekt kann somit erreicht werden.

> **Übungsaufgabe 6 – Profil bildender Leistungskurs (NRW)**
> **Betriebswirtschaftslehre mit Rechnungswesen und Controlling**

Themenschwerpunkt aus den Kursthemen: Finanzierung

Aufgabenstellung

Beschreibung der Ausgangssituation

Die börsennotierte Bode-Maschinen AG mit Sitz in Essen ist eine alteingesessene Werkzeugmaschinenfabrik, die ihre hochwertigen Produkte hauptsächlich auf dem europäischen und nordamerikanischen Markt vertreibt. Nach leichten Umsatzrückgängen in den Jahren der europäischen Wirtschaftskrise hat sich die Auftragslage inzwischen wieder verbessert. Für die nächsten Jahre wird die Erschließung der asiatischen Absatzmärkte angestrebt, da dort Wachstumspotenziale bestehen.

Zur Erhöhung der Produktionskapazitäten soll in einem halben Jahr eine neue Fertigungsstraße gekauft werden. Die Anschaffungskosten werden mit 9.000.000,00 € veranschlagt. Um diese hohe Investitionssumme aufbringen zu können, soll eine Kapitalerhöhung durchgeführt werden. Außerdem sollen Möglichkeiten der Innenfinanzierung ausgeschöpft werden, um Mittel für weitere, kleinere Investitionen zu generieren.

Das Geschäftsjahr der Bode-Maschinen AG endete am letzten Tag des vorigen Monats. Inzwischen wurde der Jahresüberschuss ermittelt und die vorläufige Bilanz für das abgelaufene Geschäftsjahr wurde erstellt (**Anlage 1**).

Beim nächsten Vorstandstreffen sind folgende Tagesordnungspunkte zu besprechen:
1. Verwendung des Jahresüberschusses aus dem abgelaufenen Geschäftsjahr,
2. Vorbereitung der geplanten Kapitalerhöhung, um die Aktionäre bei der nächsten Hauptversammlung informieren zu können,
3. Finanzplan für die kommenden drei Monate.

Ihre Aufgabe ist es, vorbereitende Informationen für das Vorstandstreffen zu erstellen.

Aufgabe 1: Ergebnisverwendung und Innenfinanzierung **20 Punkte**

Nach Feststellung des Jahresüberschusses in Höhe von 1.200.000,00 € (siehe auch **Anlage 1**) berät der Vorstand über die Ergebnisverwendung. Während Vorstandsmitglied Ammerich den Aktionären einen Dividendenverzicht vorschlagen möchte, plädiert Vorstandsmitglied Breuer dafür, den Aktionären eine Dividende von 1,00 € je Aktie zu zahlen. Der Nennwert je Aktie beträgt 50,00 €.

Die relevanten Vorschriften des Aktiengesetzes sind beigefügt (**Anlage 2**). In der Satzung der AG sind keine anderslautenden Regelungen festgelegt.

1.1 **Stellen Sie** den Vorschlag zur Ergebnisverwendung von Vorstandsmitglied Breuer übersichtlich in einem geeigneten Schema **dar** und **berechnen Sie** die Nominalverzinsung je Aktie. **Ermitteln Sie** außerdem die Höhe der offenen Selbstfinanzierung für die beiden alternativen Vorschläge. 7

1.2 **Diskutieren Sie** die beiden vorgeschlagenen Alternativen vor dem Hintergrund der beschriebenen Unternehmenssituation. 6

1.3 **Entwickeln Sie** einen begründeten **Kompromissvorschlag** unter Angabe konkreter Zahlen in einer übersichtlichen Darstellung. 7

Aufgabe 2: Beteiligungsfinanzierung **20 Punkte**

Bei der nächsten Hauptversammlung wird u. a. die geplante Kapitalerhöhung auf der Tagesordnung stehen. In diesem Zusammenhang sollen die Aktionäre über die geplanten Daten sowie exemplarisch über mögliche Auswirkungen der Kapitalerhöhung informiert werden.

Es wird von folgenden Daten ausgegangen:
Erhöhung des Grundkapitals um: 10.000.000,00 €
Emissionskosten: 1.000.000,00 €
Bezugspreis für eine junge Aktie im Nennwert von 50,00 €: 80,00 €
Börsenkurs der Altaktie im Nennwert von 50,00 €: 143,00 €

2.1 **Nennen Sie** vier Rechte, die die Aktionäre im Rahmen der Hauptversammlung ausüben können. 4

2.2 **Ermitteln Sie** das Bezugsverhältnis, den Mittelkurs sowie den rechnerischen Wert des Bezugsrechts. 6

2.3 **Erläutern Sie** – unter Angabe von geeigneten Zahlenbeispielen – die Auswirkungen, die sich für den Kapitalanteil sowie die Vermögenssituation eines Altaktionärs ergeben, der seine Bezugsrechte voll ausschöpft. 6

2.4 **Berechnen Sie**, wie viele junge Aktien ein Aktionär erwerben kann, der 1.000 Altaktien besitzt und nur 500,00 € an zusätzlichen finanziellen Mitteln einsetzen möchte. 4

Aufgabe 3: Finanzcontrolling 20 Punkte

Für die kommenden drei Monate ist der Finanzplan der Bode-Maschinen AG zu erstellen.

3.1 **Beschreiben Sie** die Aufgaben eines Finanzplans. 4

3.2 **Erstellen Sie** den Finanzplan für die Monate 1, 2 und 3 in dem gegebenen Schema (**Anlage 3**) unter Berücksichtigung der unten stehenden Angaben. 10

Umsatzerlöse Monat 1	43.000.000,00 €
Umsatzerlöse Monate 2 und 3	jeweils 1 % höher als im Monat 1
Zahlungseingänge unserer Kunden	30 % innerhalb von einem Monat, 50 % nach einem Monat und 20 % nach zwei Monaten
monatliche Aufwendungen für Roh-, Hilfs- und Betriebsstoffe (RHB)	1.100.000,00 €
Bezahlung der Lieferantenrechnungen für RHB	90 % innerhalb eines Monats und 10 % nach einem Monat
monatliche Fertigungslöhne	20.000.000,00 €
Fertigungsgemeinkosten (FGK)	110 % der Fertigungseinzelkosten, 70 % der FGK sind Abschreibungen
sonstige monatliche Auszahlungen	10.000.000,00 €

Im Monat 1 sind noch zu berücksichtigen:

Kundenzahlungen aus dem Vormonat	i. H. v. 2.000.000,00 €
von uns zu zahlende Rechnungen aus dem Vormonat	i. H. v. 1.000.000,00 €

Zu Beginn des Monats 1 beträgt der Bestand an liquiden Mitteln 280.000,00 €.

3.3 **Erläutern Sie** mögliche Maßnahmen, die das Unternehmen in der ermittelten finanziellen Situation ergreifen könnte. 6

Anlage 1: Vorläufige Bilanz

vorläufige Bilanz der Bode-Maschinen AG zum Ende des Geschäftsjahres (in €)

Aktiva		Passiva	
A. Anlagevermögen		**A. Eigenkapital**	
I. Sachanlagen		I. Gezeichnetes Kapital	200.000.000,00
1. Unbebaute Grundstücke	200.000,00	II. Kapitalrücklage	10.000.000,00
2. Bebaute Grundstücke	4.300.000,00	III. Gewinnrücklagen:	
3. Bauten	40.000.000,00	1. Gesetzl. Rücklage	5.670.000,00
4. Technische Anlagen und Maschinen	250.000.000,00	2. Andere Gewinnrücklagen	4.300.000,00
5. Fuhrpark	100.000.000,00	IV. Verlustvortrag	100.000,00
6. Betriebs- und Geschäftsausstattung	90.000.000,00	V. Jahresüberschuss	1.200.000,00
II. Finanzanlagen:			
1. Beteiligungen	2.000.000,00		
B. Umlaufvermögen		**B. Rückstellungen**	
I. Vorräte		1. Rückst. f. Pensionen	15.000.000,00
1. Roh-, Hilfs-, Betriebsstoffe	3.370.000,00	2. Steuerrückstellungen	5.000.000,00
2. Fertige /Unfertige Erzeug.	400.000,00	3. Sonst. Rückstellungen	3.000.000,00
II. Forderungen		**C. Verbindlichkeiten**	
1. Forderungen aus L. u. L.	2.000.000,00	1. Verb. gegenüber Kreditinstituten	249.000.000,00
III. Kasse, Bank	800.000,00		
		2. Verb. aus L. u. L.	1.000.000,00
C. Aktive Rechnungsabgrenzung	2.000.000,00	**D. Passive Rechnungsabgrenzung**	1.000.000,00
	495.070.000,00		**495.070.000,00**

Anlage 2: Aktiengesetz (Auszug)

§ 58 Verwendung des Jahresüberschusses

(1) Die Satzung kann nur für den Fall, daß die Hauptversammlung den Jahresabschluß feststellt, bestimmen, daß Beträge aus dem Jahresüberschuß in andere Gewinnrücklagen einzustellen sind. Auf Grund einer solchen Satzungsbestimmung kann höchstens die Hälfte des Jahresüberschusses in andere Gewinnrücklagen eingestellt werden. Dabei sind Beträge, die in die gesetzliche Rücklage einzustellen sind, und ein Verlustvortrag vorab vom Jahresüberschuß abzuziehen.

(2) Stellen Vorstand und Aufsichtsrat den Jahresabschluß fest, so können sie einen Teil des Jahresüberschusses, höchstens jedoch die Hälfte, in andere Gewinnrücklagen einstellen. Die Satzung kann Vorstand und Aufsichtsrat zur Einstellung eines größeren oder kleineren Teils des Jahresüberschusses ermächtigen. Auf Grund einer solchen Satzungsbestimmung dürfen Vorstand und Aufsichtsrat keine Beträge in andere Gewinnrücklagen einstellen, wenn die anderen Gewinnrücklagen die Hälfte des Grundkapitals übersteigen oder soweit sie nach der Einstellung die Hälfte übersteigen würden. Absatz 1 Satz 3 gilt sinngemäß. [...]

Quelle: http://www.gesetze-im-internet.de/aktg/__58.html

§ 150 Gesetzliche Rücklage. Kapitalrücklage

(1) In der Bilanz des nach den §§ 242, 264 des Handelsgesetzbuchs aufzustellenden Jahresabschlusses ist eine gesetzliche Rücklage zu bilden.

(2) In diese ist der zwanzigste Teil des um einen Verlustvortrag aus dem Vorjahr geminderten Jahresüberschusses einzustellen, bis die gesetzliche Rücklage und die Kapitalrücklagen nach § 272 Abs. 2 Nr. 1 bis 3 des Handelsgesetzbuchs zusammen den zehnten oder den in der Satzung bestimmten höheren Teil des Grundkapitals erreichen.

(3) Übersteigen die gesetzliche Rücklage und die Kapitalrücklagen nach § 272 Abs. 2 Nr. 1 bis 3 des Handelsgesetzbuchs zusammen nicht den zehnten oder den in der Satzung bestimmten höheren Teil des Grundkapitals, so dürfen sie nur verwandt werden

1. zum Ausgleich eines Jahresfehlbetrags, soweit er nicht durch einen Gewinnvortrag aus dem Vorjahr gedeckt ist und nicht durch Auflösung anderer Gewinnrücklagen ausgeglichen werden kann;

2. zum Ausgleich eines Verlustvortrags aus dem Vorjahr, soweit er nicht durch einen Jahresüberschuß gedeckt ist und nicht durch Auflösung anderer Gewinnrücklagen ausgeglichen werden kann.

(4) Übersteigen die gesetzliche Rücklage und die Kapitalrücklagen nach § 272 Abs. 2 Nr. 1 bis 3 des Handelsgesetzbuchs zusammen den zehnten oder den in der Satzung bestimmten höheren Teil des Grundkapitals, so darf der übersteigende Betrag verwandt werden

1. zum Ausgleich eines Jahresfehlbetrags, soweit er nicht durch einen Gewinnvortrag aus dem Vorjahr gedeckt ist;
2. zum Ausgleich eines Verlustvortrags aus dem Vorjahr, soweit er nicht durch einen Jahresüberschuß gedeckt ist;
3. zur Kapitalerhöhung aus Gesellschaftsmitteln nach den §§ 207 bis 220.

Die Verwendung nach den Nummern 1 und 2 ist nicht zulässig, wenn gleichzeitig Gewinnrücklagen zur Gewinnausschüttung aufgelöst werden.

Quelle: http://www.gesetze-im-internet.de/aktg/__150.html

Anlage 3: Finanzplan

(Angaben in €)	Monat		
	1	2	3
I. Zahlungsmittelbestand am Monatsanfang			
II. Einzahlungen			
1. aus Umsatzerlösen			
2. aus fälligen Forderungen aus L. u. L.			
Summe			
III. Auszahlungen			
1. für Lieferantenrechnungen (RHB)			
2. für fällige Verbindlichkeiten aus L. u. L.			
3. für Fertigungslöhne			
4. für FGK			
5. Sonstige			
Summe Auszahlungen			
IV. Zahlungsmittelbestand am Monatsende			

Lösungsvorschläge

Der Klausurumfang von 60 Punkten entspricht einem zeitlichen Umfang von 85 Minuten (ein Drittel des Umfangs einer Abiturklausur mit 180 Punkten bei 255 Minuten). Das bedeutet bei dieser Übungsaufgabe, dass Sie in etwa 30 Minuten für jede der Teilaufgaben zur Verfügung haben.

Aufgabe 1

1.1 Für die Darstellung der Ergebnisverwendung sind einige Nebenrechnungen und Vorüberlegungen unter Berücksichtigung der relevanten Gesetzesgrundlage erforderlich. Es wird nicht erwartet, dass Sie diese explizit darlegen oder erläutern. Sie müssen die Sachverhalte allerdings im Rahmen Ihrer schematischen Darstellung berücksichtigen. Zur Verdeutlichung der Zusammenhänge wird im Lösungsvorschlag eine ausführliche Betrachtung dargelegt.

Nebenrechnungen/Vorüberlegungen:
Gemäß § 150 AktG sind 5 % des um einen etwaigen Verlustvortrag bereinigten Jahresüberschusses (JÜ) in die gesetzlichen Gewinnrücklagen einzustellen, und zwar so lange, bis diese zusammen mit der Kapitalrücklage 10 % des gezeichneten Kapitals betragen. Kapitalrücklage und gesetzliche Gewinnrücklage betragen zusammen 15.670.000,00 €. 10 % vom Grundkapital sind 20.000.000,00 €. Es fehlen also noch 4.330.000,00 €. 5 % vom bereinigten JÜ sind 55.000,00 € (5 % von 1.100.000,00 €). Dieser Betrag ist daher zwingend in die **gesetzlichen Rücklagen** einzustellen.

Höhe der geplanten Ausschüttung:
gezeichnetes Kapital = 200.000.000,00 €
Nennwert einer Aktie = 50,00 €

$$\text{Anzahl der Aktien} = \frac{200.000.000,00\ \text{€}}{50,00\ \text{€}} = 4.000.000$$

Bei einer **geplanten Ausschüttung** von 1,00 € pro Aktie müssten insgesamt 4.000.000,00 € an Dividende gezahlt werden.

Gemäß § 150 AktG darf die geplante Dividendenzahlung nur aus der anderen (freiwilligen) Gewinnrücklage gezahlt werden. Es ist nicht zulässig, die gesetzliche Gewinnrücklage aufzulösen.

Um zu ermitteln, welche Summe aus **anderen Gewinnrücklagen** zu entnehmen ist, muss im Prinzip „rückwärts" gerechnet werden: Es sollen 4.000.000,00 € an Dividende ausgeschüttet werden. Dieser Betrag muss daher als Bilanzgewinn zur Verfügung stehen. Der restliche JÜ (= JÜ – Verlustvortrag – gesetzliche Rücklage) beträgt aber nur 1.045.000,00 €. Der fehlende Differenzbetrag (4.000.000,00 € – 1.045.000,00 € = 2.955.000,00 €) ist daher aus den anderen Gewinnrücklagen zu entnehmen.

Darstellung des Vorschlags von Breuer

JÜ	1.200.000,00
– Verlustvortrag	100.000,00
= bereinigter JÜ	1.100.000,00
– gesetzliche Rücklage	55.000,00
= restlicher JÜ	1.045.000,00
– andere Gewinnrücklagen	0,00
+ Entnahme andere Gewinnrücklagen	2.955.000,00
= Bilanzgewinn	4.000.000,00
– Dividende	4.000.000,00
= Gewinnvortrag	0,00

Berechnung der Nominalverzinsung

Nominalverzinsung: $\dfrac{1,00\ €}{50,00\ €} \cdot 100 = 2,00\ (\%)$

Ermittlung der Höhe der offenen Selbstfinanzierung (= Innenfinanzierung)
bei Vorschlag A: JÜ = 1.200.000,00 € – Ausschüttung 0,00 €
   = 1.200.000,00 €
bei Vorschlag B: JÜ = 1.200.000,00 € – Ausschüttung 4.000.000,00 €
   = –2.800.000,00 €

1.2 *Hier müssen Sie die Alternativen „Dividendenzahlung" und „keine Dividendenzahlung" vor dem Hintergrund der geplanten Kapitalerhöhung und der angestrebten Innenfinanzierung erörtern. In diesem Zusammenhang ist auch auf relevante aktienrechtliche Vorschriften einzugehen.*

Die Unternehmenssituation lässt sich kurz wie folgt skizzieren:
- Die Erschließung neuer Absatzmärkte ist geplant.
- Die Investition in eine Fertigungsstraße soll mittels Kapitalerhöhung (= Außenfinanzierung mit Eigenkapital) erfolgen.
- Weitere, kleinere Investitionen sollen durch Innenfinanzierung ermöglicht werden.

Vorschlag Ammerich:
„Keine Dividendenzahlung" bedeutet, dass der gesamte JÜ in Höhe von 1.200.000,00 € im Unternehmen verbleibt (= Höhe der offenen Selbstfinanzierung). Er würde in die Bilanzpositionen „gesetzliche Rücklage" und „andere Gewinnrücklagen" gebucht werden und dadurch das Eigenkapital um 1.200.000,00 € erhöhen.
Hierdurch würde die Möglichkeit der **Innenfinanzierung** durch Einbehaltung von Gewinnen höchstmöglich ausgeschöpft.

Allerdings ist dieser Vorschlag nicht gegen den Willen der **Hauptversammlung** durchsetzbar, da Aufsichtsrat und Vorstand gemäß § 58 AktG nur maximal 50 % des restlichen JÜ (= JÜ – Verlustvortrag – Einstellung in die gesetzliche Rücklage) ohne Zustimmung der Hauptversammlung in die anderen Gewinnrücklagen einstellen und somit dem Zugriff der Aktionäre entziehen dürfen.

Vorschlag Breuer:
Die Ausschüttung einer Dividende in Höhe von 1,00 € je Aktie könnte nur durch Auflösung anderer Gewinnrücklagen in Höhe von 2.955.000,00 € erfolgen. Die Auflösung der gesetzlichen Rücklagen hierfür ist gemäß § 150 AktG nicht zulässig. Hierbei entsteht ein **negativer Finanzierungseffekt** durch Auflösung der Selbstfinanzierung in Höhe von 2.800.000,00 €.
Dies wäre folglich kontraproduktiv bezüglich der Zielsetzung, kleinere Investitionsvorhaben durch Mittel der Innenfinanzierung zu finanzieren.
Allerdings würde sich eine Dividendenzahlung vermutlich positiv auf die geplante **Kapitalerhöhung** auswirken: höherer Kurs der Altaktie, höhere Preisfestsetzung für die junge Aktie (unterhalb des alten Kurses) möglich, größere Kaufbereitschaft alter und neuer Anleger.

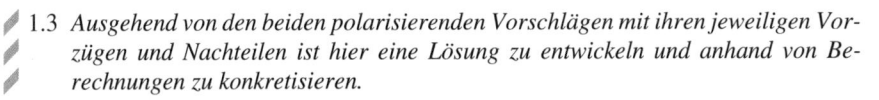

1.3 *Ausgehend von den beiden polarisierenden Vorschlägen mit ihren jeweiligen Vorzügen und Nachteilen ist hier eine Lösung zu entwickeln und anhand von Berechnungen zu konkretisieren.*

Aus den zuvor dargestellten Vor- und Nachteilen der beiden Vorschläge kann folgender Kompromiss eine geeignete Lösung darstellen:
- Es werden keine Rücklagen aufgelöst, damit keine negative Selbstfinanzierung entsteht.
- 50 % des restlichen JÜ werden in Übereinstimmung mit § 58 AktG in die anderen Gewinnrücklagen eingestellt. Ein darüber hinausgehender Betrag könnte ohnehin nur mit Zustimmung der Aktionäre eingestellt werden.
- Die Dividende wird vom verbleibenden Betrag bezahlt. Dies ist das Minimum, das die Aktionäre ohnehin einfordern können.

JÜ	1.200.000,00
– Verlustvortrag	100.000,00
= bereinigter JÜ	1.100.000,00
– gesetzliche Rücklage	55.000,00
= restlicher JÜ	1.045.000,00
– andere Gewinnrücklagen	522.500,00
+ Entnahme andere Gewinnrücklagen	0,00
= Bilanzgewinn	522.500,00
– Dividende (4 Mio. Aktien)	520.000,00
= Gewinnvortrag	2.500,00

Nach dieser Variante ergibt sich zwar eine geringere Selbstfinanzierung als beim Vorschlag von Vorstandsmitglied Ammerich, aber keine negative Selbstfinanzierung wie beim Vorschlag von Vorstandsmitglied Breuer, sondern eine Selbstfinanzierung von:
1.200.000,00 € – 520.000,00 € = 680.000,00 €

Nebenrechnung:
$$\frac{\text{Bilanzgewinn}}{\text{Anzahl Aktien}} = \text{Dividende je Aktie}$$

$$\frac{522.500,00 \, €}{4.000.000} = 0,1306 \, € \rightarrow 0,13 \, €$$

Dividende für 4.000.000 Aktien (Ausschüttungsbetrag):
4.000.000 · 0,13 € = 520.000,00 €

Die Dividende beträgt **0,13 € je Aktie** (= 0,26 % Nominalverzinsung) und ist damit deutlich geringer als beim Vorschlag von Vorstandsmitglied Breuer. Immerhin geht von der Zahlung einer Dividende aber eine grundsätzlich positive Wirkung aus.

Aufgabe 2

2.1 *In dieser Teilaufgabe sollen Sie vier verschiedene Rechte in komprimierter Form und unkommentiert wiedergeben. Beschreibungen oder Erläuterungen sind nicht gefragt.*

- Recht auf Auskunft durch Vorstand und Aufsichtsrat
- Recht auf Abstimmung über die Verwendung des Bilanzgewinns und damit auf Entscheidung über die Höhe der auszuzahlenden Dividende
- Wahl der Aktionärsvertreter in den Aufsichtsrat
- Recht auf Abstimmung über eine Kapitalerhöhung

Ein weiteres Recht, dass Sie alternativ nennen könnten, wäre das Recht auf Abstimmung über die Entlastung von Vorstand und Aufsichtsrat.

2.2 *Achten Sie darauf, die Berechnungen nachvollziehbar durchzuführen.*
  B = Bezugsrecht
  K_a = Kurs der Altaktie
  K_n = Kurs der jungen Aktie
  K_o = Mittelkurs

Bezugsverhältnis   = 200.000.000,00 € : 10.000.000,00 € = **20 : 1**
analog: 4.000.000 Aktien : 200.000 Aktien   = 20 : 1

Mittelkurs $K_0 = \dfrac{4.000.000 \cdot 143,00 \text{ €} + 200.000 \cdot 80,00 \text{ €}}{4.200.000}$

$= 140,00$ €

Bezugsrecht $B = K_a - K_0 = 143,00 \text{ €} - 140,00 \text{ €} = 3,00$ €

Eine alternative Ermittlung des rechnerischen Werts des Bezugsrechts wäre:

$B = \dfrac{K_a - K_n}{\text{Bezugsverhältnis} + 1} = \dfrac{143,00 \text{ €} - 80,00 \text{ €}}{20 + 1} = \dfrac{63,00 \text{ €}}{21} = 3,00$ €

$K_0 = K_a - B = 143,00 \text{ €} - 3,00 \text{ €} = 140,00$ €

2.3 *Hier sollen die Zusammenhänge zwischen Bezugsrecht, Stimmrecht und Vermögensentwicklung erklärt werden. Dies soll anhand geeigneter Zahlen illustriert werden.*

Ein Altaktionär ist berechtigt, für je 20 Altaktien eine junge Aktie zum Bezugspreis von 80,00 € zu erwerben.

Auswirkungen:
- Sein prozentualer **Anteil am Grundkapital** (und damit sein prozentualer Stimmanteil) bleibt erhalten, da die Anzahl (und der Nennwert) seiner Aktien im selben Verhältnis steigt wie die Gesamtanzahl (und der gesamte Nennwert) der Aktien.
- Sein **Vermögenswert** bleibt erhalten, da der Kursverlust der alten Aktien durch den Kursgewinn der jungen Aktien kompensiert wird.
  Kursverlust bei 20 Altaktien:
  $20 \cdot (143,00 \text{ €} - 140,00 \text{ €}) = 20 \cdot 3,00 \text{ €} = 60,00$ €
  Kursgewinn bei einer jungen Aktie:
  $140,00 \text{ €} - 80,00 \text{ €} = 60,00$ €
- Allerdings muss der Aktionär **finanzielle Mittel** in Höhe von 80,00 € je junger Aktie aufbringen können.

2.4 *Auch hier ist die Berechnung nachvollziehbar durchzuführen. Eine Probe ist nicht erforderlich, wird zur Verdeutlichung jedoch beim Lösungsvorschlag mit angegeben.*

Eine junge Aktie kostet:
80,00 € + 20 · 3,00 € = 140,00 €
Der Aktionär besitzt 1.000 Aktien und damit 1.000 Bezugsrechte.
Seine Bezugsrechte haben einen Wert von:
1.000 · 3,00 € = 3.000,00 €
Er ist bereit, 500,00 € einzusetzen. Ihm stehen daher insgesamt zur Verfügung:
3.000,00 € + 500,00 € = 3.500,00 €

Für diesen Betrag kann er erhalten:

$$\frac{3.500,00\ €}{140,00\ €} = 25 \text{ junge Aktien}$$

Probe:
Für 25 junge Aktien benötigt er 500 seiner 1.000 Bezugsrechte (25 · 20, da Bezugsverhältnis 20 : 1).
Für den Verkauf der restlichen 500 Bezugsrechte erhält er:
500 · 3,00 € = 1.500,00 €
Ihm stehen insgesamt zur Verfügung:
1.500,00 € + 500,00 € = 2.000,00 €
Davon kauft er 25 Aktien zum Bezugspreis von je 80,00 € (= 2.000,00 €).

Aufgabe 3

3.1 *Hier soll in allgemeiner Form dargelegt werden, welche Funktionen ein Finanzplan in einem Unternehmen grundsätzlich hat. Dabei wird von Ihnen erwartet, dass Sie die relevanten Fachtermini verwenden.*

Der Finanzplan ist ein Steuerungsinstrument zur Sicherstellung der Liquidität eines Unternehmens. Anhand von Prognosedaten werden die erwarteten Auszahlungen den erwarteten Einzahlungen einer Periode gegenübergestellt und somit wird die Höhe der prognostizierten Über- oder Unterdeckung ermittelt. Daraus werden dann Maßnahmen abgeleitet, um sowohl Unterliquidität als auch renditemindernde Überliquidität zu vermeiden.

3.2 *Es ist zu beachten, dass im Finanzplan nur zahlungswirksame Vorgänge betrachtet werden. So sind z. B. nicht die Umsatzerlöse maßgeblich, sondern die Zahlungseingänge von den Kunden zu den verschiedenen Zeitpunkten. Ebenso sind nicht die Aufwendungen für Materialien relevant, sondern die Zahlungsausgänge bei Begleichung der Rechnungen. Abschreibungen führen nicht zu Auszahlungen und sind daher nicht zu berücksichtigen.*

Nebenrechnungen:
Die auszahlungswirksamen FGK sind in jedem Monat gleich und betragen 110 % der Fertigungslöhne abzüglich der 70 % nicht auszahlungswirksamen Abschreibungen:
20.000.000,00 € · 1,1 · 0,3 = 6.600.000,00 €

Die Einzahlungen aus den fälligen Forderungen aus L. u. L. im Monat 2 betragen 50 % der Umsatzerlöse aus dem Monat 1:
43.000.000,00 € · 0,5 = 21.500.000,00 €

Die Einzahlungen aus den fälligen Forderungen aus L. u. L. im Monat 3 betragen 20 % der Umsatzerlöse aus dem Monat 1:
43.000.000,00 € · 0,2 = 8.600.000,00 €
und 50 % der Umsatzerlöse (1 % höher als im Monat 1!) aus dem Monat 2:
43.000.000,00 € · 1,01 · 0,5
= 43.430.000,00 € · 0,5
= 21.715.000,00 €
Die Auszahlungen für die fälligen Verbindlichkeiten aus L. u. L. in den Monaten 2 und 3 betragen jeweils 10 % der Lieferantenrechnungen für RHB aus dem jeweiligen Vormonat:
1.100.000,00 € · 0,1 = 110.000,00 €

	Monate		
(Angaben in €)	1	2	3
I. Zahlungsmittelbestand am Monatsanfang	280.000,00	−23.410.000,00	−26.581.000,00
II. Einzahlungen			
1. aus Umsatzerlösen	12.900.000,00	13.029.000,00	13.029.000,00
2. aus fälligen Forderungen aus L. u. L.	2.000.000,00	21.500.000,00	8.600.000,00
			21.715.000,00
Summe	15.180.000,00	11.119.000,00	16.763.000,00
III. Auszahlungen			
1. für Lieferantenrechnungen (RHB)	990.000,00	990.000,00	990.000,00
2. für fällige Verbindlichkeiten aus L. u. L.	1.000.000,00	110.000,00	110.000,00
3. für Fertigungslöhne	20.000.000,00	20.000.000,00	20.000.000,00
4. für FGK	6.600.000,00	6.600.000,00	6.600.000,00
5. Sonstige	10.000.000,00	10.000.000,00	10.000.000,00
Summe Auszahlungen	38.590.000,00	37.700.000,00	37.700.000,00
IV. Zahlungsmittelbestand am Monatsende	−23.410.000,00	−26.581.000,00	−20.937.000,00

3.3 *Bei korrekter Berechnung ergibt sich, dass in jedem Monat eine Unterdeckung vorliegt. Grundsätzlich gibt es diverse Möglichkeiten, Liquiditätsengpässe auszugleichen. Erwartet wird hier von Ihnen allerdings, dass Sie die spezifische Problemlage erkennen: Die Unterdeckung ist systematisch-strukturell bedingt, da die Bode-Maschinen AG Rechnungen grundsätzlich zügiger bezahlt als ihre Kunden.*

Jeden Monat liegt eine Unterdeckung vor. Die schleppenden Zahlungseingänge der Kunden sind die maßgebliche Ursache der Liquiditätsprobleme.
Lösung: Die **Kunden müssen eher zahlen**. Geeignete Maßnahmen hierfür wären: das Zahlungsziel verkürzen, Skonto-Anreize schaffen, konsequent mahnen.
Bei Zahlungseingängen von 90 % innerhalb eines Monats und 10 % nach einem Monat wäre das systematische Liquiditätsproblem behoben.
Ggf. kann womöglich stattdessen die **Zahlungsfrist für die eigenen Verbindlichkeiten verlängert** werden. Allerdings würde ein wegfallender Skonto-Abzug die zu zahlenden Rechnungsbeträge erhöhen.
Sollte das strukturelle Problem nicht zu lösen sein, wären folgende Alternativen denkbar: der Verkauf von nicht mehr benötigten Vermögensteilen oder die Aufnahme eines Darlehens, da dies kostengünstiger wäre als eine permanente Kontoüberziehung.

Zentrale Abiturprüfung 2010 – Profil bildender Leistungskurs (NRW)
Betriebswirtschaftslehre mit Rechnungswesen

Aufgabenstellung

Beschreibung der Ausgangssituation

Die Spiko AG ist als mittelgroße Aktiengesellschaft ein in Deutschland etablierter Hersteller von Spielkonsolen. Die Produkte der Konkurrenz unterscheiden sich durch Rechen- und Grafikleistung, Speicher, Technologie und Ausstattung. Hauptkaufargumente der Kunden sind in erster Linie die Attraktivität der Spiele, die Haltbarkeit der Geräte und ihre Funktionen.

Die Spiko AG produziert derzeit zwei Spielkonsolen:
- für Jugendliche das Modell *Juke-Boxx II* und
- für Familien das als echte Markt-Innovation gefeierte interaktive Modell *Let's-Play-Together*.

Während das Modell *Juke-Boxx II* zurückgehende Absatzzahlen verzeichnet, hat sich das Modell *Let's-Play-Together* gut am Markt etabliert. Allerdings mussten bei diesem Produkt seit 2008 deutliche Zugeständnisse bei den Verkaufspreisen gemacht werden, um den Marktanteil zu halten. Dadurch hat sich die Erfolgssituation der Spiko AG in den letzten zwei Jahren erheblich verschlechtert. Als Reaktion auf diese Entwicklung hat die Spiko AG **bereits im vergangenen Jahr 2009 umfassende Rationalisierungsinvestitionen** insbesondere in Bezug auf das Modell *Let's-Play-Together* **vorgenommen.**

Für das Jahr 2010 hat der Vorstand beschlossen, das Modell *Juke-Boxx II* aus dem Produktionsprogramm zu streichen und das Modell *Let's-Play-Together* wie bisher weiter zu produzieren.

Darüber hinaus soll eine neuartige Spielkonsole für Senioren mit dem Namen *Panther* auf den Markt gebracht werden.
- Hierfür sind Investitionsentscheidungen zu treffen (**Aufgabe 1**).
- Für die damit verbundene Finanzierungsentscheidung ist eine Bilanz- und Erfolgsanalyse erforderlich (**Aufgabe 2**).
- Für die neue Spielekonsole *Panther* sind preis- und kommunikationspolitische Entscheidungen zu treffen (**Aufgabe 3**).

Hinweis: Rechnerische Lösungen sind auf zwei Stellen hinter dem Komma kaufmännisch zu runden. Rechenwege sind nachvollziehbar anzugeben.

Aufgabe 1 49 Punkte

Im Zusammenhang mit der Aufnahme der Produktion für die Spielkonsole *Panther* soll eine neue Fertigungsanlage angeschafft werden.

Die Fertigung ist mit zwei verschiedenen Fertigungsanlagen (Verfahren I und II) bei gleicher Produktqualität möglich. Mithilfe der Investitionsrechnung ist das optimale Verfahren zu ermitteln. Es stehen folgende Angaben zur Verfügung:

	Fertigungsanlage I (Verfahren I)	Fertigungsanlage II (Verfahren II)
Investitionssumme (EUR)	1.000.000,00	1.500.000,00
fixe Kosten pro Jahr (EUR) (**inklusive** kalkulatorische Abschreibungen und kalkulatorische Zinsen)	270.000,00	400.000,00
variable Stückkosten (EUR)	80,00	75,00
maximale Kapazität pro Jahr (Stück)	90.000	100.000
Stückerlös (EUR) (dem Verfahren zurechenbar)	84,00	84,00
prognostizierte Absatzmenge pro Jahr (Stück)	80.000	80.000

Die Nutzungsdauer beider Fertigungsanlagen beträgt 5 Jahre.

Der Kalkulationszinsfuß bzw. die gewünschte Rendite wird mit 10 % pro Jahr festgelegt. Auf eine Differenzinvestition wird verzichtet.

1.1 **Berechnen** Sie die Vorteilhaftigkeit der unterschiedlichen Verfahren mit Hilfe der Rentabilitätsvergleichsrechnung und der Amortisationsvergleichsrechnung
und **ermitteln** Sie für jedes Verfahren die Gewinnschwelle.

13,
4

Zur Absicherung der Investitionsentscheidung soll zusätzlich eine dynamische Investitionsrechnung unter Anwendung der Kapitalwertmethode durchgeführt werden. Für das Verfahren I wurde bereits ein Kapitalwert in Höhe von **595.332,00 EUR** ermittelt. Nun ist noch der Kapitalwert für Verfahren II zu ermitteln. Folgende Daten für Verfahren II liegen vor:

Jahr	prognostizierte Überschüsse Verfahren II (EUR) (dem Verfahren II zurechenbar)
2010	493.750,00
2011	566.250,00
2012	718.750,00
2013	556.250,00
2014	406.250,00

1.2 **Überprüfen** Sie mithilfe der Kapitalwertmethode, ob die angestrebte Mindestverzinsung der Spiko AG erreicht wird. Sie können die Abzinsungstabelle nutzen (**Anlage 1**). 9

1.3 **Beurteilen Sie** allgemein die angewendeten Methoden der Investitionsrechnung. 9
Entscheiden Sie sich unter Abwägung **aller** Ergebnisse der Aufgaben 1.1 und 1.2 – mit jeweils entsprechender Begründung – für eine Investitionsalternative. 10

1.4 **Nehmen Sie** begründet **Stellung** zu der Aussage, dass ein etwaiger Liquidationserlös im Rahmen der statischen und dynamischen Methoden der Investitionsrechnung berücksichtigt werden sollte.
Beziehen Sie Ihre Stellungnahme auf **eine dieser beiden Methoden**.
(Eine Berechnung ist nicht durchzuführen.) 4

Aufgabe 2 **69 Punkte**

Für die Finanzierung der Investition muss zusätzlich zu den eigenen Mitteln Fremdkapital aufgenommen werden. Die Finanzierung kann durch ein Bankdarlehen über 900.000,00 EUR sichergestellt werden. Auf Verlangen des Kreditsachbearbeiters der Hausbank hat der Vorstand der Spiko AG dem Darlehensantrag die Bilanzen sowie die Gewinn- und Verlustrechnungen der beiden letzten Geschäftsjahre beigefügt.

Im abgelaufenen Geschäftsjahr (2009) war erstmalig in der Firmengeschichte ein Jahresfehlbetrag ausgewiesen worden. Ein Teil der Bilanzkennzahlen wurde bereits berechnet und liegt dem Kreditinstitut vor.

In einem ersten **Zwischenbericht** zur Bilanzanalyse wird von der Bank Folgendes festgestellt:

> „Liquiditätskennziffern bescheinigen eine ausreichende Liquidität. Die Anlagendeckung weist grundsätzlich stabile Finanzierungsrelationen aus."

Es ist nun die Aufgabe des Kreditsachbearbeiters der Hausbank, neben der Bilanz auch die vorliegenden Gewinn- und Verlustrechnungen näher zu untersuchen.

2.1 **Analysieren Sie** auf der Grundlage der aufbereiteten Gewinn- und Verlustrechnungen (**Anlage 2**) die Aufwands- und Ertragsstruktur der Spiko AG sowie deren Entwicklung. Wählen Sie für Ihre Analyse fünf Positionen der GuV aus. Berücksichtigen Sie auch die durchschnittlichen Kennzahlen der Branche (**Anlage 3**). 20

2.2 **Erläutern Sie** allgemein die Rentabilitätskennziffern (Eigenkapital-, Gesamtkapital-, Umsatzrentabilität), die Eigenkapitalquote und den Cashflow. 15
Berechnen Sie diese Kennziffern für die Spiko AG auf der Grundlage der aufbereiteten GuV-Rechnungen (**Anlage 2**) und der Informationen aus der Bilanz (**Anlage 4**). 12
Werten Sie Ihre Ergebnisse unter Berücksichtigung der durchschnittlichen Kennzahlen der Branche (**Anlage 5**) aus. 10

2.3 **Entscheiden Sie** aus der Sicht des Kreditsachbearbeiters der Hausbank auf der Grundlage des Zwischenberichts und Ihrer ermittelten Werte zur Situation der Spiko AG, ob das beantragte Darlehen über 900.000,00 EUR gewährt werden sollte. 6
Erläutern Sie drei weitere Informationsquellen, die der Kreditsachbearbeiter neben Bilanz und GuV heranziehen kann, um die Entscheidungsgrundlage für die Gewährung des Kredites an die Spiko AG zu verbessern. 6

Aufgabe 3 62 Punkte

Die neue Spielkonsole *Panther* für die Zielgruppe der Senioren ist von der Forschungs- und Entwicklungsabteilung mit einem ansprechenden Design entworfen, auf einem Testmarkt geprüft und besonders wegen ihrer überschaubaren Handhabung als außerordentlich zielgruppenattraktiv bewertet worden.

Die Marktforschung hat ergeben, dass in diesem Marktsegment ein großes Marktpotenzial besteht. Die Zielgruppe ist zusätzlich interessant, weil sie über eine hohe Kaufkraft verfügt.

Die besonderen Merkmale des Spielkonsolenkonzeptes *Panther* sind:
- größere, übersichtliche Tasten,
- einfache Bedienung,
- anschließbar an das Fernsehgerät,
- zielgruppenspezifische Spiele wie Gedächtnistraining, Spiele zur Förderung der Grob- und Feinmotorik, Kartenspiele, Oldtimer-Rennen etc.

Im Rahmen der Markteinführung, die zunächst auf den deutschsprachigen Raum begrenzt sein soll, ist ein preispolitisches Konzept zu entwerfen. In diesem Zusammenhang spielt der *Markteinführungspreis* eine wichtige Rolle. Ziel ist es, die Kunden durch den Verkauf der Spielkonsole an das Unternehmen zu binden und ihnen in der Folge die ausschließlich auf diesem System lauffähigen Spiele zu verkaufen. Ein besonderes Merkmal des Marktes für Spielkonsolen ist es, dass Gewinne in erster Linie durch den Verkauf der Zusatzprodukte (z. B. Spiele oder Joystick) erzielt werden.

Zur Kalkulation des Markteinführungspreises für die Spielkonsole *Panther* liegen folgende Daten vor:

Fertigungsmaterial	78,89 EUR	Gewinnzuschlagssatz	10,00 %
Fertigungslöhne	40,00 EUR	Kundenrabatt	10,00 %
		Kundenskonto wird nicht gewährt	

30 % der Gemeinkosten und alle Einzelkosten sind variable Kosten.

Zur Kalkulation der Listenverkaufspreise werden bei der Spiko AG grundsätzlich Normalzuschlagssätze herangezogen.

Die Abteilung Interne Kalkulation legt fest, dass zur Preisermittlung der Spielkonsole *Panther* die folgenden Normalzuschlagssätze der bereits produzierten Spielkonsole *Let's-Play-Together* zugrunde gelegt werden:

Materialgemeinkostenzuschlagssatz	25 %
Fertigungsgemeinkostenzuschlagssatz	110 %
Verwaltungsgemeinkostenzuschlagssatz	5 %
Vertriebsgemeinkostenzuschlagssatz	10 %

3.1 **Erläutern Sie** anhand von drei Aspekten, warum die Spiko AG bei der Ermittlung von Verkaufspreisen grundsätzlich nicht mit Istzuschlagssätzen, sondern mit Zuschlagssätzen auf Normalkostenbasis kalkuliert. 6

Ermitteln Sie mit Angabe des Kalkulationsschemas den Listenverkaufspreis für die Spielkonsole Panther (**Anlage 6**). 15

3.2 Die Marktforschungsabteilung hat für die Zielgruppe Senioren folgende Beziehungen zwischen Verkaufspreis und Nachfrage ermittelt (Die Punkte der folgenden Tabelle liegen auf der Preis-Absatz-Funktion.):

Verkaufspreis in EUR	Prognostizierte Nachfrage in Stück
140	123.000
150	113.000
160	103.000
170	93.000
180	83.000
190	82.000
200	81.000
210	80.000
220	79.000
230	60.000
240	41.000
250	22.000
260	3.000

Stellen Sie in einer Zeichnung (**Anlage 7**) die folgenden Größen **dar:**
- die Preis-Absatz-Funktion
- den Listenverkaufspreis auf der Preis-Absatz-Funktion[1]
- die kurzfristige Preisuntergrenze auf der Preis-Absatz-Funktion[1]
- die langfristige Preisuntergrenze auf der Preis-Absatz-Funktion[1]

10

Erläutern Sie auf Grundlage der Zeichnung den monopolistischen Spielraum, der sich der Spiko AG bietet.

6

3.3 **Diskutieren Sie** folgende Varianten zur Festlegung des Einführungspreises:
1. Variante: Der Listenverkaufspreis wird als Einführungspreis festgesetzt.
2. Variante: Die kurzfristige Preisuntergrenze wird als Einführungspreis festgesetzt.

10

Unterbreiten Sie einen begründeten Preisvorschlag. (**Eine Berechnung ist nicht durchzuführen.**)

3

---

[1] Wenn Sie die oben genannten Größen nicht ermitteln konnten, gehen Sie von folgenden Werten aus: Listenverkaufspreis 240,00 EUR, kurzfristige Preisuntergrenze 150,00 EUR und langfristige Preisuntergrenze 200,00 EUR.

3.4 Die Markteinführung der Spielkonsole *Panther* soll durch eine Werbekampagne unterstützt werden. Ziel ist es, den monopolistischen Spielraum zu vergrößern.

Entwickeln Sie für die Markteinführung der Spielkonsole *Panther* einen Werbeplan anhand von vier Inhalten. 12

Anlage 1: Abzinsungstabelle

Formel zur Ermittlung des Abzinsungsfaktors $(AbF) = \dfrac{1}{q^n}$

Abzinsungstabelle

%	5,00 %	6,00 %	7,00 %	8,00 %	9,00 %	10,00 %	11,00 %	12,00 %
t/i	0,0500	0,0600	0,0700	0,0800	0,0900	0,1000	0,1100	0,1200
1	0,9524	0,9434	0,9346	0,9259	0,9174	0,9091	0,9009	0,8929
2	0,9070	0,8900	0,8734	0,8573	0,8417	0,8264	0,8116	0,7972
3	0,8638	0,8396	0,8163	0,7938	0,7722	0,7513	0,7312	0,7118
4	0,8227	0,7921	0,7629	0,7350	0,7084	0,6830	0,6587	0,6355
5	0,7835	0,7473	0,7130	0,6806	0,6499	0,6209	0,5935	0,5674
6	0,7462	0,7050	0,6663	0,6302	0,5963	0,5645	0,5346	0,5066
7	0,7107	0,6651	0,6227	0,5835	0,5470	0,5132	0,4817	0,4523
8	0,6768	0,6274	0,5820	0,5403	0,5019	0,4665	0,4339	0,4039
9	0,6446	0,5919	0,5439	0,5002	0,4604	0,4241	0,3909	0,3606
10	0,6139	0,5584	0,5083	0,4632	0,4224	0,3855	0,3522	0,3220
11	0,5847	0,5268	0,4751	0,4289	0,3875	0,3505	0,3173	0,2875
12	0,5568	0,4970	0,4440	0,3971	0,3555	0,3186	0,2858	0,2567
13	0,5303	0,4688	0,4150	0,3677	0,3262	0,2897	0,2575	0,2292
14	0,5051	0,4423	0,3878	0,3405	0,2992	0,2633	0,2320	0,2046
15	0,4810	0,4173	0,3624	0,3152	0,2745	0,2394	0,2090	0,1827

Anlage 2: Aufbereitete Gewinn- und Verlustrechnungen der Spiko AG*2

Position	Geschäftsjahr 2009	%	Vorjahr 2008	%	Veränderungen in €	%
Umsatzerlöse	4.597.577,50 €	99,55 %	4.498.450,00 €	98,62 %	99.127,50 €	2,20 %
+ Bestandsmehrungen	- €		- €			
- Bestandsminderungen	- €		- €			
weitere betriebliche Erträge	21.000,00 €	0,45 %	63.000,00 €	1,38 %	-42.000,00 €	-66,67 %
Betriebliche Erträge	4.618.577,50 €	100,00 %	4.561.450,00 €	100,00 %	57.127,50 €	1,25 %
Materialaufwand	1.223.750,00 €	26,45 %	1.287.675,00 €	28,64 %	-63.925,00 €	-4,96 %
Personalaufwand	2.270.023,63 €	49,07 %	2.842.650,00 €	63,22 %	-572.626,37 €	-20,14 %
Abschreibungen	948.000,00 €	20,49 %	270.000,00 €	6,00 %	678.000,00 €	251,11 %
weitere betriebliche Aufwendungen *1	184.687,50 €	3,99 %	96.000,00 €	2,14 %	88.687,50 €	92,38 %
Betriebliche Aufwendungen	4.626.461,13 €	100,00 %	4.496.325,00 €	100,00 %	130.136,13 €	2,89 %
Zinsaufwendungen	23.157,50 €		7.650,00 €		15.507,50 €	202,71 %
Ergebnis der gewöhnlichen Geschäftstätigkeit	-31.041,13 €		57.475,00 €		-88.516,13 €	
außerordentliche Erträge	15.000,00 €		12.000,00 €		3.000,00 €	25,00 %
außerordentliche Aufwendungen	42.000,00 €		30.000,00 €		12.000,00 €	40,00 %
außerordentliches Ergebnis	-27.000,00 €		-18.000,00 €		-9.000,00 €	
Steuern	30.607,00 €		30.500,00 €		107,00 €	0,35 %
Jahresüberschuss / Jahresfehlbetrag	-88.648,13 €		8.975,00 €		97.623,13 €	

*1 Sammelposition
*2 Für die Berechnung der Kennzahlen sind der hier ausgewiesene Jahresüberschuss 2008 und der Jahresfehlbetrag 2009 relevant. Betriebswirtschaftlich sinnvolle Bereinigungen des Jahresüberschusses bzw. Jahresfehlbetrages werden aus Vereinfachungsgründen nicht vorgenommen.

Anlage 3: Durchschnittliche Kennzahlen der Branche

Materialaufwandsintensität	$= \dfrac{\text{Materialaufwand} \cdot 100}{\text{betriebliche Aufwendungen}}$	30 %
Personalaufwandsintensität	$= \dfrac{\text{Personalaufwand} \cdot 100}{\text{betriebliche Aufwendungen}}$	45 %
Abschreibungsintensität	$= \dfrac{\text{Abschreibungen} \cdot 100}{\text{betriebliche Aufwendungen}}$	16 %
Umsatzintensität	$= \dfrac{\text{Umsatzerlöse} \cdot 100}{\text{betriebliche Erträge}}$	95 %

Anlage 4: Informationen aus der Bilanz

Im Vorjahr (2008) erhöhten sich die langfristigen Rückstellungen um 30.000,00 EUR.
Im Geschäftsjahr (2009) erhöhten sich die langfristigen Rückstellungen um 38.000,00 EUR.

Eigenkapital 31. 12. 2007	12.000.000,00 EURO
Eigenkapital 31. 12. 2008	14.100.000,00 EURO
Eigenkapital 31. 12. 2009	14.012.000,00 EURO
Gesamtkapital 31. 12. 2007	27.652.000,00 EURO
Gesamtkapital 31. 12. 2008	28.375.000,00 EURO
Gesamtkapital 31. 12. 2009	31.625.000,00 EURO

Anlage 5: Durchschnittliche Kennzahlen der Branche

Kapitalstruktur:	
• Eigenkapitalquote	30 %
Erfolgskennziffern	
• Eigenkapitalrentabilität	12 %
• Umsatzrentabilität	2,2 %
• Gesamtkapitalrentabilität	10 %

Anlage 6: Kalkulationsschema

Anlage 7: Preis-Absatz-Funktion

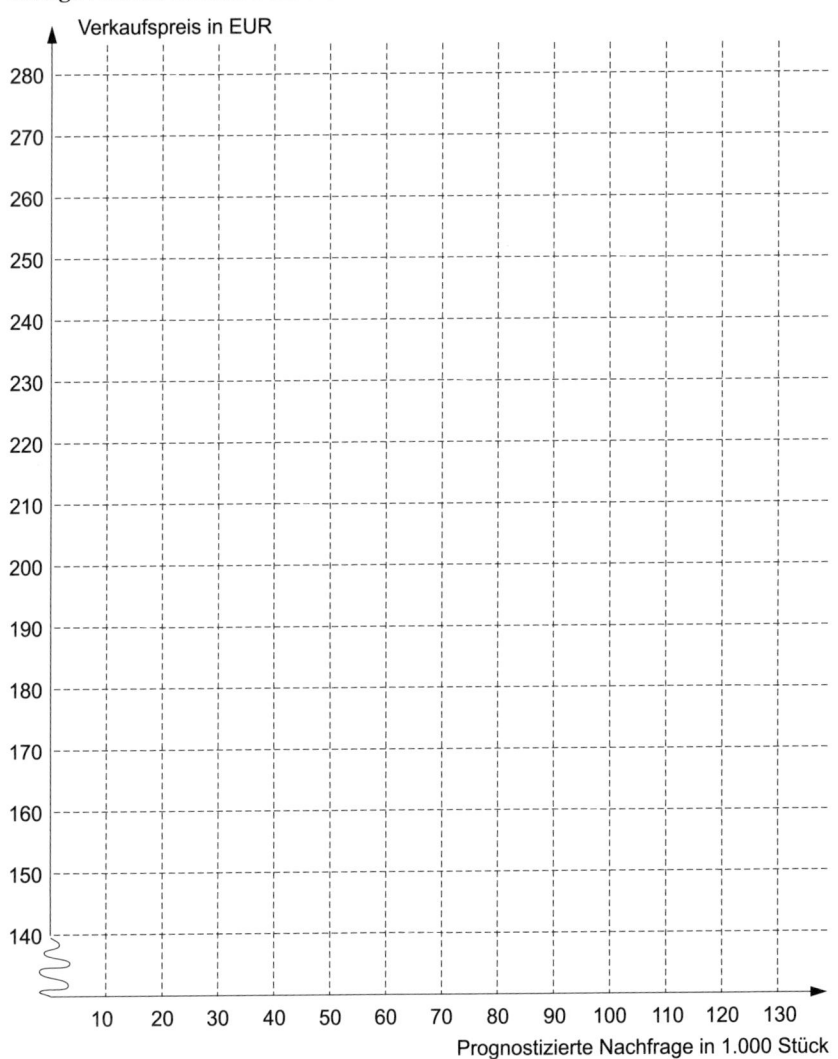

Leeres Koordinatensystem:
- y-Achse: Verkaufspreis in EUR (von 140 bis 280, in 10er-Schritten)
- x-Achse: Prognostizierte Nachfrage in 1.000 Stück (von 10 bis 130, in 10er-Schritten)

Lösungsvorschläge

Aufgabe 1

1.1 *Bei einer Berechnung sollte der Lösungsweg erkennbar sein. Die reine Darstellung der Ergebnisse führt zu Punktabzügen. Die kalkulatorischen Zinsen müssen berücksichtigt werden. Die Ausgangssituation weist ausdrücklich darauf hin.*

$$\text{Rentabilität} = \frac{(\text{Gewinn} + \text{kalkulatorische Zinsen}) \cdot 100}{\text{durchschnittliches Kapital}}$$

$$\text{Amortisationszeit} = \frac{\text{Anschaffungskosten}}{(\text{jährliche Abschreibung} + \text{Gewinn} + \text{kalkulatorische Zinsen})}$$

Sie müssen alle Werte, die für die Rentabilitäts- und Amortisationsvergleichsrechnung benötigt werden, ermitteln.

Vorgaben		
	Anlage I	Anlage II
Anschaffungswert	1.000.000,00 €	1.500.000,00 €
Restwert	0 €	0 €
Nutzungsdauer	5 Jahre	5 Jahre
Auslastung	80.000 Stück/Jahr	80.000 Stück/Jahr
Zinssatz	10 %	10 %
der Anlage zuzurechnender Stückerlös	84,00 €	84,00 €

Erträge = Stückerlös · Auslastung   84,00 · 80.000 = **6.720.000,00 €**

Fixe Kosten		
kalkulatorische Abschreibung pro Jahr = $\frac{\text{Anschaffungswert}}{\text{Nutzungsdauer}}$	200.000,00 €	300.000,00 €
kalkulatorische Zinsen pro Jahr = $\frac{\text{Anschaffungswert} + \text{Restwert}}{2} : 100 \cdot 10$	50.000,00 €	75.000,00 €
sonstige Fixkosten pro Jahr = Fixkosten pro Jahr − kalkulatorische Abschreibungen pro Jahr − kalkulatorische Zinsen pro Jahr	20.000,00 €	25.000,00 €
Summe fixe Kosten	270.000,00 €	400.000,00 €

Variable Kosten		
variable Stückkosten	80,00 €	75,00 €
Produktionsmenge	80.000 Stück	80.000 Stück
variable Kosten = variable Stückkosten · Produktionsmenge	6.400.000,00 €	6.000.000,00 €
Gesamtkosten	6.670.000,00 €	6.400.000,00 €
Erfolg/Gewinn = Erträge – Kosten	50.000,00 €	320.000,00 €

Um die volle Punktzahl zu erhalten, müssen Sie die Brüche richtig aufstellen und die korrekten Ergebnisse ermitteln.

Rentabilitätsvergleichsrechnung

Verfahren I: Durchschnittliches Kapital $= \dfrac{1.000.000,00}{2} = 500.000,00$

$$\text{Rentabilität} = \dfrac{(50.000,00 + 50.000,00) \cdot 100}{500.000,00} = 20,00\%$$

Verfahren II: Durchschnittliches Kapital $= \dfrac{1.500.000,00}{2} = 750.000,00$

$$\text{Rentabilität} = \dfrac{(320.000,00 + 75.000,00) \cdot 100}{750.000,00} = 52,67\%$$

Die Rentabilität des Verfahrens II erweist sich als günstiger.

Amortisationsvergleichsrechnung
Verfahren I: **Amortisationszeit** =
$$\dfrac{1.000.000,00}{(200.000,00 + 50.000,00 + 50.000,00)} = 3,33 \text{ Jahre}$$
Verfahren II: **Amortisationszeit** =
$$\dfrac{1.500.000,00}{(300.000,00 + 320.000,00 + 75.000,00)} = 2,16 \text{ Jahre}$$

Auch hinsichtlich der Amortisationsdauer ist das Verfahren II die bessere Alternative.

Der zweite Teil der Aufgabe 1.1 verwendet den Operator „ermitteln". Dieser ist in seinen Anforderungen identisch mit dem Operator „berechnen". Hier müssen Sie den Rechenweg deutlich machen und das Ergebnis korrekt berechnen.

Gewinnschwelle allgemein
Stückerlös · Absatzmenge = fixe Kosten + variable Stückkosten · Absatzmenge
Verfahren I: $84,00 \cdot x = 270.000,00 + 80,00 \cdot x$
 $x = 67.500$ Stück

Verfahren II: $84{,}00 \cdot x = 400.000{,}00 + 75{,}00 \cdot x$
$x = 44.445$ Stück

✐ *Bei Stückangaben sollte hier auf ganze Zahlen aufgerundet werden.*

Die Gewinnschwelle wird beim Verfahren II eher erreicht. Daher schneidet auch hier das zweite Verfahren besser ab.

✐ 1.2 *Der Operator „überprüfen" verlangt hier einen Soll-Ist-Vergleich mit einem festgelegten Ziel (Soll). Zur Berechnung des Ist-Zustands müssen der Rechenweg und das korrekte Ergebnis ermittelt werden. Das Ergebnis der Überprüfung sollte in einem Schlusssatz verdeutlicht werden. Den vorgegebenen Kalkulationszinssatz finden Sie im Vorspann der ersten Aufgabe.*

Überschüsse (Kapitalrückflüsse)		· Abzinsungsfaktor =	Barwert
2010:	493.750,00 ·	0,9091 =	448.868,12
2011:	566.250,00 ·	0,8264 =	467.949,00
2012:	718.750,00 ·	0,7513 =	539.996,87
2013:	556.250,00 ·	0,6830 =	379.918,75
2014:	406.250,00 ·	0,6209 =	252.240,62
Summe der Barwerte			**2.088.973,20**

Summe der Barwerte – Anschaffungswert = Kapitalwert

Summe der Barwerte	2.088.973,20
– Anschaffungswert	1.500.000,00
= Kapitalwert	**588.973,20**

Da beide Fertigungsanlagen positive Kapitalwerte aufweisen, verzinsen sie sich mit einem Zinssatz von über 10 % pro Jahr.

✐ 1.3 *Der Operator „beurteilen" verlangt die Darstellung der Vor- und Nachteile eines Sachverhalts, um zu einem begründeten Sachurteil zu gelangen. Der allgemeine Stellenwert der angewendeten Methoden sollte deutlich werden. Das Wort „allgemein" deutet darauf hin, dass hier von Ihnen kein Fallbezug verlangt wird.*

Beurteilung der Rentabilitätsvergleichsrechnung
Positiv ist anzumerken, dass durch die Rentabilitätsvergleichsrechnung für das erste Jahr einer Investition die Verzinsung des gebundenen Kapitals ermittelt werden kann. Ein Vergleich mit einer Investitionsalternative ist unter diesen Bedingungen möglich. Auch der Vergleich mit einer vorgegebenen Mindestrendite kann gezogen werden.

Allerdings wird angenommen, dass die Daten des ersten Jahres auch z. B. für das fünfte Jahr gelten. Es können aber Veränderungen auftreten, wodurch das Ergebnis dann verfälscht wäre. Der angenommene konstante Kapitaleinsatz verringert sich in der Realität schon alleine durch die Abschreibung. Bei gleichem Gewinn steigt daher im Laufe der Jahre automatisch die Rentabilität. Der Gewinn der verschiedenen Jahre wird gleichgesetzt. Dies führt ebenfalls zu verfälschten Ergebnissen, da der Gewinn jeweils wieder Zins bringend reinvestiert werden kann. Abgrenzungsprobleme werden nicht berücksichtigt. Man nimmt an, dass der Gewinn den einzelnen Investitionsobjekten zurechenbar ist, auch wenn z. B. ein Produkt an mehreren Maschinen gefertigt wird.

Insgesamt ist festzustellen, dass sich mit der Rentabilitätsvergleichsrechnung nur sachlich ähnliche Investitionsobjekte vergleichen lassen, da sich so die Schwächen des Verfahrens „aufheben". Die Unsicherheit einer Investitionsentscheidung wird durch die Rentabilitätsvergleichsrechnung nur vermindert, nicht aber ganz ausgeschlossen.

Beurteilung der Amortisationsvergleichsrechnung

Die Amortisationsvergleichsrechnung eignet sich zur Beurteilung des Risikos von Investitionen, denn das Risiko, die Unsicherheit, sinkt, je eher bei einer Investition das Kapital zurückgeflossen ist, d. h. sich amortisiert hat. Diese Methode kann daher die anderen Verfahren der Investitionsrechnung ergänzen.

Auch hier ist die Annahme konstanter Rückflüsse unrealistisch; zeitliche und größenmäßige Unterschiede werden nicht berücksichtigt. Verschiedene Nutzungsdauern der einzelnen Investitionsobjekte, die nach der Amortisation unterschiedliche Erlöse erwirtschaften, werden vernachlässigt. Die Vergleichbarkeit von Investitionsalternativen wird schwierig.

Wie bei der Rentabilitätsvergleichsrechnung ist auch hier die Zurechenbarkeit der Erlöse problematisch.

Die Amortisationszeit ist nur ein sehr grober Risikomaßstab. Es ist denkbar, dass eine Investitionsalternative mit höherer Rentabilität eine längere Amortisationszeit hat. Daher kann die Amortisationsvergleichsrechnung nur ergänzende Informationen für eine Investitionsentscheidung liefern.

Beurteilung der Kapitalwertmethode

Im Gegensatz zu den oben genannten statischen Verfahren betrachtet man hierbei nicht nur eine für die gesamte Nutzungsdauer repräsentative Periode, sondern den ganzen Betrachtungszeitraum, der für die Investitionsentscheidung wichtig ist. Dynamische Effekte wie der zeitlich unterschiedliche Anfall von Ein- und Auszahlungen werden berücksichtigt. Alle Zahlungen werden auf den Zeitpunkt der Entscheidung abgezinst. Bei längeren Planungsperioden ist es jedoch schwierig, die Erwartungswerte vorherzusagen. Die Daten sind insgesamt unsicher.

Auch hier kann man von einer schwierigen Zurechenbarkeit der Zahlenreihen auf ein bestimmtes Investitionsobjekt ausgehen.

Die Kapitalwertmethode trifft eine Aussage darüber, ob ein bestimmter, vom Unternehmen vorgegebener Zinsfuß erreicht wurde oder nicht. Über die Rentabilität macht sie keine Aussage.

Die Kapitalwertmethode stellt bei aller Unsicherheit der Datenbasis eine Verbesserung gegenüber den statischen Verfahren der Investitionsrechnung dar, da die Zahlungsströme aller Nutzungsperioden des Investitionsobjektes erfasst werden. So kann das Risiko einer Fehlentscheidung vermindert werden.

Der Operator „entscheiden" verlangt eine sinnvolle, begründete Entscheidung auf der Basis vorhandener oder berechneter Informationen.

Entscheidung auf der Grundlage der Rentabilitätsvergleichsrechnung
Die Rendite der beiden Investitionsalternativen liegt über der von dem Unternehmen gewünschten Kapitalverzinsung von 10 %. Unter dieser Vorgabe wären beide Verfahren geeignet. Da das Verfahren II (52,67 %) gegenüber dem Verfahren I (20,00 %) jedoch eine wesentlich höhere Verzinsung aufweist, sollte man sich aufgrund der Rentabilität für das Verfahren II entscheiden.

Entscheidung auf der Grundlage der Amortisationsvergleichsrechnung
Die Amortisationszeit des Verfahrens I liegt bei 3,33 Jahren, die des Verfahrens II bei 2,16 Jahren. Unter dem Gesichtspunkt der Risikominimierung sollte sich das Unternehmen für das Verfahren II entscheiden, denn der Kapitalrückfluss erfolgt erheblich schneller.

Entscheidung mithilfe des Gewinnschwellenvergleichs
Bei Entscheidung für das Verfahren II kommt das Unternehmen bereits bei einer Absatzmenge von 44.445 Stück in die Gewinnzone. Das Verfahren I erreicht diese erst bei 67.500 Stück. Daher sollte man sich für das Verfahren II entscheiden. Bei einer prognostizierten Absatzmenge pro Jahr von 80.000 Stück ist bei sinkendem Absatz bei Verfahren II das Risiko, keinen Gewinn zu machen, erheblich geringer.

Entscheidung auf der Grundlage der Kapitalwertmethode
Kapitalwert Verfahren I – Kapitalwert Verfahren II = Differenz der Kapitalwerte
595.332,00 – 588.973,20 = 6.358,80

Die gewünschte Rendite von mindestens 10 % wird durch beide Verfahren erreicht, weil der Kapitalwert jeweils positiv ist. Da das Verfahren I jedoch einen um 6.358,80 € höheren Kapitalwert erreicht als das Verfahren II, sollte sich das Unternehmen in diesem Fall für das Verfahren I entscheiden.

Bei Gesamtentscheidungen sollten Sie auch die Informationen der Ausgangssituation und des Vorspanns der jeweiligen Aufgabe in die Argumentation einbeziehen.

Gesamtentscheidung
Ausgehend von der Ausgangssituation der Aufgabe 1 muss festgestellt werden, dass das Verfahren II das vorteilhaftere ist, da es eine maximale Kapazität von 100.000 Stück pro Jahr ermöglicht, wohingegen das Verfahren I nur eine maximale Kapazität von 90.000 Stück aufweist. Die statischen Verfahren und der Vergleich der Gewinnschwellen zeigen ebenfalls erhebliche Vorteile beim Verfahren II. Nur bei der Kapitalwertmethode kann man Vorteile beim Verfahren I feststellen. Da diese Vorteile recht gering sind und alle anderen Rechnungen zugunsten des Verfahrens II ausfallen, sollte die Spiko AG sich für die Alternative II aussprechen.

1.4 *Der Operator „Stellung nehmen" verlangt ein Sachurteil, bei dem individuelle Wertmaßstäbe begründet einbezogen werden. Lesen Sie genau: Nur **eine** der beiden dargestellten Ausführungen muss zum Erreichen der vollen Punktzahl bearbeitet werden. Des Weiteren ist eine schlüssige Argumentation notwendig. In diesem Lösungsvorschlag finden Sie zu Übungszwecken beide möglichen Lösungswege ausformuliert.*

Alternative 1:
Wird bei den **dynamischen Verfahren** am Ende der Nutzungsdauer eines Investitionsgutes dieses zu einem Restwert verkauft, dann stellt der Liquidationserlös eine zusätzliche Einzahlung dar. Diese Einzahlung erhöht den Barwert der Einzahlungen und beeinflusst auf diese Weise den Kapitalwert der Investition positiv. Durch einen hohen Restverkaufserlös kommt man so unter Umständen zu einer anderen Entscheidung als bei einer Nichtbeachtung des Liquidationserlöses. Ein etwaiger Liquidationserlös im Rahmen der dynamischen Methoden der Investitionsrechnung sollte daher berücksichtigt werden.

Alternative 2:
Ähnlich sieht es bei den **statischen Verfahren** aus. Durch die Berücksichtigung eines Restwerts verändert sich die in 1.1 benutzte Formel:

$$\text{kalkulatorische Abschreibung} = \frac{\text{Anschaffungskosten} - \text{Restwert}}{\text{Nutzungsdauer}}$$

Die Berücksichtigung eines Restwerts führt also zu sinkenden Abschreibungen. Geringere Abschreibungen führen bei der Kalkulation der Verkaufspreise zu einem niedrigeren Preis. Der Kapitalrückfluss wird sich durch die Berücksichtigung der Restwerte somit verringern. Dadurch erhöht sich die Amortisationszeit einer Investition. Die Aussage in der Aufgabenstellung 1.4 muss daher als richtig bezeichnet werden.

Niedrigere Abschreibungen aufgrund von berücksichtigten Liquidationserlösen führen zu einer höheren Kapitalbindung. Das durchschnittlich gebundene Kapital erhöht sich dadurch. Die Rentabilität wird bei gleichem Gewinn sinken.

Ein eventueller Restwert sollte also immer Berücksichtigung finden, damit die Ergebnisse nicht verfälscht werden und zu einer falschen Investitionsentscheidung führen.

Aufgabe 2

2.1 *Der Operator „analysieren" verlangt hier, dass Sie aus den vorgegebenen Materialien die Situation des Unternehmens beschreiben und erklären. In der Aufgabenstellung wird die Analyse von nur fünf Positionen verlangt. Die hier ausformulierten Beispiele sind nur **eine** Möglichkeit. Die Hinweise auf die Branchenkennziffern und die Ausgangssituation müssen beachtet werden.*

Die Aufwands- und Ertragsstruktur wird an den folgenden Positionen deutlich:
Der **Materialaufwand** der Spiko AG verminderte sich um 63.925,00 €: Er sank um 4,96 % im Vergleich zum Jahr 2008. Dadurch verringerte sich auch die Materialintensität von 28,64 % im Jahr 2008 auf 26,45 % bei einem Branchendurchschnitt von 30 %.
Dieser Abbau des Materialaufwands kann zum einen an den umfassenden Rationalisierungsinvestitionen im Jahr 2009 liegen, durch die eventuell eine verbesserte Ausnutzung des Materials erreicht wurde. Der Materialeinsatz könnte somit absolut geringer geworden sein. Zum anderen ist es auch denkbar, dass durch Einkaufsverhandlungen oder durch Erschließen neuer Bezugsquellen z. B. im Ausland die Einkaufspreise gesenkt werden konnten.
Von 2008 nach 2009 ist der **Personalaufwand** um 572.626,37 € oder 20,14 % gesunken. Dadurch verminderte sich die Personalintensität von 63,22 % auf 49,07 %, was immer noch über dem Branchendurchschnitt von 45 % liegt.
Auch hier ist sicher ein Grund die umfassende Rationalisierungsinvestition in 2009, durch die der Betrieb von einem stark personalintensiven zu einem mehr anlageintensiven Unternehmen umstrukturiert wurde. Eine Veränderung der Personalstruktur durch den Einsatz von Zeitarbeitern oder den Einsatz von Mitarbeitern auf 400,00 €-Basis ist ebenfalls denkbar. Eine Verlagerung der Produktion in ein Billiglohnland könnte auch eine Erklärung sein.
Zwischen 2008 und 2009 stiegen die **Abschreibungen** um 678.000,00 €, was 251,11 % mehr als im Vorjahr sind. Damit stieg auch die Abschreibungsintensität von 6 % auf 20,49 %. Der Branchendurchschnitt wird damit überschritten: Er liegt bei 16 %.
Die Umstrukturierung des Betriebs durch die Rationalisierung wird auch hier deutlich. Neue, moderne Anlagen führen zu hohen Abschreibungen. Zulasten des Personals werden mehr Maschinen eingesetzt. Das Unternehmen wird anlageintensiver, der Automatisierungsgrad steigt, wodurch weniger und eventuell schlechter qualifiziertes Personal eingesetzt werden kann.
Um 202,71 % oder 15.507,50 € ist der **Zinsaufwand** 2009 im Vergleich zu 2008 gestiegen. Nimmt man die gesamten betrieblichen Aufwendungen als Basis, machen die Zinsaufwendungen nur 0,50 % aus. Das ist ein sehr niedriger Betrag. Offensichtlich musste zwischen 2008 und 2009 Fremdkapital aufgenommen werden. Unter Berücksichtigung der Gesamtsituation ist auch hier zu vermuten, dass die bereits oben genannte große Investition zumindest teilweise mit Fremdkapital finanziert wurde.
Die beschriebenen Aufwandspositionen entstehen, um die **Umsätze** des Betriebs zu ermöglichen. Die Umsätze sind in 2009 im Vergleich zum Vorjahr um 99.127,50 € oder 2,20 % gestiegen. Die Umsatzintensität liegt nun bei 99,55 %, vorher bei 98,62 %, und damit über dem Branchendurchschnitt. Die gesamte Produktion konnte verkauft werden, es wurde kein Lagerbestand aufgebaut.
Der gestiegene Umsatz verdeutlicht eine erhöhte Nachfrage nach den Produkten der Spiko AG. Die vorgenommene Preissenkung beim Modell *Let's-Play-Together* muss höhere Umsätze zur Folge gehabt haben, denn die *Juke-Boxx II* verzeichnete in der jüngsten Vergangenheit sinkende Absatzzahlen.

2.2 *Die Aufgabe besteht aus drei Teilaufgaben mit unterschiedlichen Operatoren. Der Operator „erläutern" verlangt im ersten Teil der Aufgabe das Einordnen und von Wissen und Einsichten in einen Zusammenhang (z. B. Funktionszusammenhang). Das Wort „allgemein" in der Aufgabenstellung bedeutet, dass Sie auch an dieser Stelle auf einen Fallbezug verzichten können.*

Eigenkapitalrentabilität (Unternehmerrentabilität)

$$= \frac{\text{Jahresüberschuss} \cdot 100}{\text{durchschnittliches Eigenkapital}}$$

Die **Eigenkapitalrentabilität** drückt das prozentuale Verhältnis des Jahresüberschusses zum durchschnittlich eingesetzten Kapital aus. Es zeigt an, wie sich das eingesetzte Kapital des Kapitalgebers verzinst hat. Da das durchschnittlich eingesetzte Kapital das gebundene Kapital der betrachteten Periode am besten repräsentiert, ist es sinnvoll, dieses ins Verhältnis zum Jahresüberschuss zu setzen.

Gesamtkapitalrentabilität (Unternehmungsrentabilität)

$$= \frac{(\text{Jahresüberschuss} + \text{Fremdkapitalzinsen}) \cdot 100}{\text{durchschnittliches Gesamtkapital}}$$

Die **Gesamtkapitalrentabilität** drückt aus, wie sich das gesamte im Unternehmen vorhandene Kapital in der betrachteten Periode verzinst hat. Hierbei wird die Summe aus Jahresüberschuss und Fremdkapitalzinsen dem durchschnittlich eingesetzten Gesamtkapital gegenübergestellt. Mit dieser Kennziffer kann festgestellt werden, ob sich der Einsatz von Fremdkapital gelohnt hat. Leiht sich das Unternehmen für eine Investition Geld bei der Bank zu niedrigeren Zinsen als die Gesamtkapitalrentabilität, kann die Eigenkapitalrentabilität erhöht werden (Leverage-Effekt).

$$\text{Umsatzrentabilität} = \frac{\text{Jahresüberschuss} \cdot 100}{\text{Umsatzerlöse}}$$

Die **Umsatzrentabilität** zeigt, wie viel Prozent der Umsatzerlöse dem Unternehmen in der betrachteten Periode als Gewinn zugeflossen sind. Sie ist eine Kennzahl, die die Ertragskraft eines Unternehmens verdeutlicht.

$$\text{Eigenkapitalquote} = \frac{\text{Eigenkapital} \cdot 100}{\text{Gesamtkapital (Bilanzsumme)}}$$

Die **Eigenkapitalquote** gibt den Anteil des Eigenkapitals am Gesamtkapital an. Sie ist ein Maßstab für die finanzielle Unabhängigkeit eines Unternehmens. Es drücken sich hierin die Kreditwürdigkeit und auch die Krisenfestigkeit des Unternehmens aus.

```
    Jahresüberschuss/Jahresfehlbetrag
+   Abschreibungen auf Anlagen
+/− Zuführung/Abfluss langfristiger Rückstellungen
=   Cashflow
```

Der **Cashflow**, auch Kassen-Zufluss genannt, gibt an, welche der in der betrachteten Periode selbst erwirtschafteten Mittel dem Unternehmen für Gewinnausschüttungen, Schuldentilgungen und vor allem für die Finanzierung von Investitionen zur Verfügung stehen. Alle nicht auszahlungswirksamen Aufwendungen zählen neben dem Jahresüberschuss zum Cashflow. Die Abschreibungen auf Anlagen fließen über die Umsatzerlöse wieder ins Unternehmen zurück. Die Bildung von Rückstellungen und hier besonders von Pensionsrückstellungen führt dazu, dass zusätzliche Finanzierungsmittel dem Unternehmen u. U. langfristig zinslos zur Verfügung stehen, obwohl Rückstellungen Fremdkapital darstellen.

Wie beim Ermitteln müssen Sie bei einer Berechnung anhand der aufbereiteten GuV-Rechnungen und der Informationen aus der Bilanz den Rechenweg und das Ergebnis deutlich machen.

Berechnung der Eigenkapitalrentabilitäten

Durchschnittliches Eigenkapital **2008** =
$$\frac{(12.000.000,00 + 14.100.000,00)}{2} = 13.050.000,00$$

$$\text{Eigenkapitalrentabilität 2008} = \frac{8.975,00 \cdot 100}{13.050.000,00} = 0,07\%$$

Durchschnittliches Eigenkapital **2009** =
$$\frac{(14.100.000,00 + 14.012.000,00)}{2} = 14.056.000,00$$

$$\text{Eigenkapitalrentabilität 2009} = \frac{-88.648,13 \cdot 100}{14.056.000,00} = -0,63\%$$

Berechnung der Gesamtkapitalrentabilitäten

Durchschnittliches Gesamtkapital **2008** =
$$\frac{(27.652.000,00 + 28.375.000,00)}{2} = 28.000.000,00$$

$$\text{Gesamtkapitalrentabilität 2008} = \frac{(8.975,00 + 7.650,00) \cdot 100}{28.000.000,00} = 0,06\%$$

Durchschnittliches Gesamtkapital **2009** =
$$\frac{(28.375.000,00 + 31.625.000,00)}{2} = 30.000.000,00$$

$$\text{Gesamtkapitalrentabilität 2009} = \frac{(-88.648,13 + 23.157,50) \cdot 100}{30.000.000,00} = -0,22\%$$

Berechnung der Umsatzrentabilitäten

$$\text{Umsatzrentabilität } 2008 = \frac{8.975,00 \cdot 100}{4.498.450,00} = 0,20 \ \%$$

$$\text{Umsatzrentabilität } 2009 = \frac{-88.648,13 \cdot 100}{4.597.577,50} = -1,93 \ \%$$

Berechnung der Eigenkapitalquoten

$$\text{Eigenkapitalquote } 2008 = \frac{14.100.000,00 \cdot 100}{28.375.000,00} = 49,69 \ \%$$

$$\text{Eigenkapitalquote } 2009 = \frac{14.012.000,00 \cdot 100}{31.625.000,00} = 44,31 \ \%$$

Berechnung der Cashflows

Cashflow **2008**:	Jahresüberschuss/Jahresfehlbetrag	8.975,00 €
	+ Abschreibung auf Anlagen	270.000,00 €
	+ Zuführung langfristiger Rückstellungen	30.000,00 €
	= Cashflow 2008	308.975,00 €
Cashflow **2009**:	Jahresüberschuss/Jahresfehlbetrag	−88.648,13 €
	+ Abschreibung auf Anlagen	948.000,00 €
	+ Zuführung langfristiger Rückstellungen	38.000,00 €
	= Cashflow 2009	897.351,87 €

Im Rahmen des Operators „auswerten" sollen Daten und Einzelergebnisse zu einer Gesamtaussage, einem Bericht, zusammengefasst werden. Dazu müssen Sie die Ergebnisse der einzelnen Kennzahlen und deren Veränderungen einbeziehen.

Im Branchendurchschnitt liegt die Verzinsung des eingesetzten Eigenkapitals bei 12 %. Dagegen verbucht die Spiko AG in 2008 eine **Eigenkapitalrentabilität** von 0,07 %, die in 2009 gesunken ist auf −0,63 %. Das bedeutet ein Sinken des Eigenkapitals. Die Situation ist in diesem Bereich katastrophal. Eine ähnliche Situation finden wir bei der **Gesamtrentabilität**, die im Branchendurchschnitt bei 10 % liegt. Hier erreicht die AG nur magere 0,06 % in 2008 und in 2009 sogar einen negativen Wert von −0,22 %. Für das Unternehmen ist dies ein völlig inakzeptabler Wert. Die Erfolgskennziffer **Umsatzrentabilität** zeigt im Branchendurchschnitt einen Wert von 2,2 %. Die Spiko AG entwickelte sich auch in diesem Bereich negativ. Blieben von 100,00 € Umsatz 2008 noch 0,20 € Gewinn, so machte der Betrieb 2009 pro 100,00 € einen Verlust von 1,93 €. Eine unhaltbare Situation. Beim **Cashflow** sieht die Situation dagegen ganz anders aus. Aufgrund der Investitionen in der vergangenen Periode werden hohe Abschreibungen getätigt, die über die Preise und damit den Umsatz ins Unternehmen als Mittel für Investitionen zurückfließen. 588.376,87 € stehen der Spiko AG in 2009 mehr für Investitionen zur Verfügung als im Jahr 2008. Eine gute Entwicklung. Die Ausstattung der Spiko AG mit Eigenkapital ist zwar von 49,69 % des Gesamtkapitals auf 44,31 % gesunken, die **Eigenkapitalquote** liegt aber immer noch weit über dem Branchendurchschnitt. Das bedeutet, dass das Unternehmen für schlechte Zeiten recht gut gerüstet ist.

2.3 *Der Operator „entscheiden" verlangt eine unternehmerisch sinnvolle Entscheidung aufgrund aller vorhandenen Informationen. Berücksichtigen Sie auch den Vorspann der Aufgabe 2. Achten Sie auf eine schlüssige Argumentation.*

Die Spiko AG hat die Fähigkeit, dokumentiert durch die **Liquiditätskennziffern**, die Verbindlichkeiten fristgemäß zu bezahlen. Das Unternehmen befindet sich in einem finanziellen Gleichgewicht. Die **Anlagedeckung** weist stabile Relationen auf, das bedeutet, dass die Bindung des Vermögens im Unternehmen der Finanzierung des notwendigen Kapitals entspricht. Die goldene Bilanzregel ist erfüllt. Auch die **Eigenkapitalquote** zeugt von stabilen Verhältnissen, eine kurzfristige zusätzliche finanzielle Belastung scheint auch im schlechtesten Fall das Unternehmen nicht zu gefährden. Neben den positiven bilanziellen Betrachtungen zeigt der **Cashflow** eine hohe Selbstfinanzierungskraft, sodass auch unter diesen Gesichtspunkten eine Darlehensvergabe durch den Kreditsachbearbeiter zu befürworten ist. Man kann vermuten, dass sich durch die geplante Investition auch die **Ertragslage** der Spiko AG verbessern wird. Diese ist allerdings, vor allem begründet durch die hohen Abschreibungen aufgrund der Investitionen in 2009, schlecht. Die Spielkonsole *Panther* eröffnet der Spiko AG aber neue Chancen, sodass der Kreditsachbearbeiter zu dem Schluss kommen sollte, das Darlehen zu gewähren.

Bei einer Erläuterung sollten Sie Wissen und Einsichten in einen Zusammenhang (z. B. Gesetze, Regeln) einordnen und deuten. Anstelle der hier ausgewählten Informationsquellen könnten auch etwa der Branchenbericht oder Informationen über Bezugsquellen und Vertriebswege genannt werden.

Eine weitere wichtige Informationsquelle ist im Rahmen des Jahresabschlusses der **Lagebericht** des Unternehmens. Hier könnte je nach Qualität des Berichts die Marktstellung des Unternehmens beschrieben werden. Die voraussichtliche/geplante Entwicklung sollte dokumentiert werden, besonders die Erweiterung des Produktionsprogramms und die Herausnahme bisher wichtiger Produkte sollten begründet dargelegt werden. Auch andere Aspekte wie Auftragslage, Forschungsbemühungen und Auslastung können die Entscheidung des Kreditsachbearbeiters beeinflussen.

In einem weiteren Punkt könnte dieser nach möglichen **Sicherheiten** fragen: Gibt es potenzielle Bürgen? Sind Immobilien noch zu beleihen? Kann die Investition selbst eine sinnvolle Sicherheit darstellen?
Gleichzeitig wird der Kreditsachbearbeiter sich bei anderen Kreditinstituten und bei **Auskunfteien** über das Zahlungsverhalten der Spiko AG informieren. Aus dem Verhalten in der Vergangenheit kann er auf zukünftiges Verhalten schließen.

Aufgabe 3

3.1 *Der Operator „erläutern" verlangt das Deuten von Wissen und Einsichten in einem bestimmten Zusammenhang (z. B. einem Modell).*

Die Ermittlung von Verkaufspreisen ist auf Ist-Kostenbasis nicht möglich, weil die **aktuellen Ist-Kosten bei Angebotserstellung**, bei der Preisfestsetzung, **noch nicht feststehen**. Sie werden nachträglich für eine bestimmte Periode berechnet.
Aus dem **Durchschnitt früherer Ist-Zuschlagssätze** wird zur Ermittlung des Normalkosten-Zuschlagssatzes ein Mittelwert gebildet. Auf diese Weise werden die kurzfristigen Schwankungen der Ist-Kosten „normalisiert". Der Normalkostenzuschlagssatz berücksichtigt so die langfristige Entwicklung der Kosten und ist daher für die Kalkulation geeignet.
Da für die Neueinführung der Spielkonsole *Panther* noch keine Ist-Kosten vorliegen, muss hier sogar auf die **Normalkostenbasis eines vergleichbaren Produkts** zurückgegriffen werden, um den Markteinführungspreis zu ermitteln.

Der Operator „ermitteln" verlangt in diesem Fall die Anwendung des Kalkulationsschemas. Dadurch werden auch der Rechenweg und die Ergebnisse deutlich. Da kein Kundenskonto vorgegeben ist, entspricht der Barverkaufspreis dem Zielverkaufspreis.

Fertigungsmaterial		78,89 €	
+ Materialgemeinkosten	25,00 %	19,72 €	
= Materialkosten			98,61 €
Fertigungslöhne		40,00 €	
+ Fertigungsgemeinkosten	110,00 %	44,00 €	
= Fertigungskosten			84,00 €
= Herstellkosten			182,61 €
+ Verwaltungsgemeinkosten	5,00 %		9,13 €
+ Vertriebsgemeinkosten	10,00 %		18,26 €
= **Selbstkosten**			**210,00 €**

+ Gewinn	10,00 %	21,00 €
= **Barverkaufspreis/Zielverkaufspreis**		**231,00 €**
+ Kundenrabatt	10,00 %	25,67 €
= **Listenverkaufspreis**		**256,67 €**

3.2 Zur Darstellung müssen Sie hier in Form eines Schaubilds wesentliche Aspekte eines Sachverhalts wiedergeben/skizzieren. *Die Daten für die Preis-Absatz-Funktion sind gegeben, auch der Listenverkaufspreis ist berechnet. Die kurzfristige und die langfristige Preisuntergrenze müssen noch ermittelt werden. Achtung: Den Vorspann zu Aufgabe 3 sollten Sie genau lesen: 30 % der Gemeinkosten sind variabel.*
Anhand der Angaben in der Aufgabenstellung, die Sie für die Zeichnung heranziehen können, falls Sie sich verrechnet haben, können Sie überprüfen, ob die von Ihnen ermittelten Werte zumindest ungefähr stimmen. Sollten Ihre Werte erheblich davon abweichen, bietet es sich an, für die Zeichnung die Alternativwerte aus der Aufgabenstellung zu übernehmen.

Der Verkaufserlös deckt bei der **kurzfristigen Preisuntergrenze** nur die variablen Kosten.

Einzelkosten + Summe der variablen Gemeinkosten = kurzfristige Preisuntergrenze (variable Kosten)

Fertigungsmaterial	78,89 €
+ Fertigungslöhne	40,00 €
= Einzelkosten	**118,89 €**

Gemeinkosten	100 %	30 % (variable)
Materialgemeinkosten	19,72 €	5,92 €
+ Fertigungsgemeinkosten	44,00 €	13,20 €
+ Verwaltungsgemeinkosten	9,13 €	2,74 €
+ Vertriebsgemeinkosten	18,26 €	5,48 €
= Summe der Gemeinkosten	91,11 €	**27,34 €**

118,89 € + 27,34 € = **146,23 €**

Bei der **langfristigen Preisuntergrenze** werden durch den Verkaufserlös die fixen und die variablen Kosten gedeckt. Dies entspricht den Selbstkosten aus dem Kalkulationsschema der Aufgabe 3.1.

Einzelkosten + Summe der Gemeinkosten (100 %) = Selbstkosten
118,89 € + 91,11 € = 210,00 €

Die langfristige Preisuntergrenze liegt daher bei: **210,00 €**.

Aus den gegebenen und den errechneten Daten ergibt sich folgende Abbildung:

Schaubild auf Grundlage der oben berechneten Werte

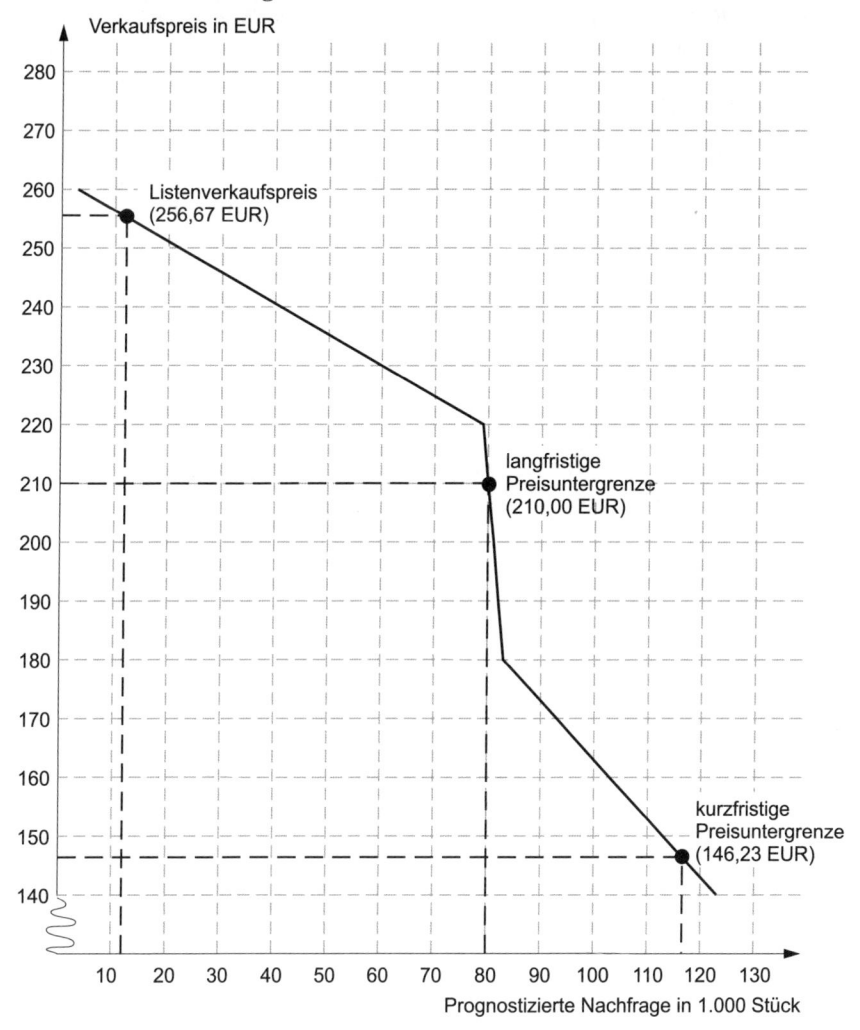

Verkaufspreis in EUR

- Listenverkaufspreis (256,67 EUR)
- langfristige Preisuntergrenze (210,00 EUR)
- kurzfristige Preisuntergrenze (146,23 EUR)

Prognostizierte Nachfrage in 1.000 Stück

Sollten die in der Aufgabenstellung genannten Größen nicht ermittelt worden sein und die alternativen Daten zur Lösung herangezogen werden, dann sieht die Abbildung entsprechend anders aus.

Der Operator „erläutern" verlangt von Ihnen, Ihr Wissen in einen Zusammenhang (z. B. Theorie, Modell) einzuordnen. Hier sollten Sie Ihre Erläuterung um zusätzliche Informationen und Beispiele ergänzen. Auch andere als die unten aufgeführte Lösung sowie die richtige Erläuterung der alternativen Zeichnung werden mit voller Punktzahl bewertet.

Die Abbildung zeigt das Modell der doppelt geknickten Preisabsatzfunktion, die aus drei Funktionsbereichen besteht. Zwischen einem Verkaufspreis von 180,00 € und 220,00 € befindet sich der monopolistische Bereich. Das bedeutet, dass sich die Spiko AG bei der Preisfestsetzung wie ein Monopolist verhalten kann. Für diesen Bereich hat die AG Präferenzen beim Käufer geschaffen, die dazu führen, dass bei einer Preiserhöhung der Absatzrückgang gering ist, der potenzielle Käufer reagiert unelastisch. Außerhalb des monopolistischen Bereichs reagiert die Nachfrage elastisch. Das bedeutet beim oberen Bereich, dass bei Preissteigerungen über 220,00 € mit einem überproportionalen Absatzrückgang zu rechnen ist. Das heißt, auf eine Preissteigerung um 10 € erfolgt ein Absatzrückgang von 20 %. Der untere Bereich deutet darauf hin, dass bei einer Preissenkung von unter 180,00 € überproportional viele Kunden gewonnen werden könnten. Auch hier reagiert der Absatz elastisch.

3.3 *Der Operator „diskutieren" verlangt, dass auf der Grundlage einer kurzen Sachdarstellung eine Pro- und Kontra-Argumentation entwickelt wird, die zu einer begründeten Bewertung führt. Wenn mit den Daten der Alternativlösung aus 3.2 argumentiert werden muss, bleibt die Argumentation grundsätzlich gleich. Die folgende Tabelle muss nicht berechnet werden, hilft aber bei der Argumentation.*

Verkaufspreis in €	Prognostizierte Nachfrage in Stück	Prognostizierter Umsatz in €
140,00	123.000	17.220.000,00
150,00	113.000	16.950.000,00
160,00	103.000	16.480.000,00
170,00	93.000	15.810.000,00
180,00	83.000	14.940.000,00
190,00	82.000	15.580.000,00
200,00	81.000	16.200.000,00
210,00	80.000	16.800.000,00
220,00	79.000	17.380.000,00
230,00	60.000	13.800.000,00
240,00	41.000	9.840.000,00
250,00	22.000	5.500.000,00
260,00	3.000	780.000,00

Variante 1:
Der **Listenverkaufspreis** wird als Einführungspreis festgesetzt. In Aufgabe 3.1 wurde er mit 256,67 € berechnet. Sämtliche Kosten (Vollkostenbasis), der gewünschte Gewinn sowie eventuelle Kundenrabatte sind in den Preis einkalkuliert.
Im Rahmen einer Abschöpfungsstrategie wäre es möglich, dass bei Markteinführung der Spielkonsole *Panther* ein solcher Preis von bestimmten Kunden akzeptiert wird. Der große Spielraum für anschließende Preissenkungen spricht für diese Variante. Allerdings hat die Abteilung Marktforschung festgestellt, dass bei einem Verkaufspreis von 256,67 € nur ein Umsatz zwischen 780.000,00 € und 5.500.000,00 € erwartet werden kann. Wie die Tabelle zeigt, steigen die Umsatzerlöse bei niedrigeren Preisen. Es ist daher nicht empfehlenswert, den Listenverkaufspreis als Verkaufspreis zur Einführung festzusetzen.

Variante 2:
Die **kurzfristige Preisuntergrenze** wird als Einführungspreis festgesetzt. Der berechnete Wert aus Aufgabe 3.2 liegt bei 146,23 €. Nur die variablen Kosten sind Grundlage der Preisbildung.
Im Rahmen einer Marktdurchdringungsstrategie könnte ein Umsatz zwischen 16.950.000,00 € und 17.220.000,00 € erwartet werden. Der Marktanteil könnte stark steigen. Wie aus Aufgabe 1 hervorgeht, reichen die Kapazitäten, die durch die Neuinvestition erreicht werden, aber nicht zur Produktion der notwendigen Stückzahl aus. Die Variante ist kurzfristig nicht zu realisieren. Außerdem sind die fixen Kosten nicht gedeckt, eine mittel- und langfristige Perspektive hat der Preis nicht. Schließlich ist die notwendige Preiserhöhung zur Deckung auch der fixen Kosten später unter Umständen nicht durchsetzbar, weil inzwischen die Konkurrenz die Preise auch gesenkt hat, um nicht noch mehr Marktanteile zu verlieren. Die kurzfristige Preisuntergrenze als Verkaufspreis festzulegen ist auch nicht empfehlenswert.

Wenn Sie einen „Vorschlag unterbreiten", müssen Sie zu einem Sachverhalt einen konkreten Lösungsvorschlag entfalten und begründen. Beachten Sie, dass Ihre Argumentation schlüssig sein muss.

Der Preis von 220,00 €, der am oberen Rand des monopolistischen Bereichs liegt, entspricht einem geschätzten Umsatz von 17.380.000,00 €. An dieser Stelle schöpft die Spiko AG alle Möglichkeiten, die sie in dem monopolistischen Bereich hat, aus. Da die Selbstkosten von 210,00 € voll gedeckt sind, bleibt die Substanz des Unternehmens erhalten. Der Gewinn von maximal 10,00 € pro Konsole erscheint bei einem Absatz von 79.000 Stück angemessen. Allerdings sollte man mit der Gewährung von Rabatten vorsichtig umgehen. Sie würden den Gewinn schmälern. Aus diesen Gründen sollte ein Preis von 220,00 € realisiert werden.
Mittel- und langfristig kann die Spiko AG versuchen, den monopolistischen Bereich nach oben auszubauen. Mithilfe des absatzpolitischen Instrumentariums sollte dies gelingen. Produktvariationen durch besonderes Design, überzeugende

Werbung, neue Vertriebswege durch z. B. „Panther-Parties" bei Senioren zuhause usw. erhöhen deren Bereitschaft, eventuell einen höheren Preis zu bezahlen. Auf diese Weise werden Absatz und Umsatz steigen. Wie oben bereits dargestellt, gibt es im Moment wenig Spielraum für Preissenkungen. Diese sind nur ökonomisch sinnvoll, wenn die Produktionskosten gesenkt werden.

3.4 *Auch hier sollen Sie ein konkretes Modell entwerfen und begründen. Sie müssen vier Aspekte eines Werbeplans aufeinander abgestimmt darstellen und die Gesamtsituation der Spiko AG bezüglich der Spielkonsole* Panther *einbeziehen.*

Der Werbeplan als Teil der gesamten Marketingstrategie eines Unternehmens sollte Aussagen über die Zielgruppe (Streukreis), die Werbebotschaft, über Werbemittel und Werbeträger, die Streuzeit, das Streugebiet und die Werbeintensität treffen.

Wie in der Ausgangssituation beschrieben sind die **Zielgruppe** für die Spielkonsole *Panther* die Senioren. Diese müssen durch die Werbebotschaft erreicht werden. Der sinnvolle **Inhalt** der Werbebotschaft wird in dem Vorspann der Aufgabe 3 beschrieben: Große, übersichtliche Tasten, einfache Bedienung, Anschließbarkeit an Fernsehgeräte, als Zusatznutzen Gedächtnistraining und Förderung der Grob- und Feinmotorik sowie zielgruppenorientierte Spiele wie Kartenspiele, Oldtimer-Rennen etc. Diese Werbebotschaft sollte durch **Werbemittel und Werbeträger** transportiert werden, die die Senioren in besonderer Weise erreichen. Anzeigen in Gartenzeitungen und Unterhaltungszeitschriften wären eine Möglichkeit. Radiospots vor und nach Klassik-Sendungen, Reiseberichten etc. erscheinen sinnvoll. Fernsehspots in der zeitlichen Nähe der Nachrichten oder von Tier- und Reisesendungen können den Werbeplan abrunden. Zu Beginn der Neueinführung sollte auf allen Werbekanälen häufiger geworben werden, um die Spielkonsole *Panther* bekannt zu machen. Die **Werbeintensität** kann aber bei einem bestimmten Bekanntheitsgrad zurückgefahren werden. So könnte man sich z. B. vorstellen, dass in den oben genannten Zeitschriften nur in ein oder zwei Ausgaben geworben wird, da hierdurch die Werbekontakte am Anfang hoch sind. Dann nehmen diese zwar ab, bleiben jedoch schon allein dadurch noch eine Zeit lang bestehen, dass veraltete Zeitschriften z. B. bei Ärzten und Friseuren ausliegen.

> **Zentrale Abiturprüfung 2011 – Profil bildender Leistungskurs (NRW)**
> **Betriebswirtschaftslehre mit Rechnungswesen**

Aufgabenstellung

Beschreibung der Ausgangssituation der Sunpower AG im Januar 2010

Die Sunpower AG aus Münster stellt seit einigen Jahren Solaranlagen in Werkstättenfertigung her. Das zur Herstellung benötigte Silizium bezieht die Sunpower AG zum jeweils geltenden Börsenkurs an der amerikanischen Rohstoffbörse. Die Zubehörteile werden zu 80 Prozent fremdbezogen und teils manuell bzw. teils automatisiert von Mitarbeitern des Betriebes montiert.

In den letzten Jahren baute die Sunpower AG aufgrund einer hervorragenden Auftragslage sowie der erklärten Zielsetzung der Bundesregierung, die erneuerbaren Energien zu fördern und dadurch die Energiewende einzuleiten, ihre Kapazitäten stark aus. Die weltweite Wirtschaftskrise führte jedoch im Jahre 2009 zu einem dramatischen Absatzrückgang. Verschärft wurde die Situation durch die rasante Zunahme chinesischer Anbieter.

Vor dem Hintergrund dieser Situation analysiert die Sunpower AG die Erfolgssituation des Unternehmens. (**Aufgabe 1**)

Zur Verbesserung der Erfolgssituation müssen Maßnahmen aus den Bereichen der Finanzierung und der Produktion getroffen und beurteilt werden. (**Aufgabe 2**)

Aufgrund der zurzeit herrschenden Kreditklemme strebt die Unternehmensleitung eine Finanzierung aus selbst erwirtschafteten Mitteln an. Es werden verschiedene Möglichkeiten der Innenfinanzierung beurteilt. (**Aufgabe 3**)

Hinweis: Rechnerische Lösungen sind auf zwei Stellen hinter dem Komma kaufmännisch zu runden. Rechenwege sind nachvollziehbar anzugeben.

Aufgabe 1   67 Punkte

Die Sunpower AG möchte die Erfolgssituation des Geschäftsfeldes „Solaranlagen" im **Januar 2010** näher analysieren.

Der Unternehmensleitung liegen folgende drei Informationen vor:

Information 1:

Radikale Kehrtwende bei der Solarförderung

Harter Schlag für die deutsche Solarwirtschaft: Die Bundesregierung will die Förderung neuer Solaranlagen ab April drastisch senken. Was seit Tagen kolportiert[1] wurde, kündigte nun Bundesumweltminister Norbert Röttgen an: Die seit Jahresbeginn geltende Förderreduktion von neun Prozent für Neuanlagen soll von April an durch eine einmalige Kürzung von 15 Prozent ergänzt werden. Dem ganzen muss aber der Bundestag noch zustimmen. Die Senkung hatten vor allem Verbraucherschützer gefordert. Röttgen sagte dazu, die bisherige „Überförderung" werde von den Stromkunden nicht länger akzeptiert. Die Solarindustrie sieht dagegen durch den Schritt das Überleben großer Teile der Branche gefährdet.

Verbraucherschützer hatten die Kürzungen vergangene Woche bei einer Anhörung im Umweltministerium gefordert. So sollten hohe Kosten für Stromkunden vermieden werden, indem der Neubau von Photovoltaikanlagen durch Subventionskürzungen künftig begrenzt wird. Denn die Ausgaben für die Subventionen werden auf alle Stromverbraucher umgelegt. Sie lagen 2009 mit rund zehn Milliarden Euro viermal so hoch wie ursprünglich geplant. Röttgen verspricht sich von dem Subventionsabbau nun Entlastungen für die Stromverbraucher von jährlich einer Milliarde Euro.

http:// wirtschaft.t-online.de/ subventionsabbau-bundesregierung-senkt-die- solarfoerderung/ id_21435414/ index 28. 02. 2010, 15:00 Uhr, gekürzt; cs mit dpa, apn

1 kolportieren: als Gerücht verbreiten

Information 2:

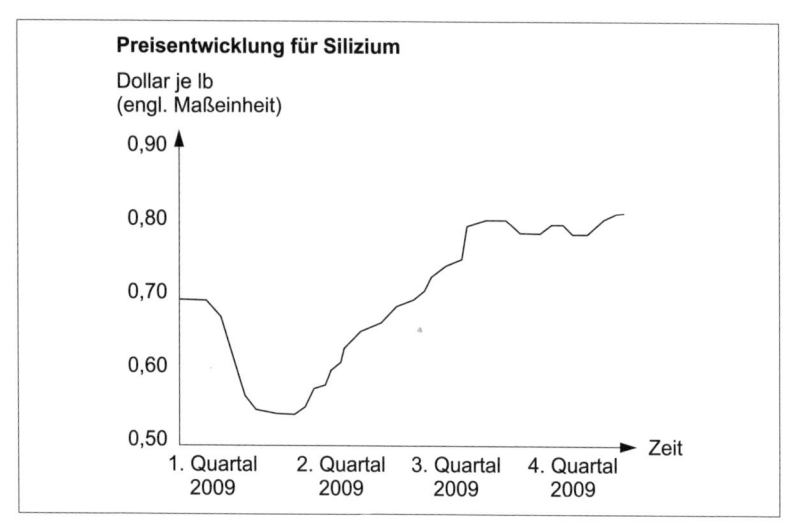

Preisentwicklung für Silizium

Dollar je lb (engl. Maßeinheit)

Werte entnommen aus: http://www.metalprices.com/pubcharts/Public/ Silicon_Price_Charts.asp, 22. 01. 2010, 12:00 Uhr

Information 3:

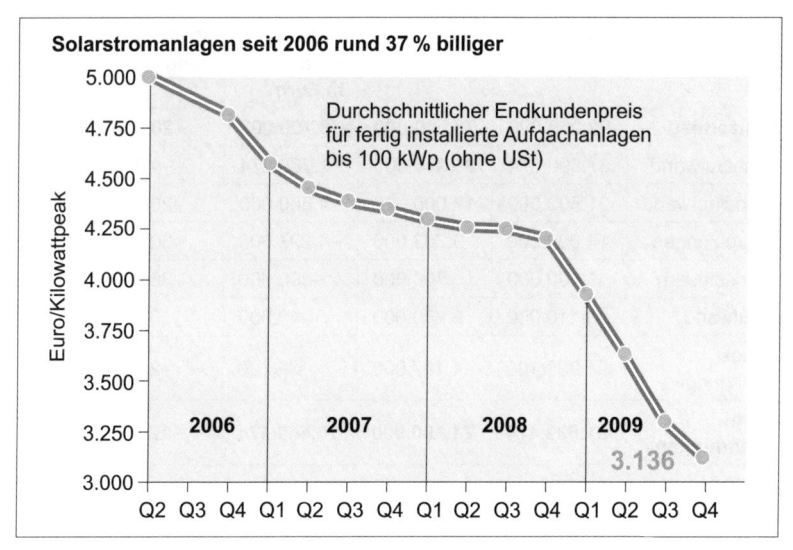

Solarstromanlagen seit 2006 rund 37 % billiger

Durchschnittlicher Endkundenpreis für fertig installierte Aufdachanlagen bis 100 kWp (ohne USt)

(Diagramm: Euro/Kilowattpeak, Zeitraum Q2 2006 bis Q4 2009, Preisverlauf von ca. 5.000 € auf 3.136 €)

http://www.solarwirtschaft.de/uploads/pics/bsw_preisind_0210_th_01.jpg, 22.01.2010, 18:00 Uhr

Ergänzende Erläuterung: Kilowattpeak (kWp) ist die Maßeinheit zur Kennzeichnung der elektrischen Leistung einer Solarzelle oder eines Solarmoduls.

1.1 **Arbeiten Sie** auf der Grundlage des Ausgangssachverhaltes sowie der dazugehörigen Informationen 1 bis 3 anhand von vier Aspekten die Situation **heraus**, in der sich die Solarbranche Ende Januar 2010 befindet. 12

1.2 Vor dem Hintergrund der angespannten Wirtschaftslage der Branche will die Sunpower AG anhand der Analyse von Kennziffern die eigene wirtschaftliche Situation genauer untersuchen.
Für die abgelaufenen Geschäftsjahre liefert das Rechnungswesen der Sunpower AG folgende Informationen:

Gewinn- und Verlustrechnung der Sunpower AG

Vereinfachte GuV in Euro	2008 in Euro	2009 in Euro	Veränderung in Euro	Veränderung
Umsatzerlöse	92.250.000	73.500.000	–18.750.000	–20,3 %
Materialaufwand	37.500.374	35.740.000	–1.760.374	–4,7 %
Personalaufwand	21.500.000	17.000.000	–4.500.000	–20,9 %
Abschreibungen	14.000.000	9.703.000	–4.297.000	–30,7 %
Betriebssteuern	1.000.000	700.000	–300.000	–30,0 %
Zinsaufwand	6.410.000	6.850.000	440.000	6,9 %
Sonstige Aufwendungen	1.229.100	1.197.000	–32.100	–2,6 %
Gesamtaufwendungen	81.639.474	71.190.000	–10.449.474	–12,8 %

Aus Vereinfachungsgründen ist davon auszugehen, dass alle Aufwendungen Kosten und alle Erträge Leistungen darstellen.

Weitere Informationen

	2008	2009	Veränderung
Nettoverkaufspreis je Anlage (die 1 kwp produziert)	4.100 €	3.500 €	–14,6 %
Hergestellte und abgesetzte Anlagen	22.500	21.000	–6,7 %
Gewerbliche Mitarbeiter	500	450	–10,0 %
Zuführung zu Pensionsrückstellungen (langfristige Rückstellungen)	500.000 €	300.000 €	–40 %

Erläutern Sie jeweils eine mögliche Ursache für die einzelnen Veränderungen der Aufwendungen und der Erträge.

Berechnen Sie die Arbeitsproduktivität je gewerblichem Mitarbeiter und die Wirtschaftlichkeit in den Geschäftsjahren 2008 und 2009.

Erläutern Sie auch hier jeweils eine mögliche Ursache für die festgestellten Veränderungen dieser beiden Kennzahlen.

1.3 Die Controllingabteilung der Sunpower AG legt weiterhin folgende Kennzahlen vor:

Kennziffern	2008	2009
Eigenkapitalrentabilität	13,00 %	3,00 %
Gesamtkapitalrentabilität	8,11 %	4,37 %
Cashflow in Euro	25.110.526	12.313.000

Beschreiben Sie allgemein den Aussagegehalt der drei Kennzahlen. 9
Beurteilen Sie anschließend die Kennzahlen Eigenkapitalrentabilität, Gesamtkapitalrentabilität und Cashflow sowie die gesamte Erfolgssituation der Sunpower AG. Berücksichtigen Sie dabei auch die Ergebnisse aus Teilaufgabe 1.2. 12

1.4 Die Sunpower AG hat aufgrund der in den Vorjahren stark aufgebauten Kapazitäten und des im vergangenen Geschäftsjahr entstandenen Nachfragerückganges 50 gewerbliche Mitarbeiter entlassen. Durch die Aufnahme des Geschäftsfeldes „Wind- und Wasserkraftanlagen" in das Produktionsprogramm ab 2010 ist aber wieder mit einer leichten Zunahme der Auslastung zu rechnen.
Unterbreiten Sie der Sunpower AG zwei begründete **Vorschläge**, die zur Vermeidung betriebsbedingter Kündigungen hätten beitragen können. 8

Aufgabe 2 67 Punkte

Zur neuen Positionierung am Markt, die aufgrund des veränderten wirtschaftlichen Umfeldes erforderlich wird, beschließt die Sunpower AG folgende zwei Maßnahmen zur Verbesserung der Erfolgssituation:

Maßnahme 1
Das Geschäftsfeld „Wind- und Wasserkraftanlagen" soll in das Produktionsprogramm aufgenommen werden. Die Anlagen sollen in der Montageabteilung aus größtenteils zugekauften Teilen zusammengebaut werden. Dies führt kurzfristig zu einem Engpass in der Montageabteilung. Daher ist mittelfristig eine Neuinvestition in Höhe von 5.000.000 EUR erforderlich.

Maßnahme 2
Die Endkontrolle der Solaranlagen soll zukünftig nicht mehr manuell, sondern automatisiert durchgeführt werden.

2.1 Zur Finanzierung der Neuinvestition (Maßnahme 1) stehen zwei Alternativen zur Verfügung:

Alternative 1: Finanzierung mit 60 % Fremdkapital und mit 40 % Eigenkapital

Alternative 2: Finanzierung mit 45 % Fremdkapital und mit 55 % Eigenkapital

Es wird mit einem Fremdkapitalzinssatz von 7,5 % p. a. gerechnet. Dem Investitionsobjekt wird ein Gewinn in Höhe von 14 % der Investitionssumme zugerechnet.

Die Vorstandsmitglieder der Sunpower AG diskutieren die beiden Vorschläge. Herr Pelz behauptet: „Die Entscheidung ist klar: Alternative 1 ist die vorteilhaftere, wir nutzen den Leverage-Effekt." Frau Coen ist skeptisch und bevorzugt Alternative 2.

Diskutieren Sie die unterschiedlichen Standpunkte (ein rechnerischer Nachweis ist nicht erforderlich). 12

2.2 Durch die Umsetzung der Maßnahme 1 (Aufnahme des Geschäftsfeldes „Wind- und Wasserkraftanlagen") ist in der Montageabteilung zunächst mit einem Engpass zu rechnen, da die Erweiterungsinvestition kurzfristig nicht realisiert werden kann.

Für die Montageabteilung liegen für Februar 2010 folgende Informationen vor:

	Solaranlagen	Windkraftanlagen	Wasserkraftanlagen
Bedarfsmenge in Stück/Monat	150	40	15
Kosten der Fremdmontage in Euro/Stück	600,00	1.300,00	1.500,00
Variable Montagekosten bei Eigenmontage in Euro/Stück	480,00	1.200,00	1.300,00
Benötigte Montagezeit in Min./Stück	80	120	180
Maximale Kapazität in Minuten	16.000		

Entscheiden Sie anhand der Daten aus der Kosten- und Leistungsrechnung, welche Produkte im Februar 2010 selbst montiert bzw. welche durch einen Fremdbetrieb montiert werden sollen. 14

2.3 Für die Automatisierung der Endkontrolle der Solaranlagen (Maßnahme 2) liegen folgende Informationen vor:

Kostensituation bei manueller Endkontrolle im November und Dezember 2009		
Monat	Produktion (Anlagen in Stück)	Gesamtkosten (in EUR)
November	1.750	335.000,00
Dezember	1.250	245.000,00

Für die automatisierte Endkontrolle würden monatlich Fixkosten in Höhe von 180.000,00 EUR entstehen. Zudem würden 20,00 EUR variable Kosten anfallen. Die Sunpower AG rechnet mit einer jährlichen Produktion von 18.000 Anlagen.
Ermitteln Sie aus obenstehenden Informationen die Kostenfunktion für die manuelle Endkontrolle.   9

> Sollten Sie die Kostenfunktion nicht ermitteln können, gehen Sie für die weiteren Berechnungen von folgender Kostenfunktion aus:
> K(x) = 181x + 19.000

Berechnen Sie, ab welcher Produktionsmenge sich die Umstellung auf das automatisierte Verfahren lohnt.   8

Diskutieren Sie die Automatisierung aus betrieblicher Sicht und aus der Perspektive eines Arbeitnehmers.   8

2.4 **Erläutern Sie** vier weitere Maßnahmen, die zu einer Verbesserung der Erfolgssituation der Sunpower AG führen könnten.   16

Aufgabe 3   46 Punkte

Im Hinblick auf die Finanzierung der Erweiterungsinvestition (vgl. Aufgabe 2.1) hat sich das Vorstandsmitglied Pelz durchgesetzt. Nach weitergehender Prüfung und länger andauernden Verhandlungen sind die Banken nur bereit, maximal 50 % der Investitionssumme in Höhe von 5.000.000,00 € zu finanzieren.

3.1 **Erläutern Sie**, warum die Versorgung der Unternehmen mit Krediten in Zeiten der Wirtschaftskrise einerseits besonders schwierig, andererseits in volkswirtschaftlicher Hinsicht aber notwendig ist.   6

3.2 Aufgrund der schwierigen Situation am Kapitalmarkt beschließt die Sunpower AG, einen Teil der notwendigen Mittel durch offene Selbstfinanzierung aufzubringen.
Aufsichtsrat und Vorstand stellen den Jahresabschluss fest: Sie streben an, den Jahresüberschuss 2009 vollständig für die Finanzierung der anstehenden Investitionen zu verwenden. Die Aktionäre folgen auf der Hauptversammlung im Mai 2010 diesem Wunsch nicht. Sie bestehen auf eine maximale Gewinnausschüttung. Der Vorstand und der Aufsichtsrat schöpfen allerdings ihre gesetzlichen Möglichkeiten aus.
Das Eigenkapital der Sunpower AG stellte sich zum 31. Dezember 2009 vor der Gewinnverwendung wie folgt dar:

Gezeichnetes Kapital	60.000.000 Euro
Kapitalrücklagen	2.000.000 Euro
Gesetzliche Rücklagen	3.530.526 Euro
Andere freie Gewinnrücklagen	11.030.000 Euro
Jahresüberschuss	2.310.000 Euro
Eigenkapital	78.870.526 Euro

Der Nennwert je Aktie beträgt 5,00 Euro. Die Dividende je Aktie ist auf volle Cent abzurunden.

Ermitteln Sie die Höhe der insgesamt auszuschüttenden Dividende für das Jahr 2009 (Anlage 1: Auszug aus dem Aktiengesetz). 14

Weisen Sie anschließend rechnerisch **nach**, dass der größere Teil des Jahresüberschusses der offenen Selbstfinanzierung dient (Anlage 1: Auszug aus dem Aktiengesetz). 6

3.3 Die beschlossene Gewinnverwendung für das Geschäftsjahr 2009 reicht nicht aus, um den erforderlichen Eigenkapitalanteil von 50 % der Investitionssumme zu finanzieren. Hierzu wird diskutiert, das notwendige Eigenkapital durch weitere Maßnahmen der Innenfinanzierung zu beschaffen.

Beschreiben Sie zwei weitere Möglichkeiten der Innenfinanzierung. 8

Erläutern Sie drei Vorteile der Innenfinanzierung gegenüber anderen Finanzierungsmöglichkeiten für die Sunpower AG. 12

Anlage 1: Auszug aus dem Aktiengesetz

§ 58 Verwendung des Jahresüberschusses

(1) Die Satzung kann nur für den Fall, daß die Hauptversammlung den Jahresabschluß feststellt, bestimmen, daß Beträge aus dem Jahresüberschuß in andere Gewinnrücklagen einzustellen sind. Auf Grund einer solchen Satzungsbestimmung kann höchstens die Hälfte des Jahresüberschusses in andere Gewinnrücklagen eingestellt werden. Dabei sind Beträge, die in die gesetzliche Rücklage einzustellen sind, und ein Verlustvortrag vorab vom Jahresüberschuß abzuziehen.

(2) Stellen Vorstand und Aufsichtsrat den Jahresabschluß fest, so können sie einen Teil des Jahresüberschusses, höchstens jedoch die Hälfte, in andere Gewinnrücklagen einstellen. Die Satzung kann Vorstand und Aufsichtsrat zur Einstellung eines größeren oder kleineren Teils des Jahresüberschusses ermächtigen. Auf Grund einer solchen Satzungsbestimmung dürfen Vorstand und Aufsichtsrat keine Beträge in andere Gewinnrücklagen einstellen, wenn die anderen Gewinnrücklagen die Hälfte des Grundkapitals übersteigen oder soweit sie nach der Einstellung die Hälfte übersteigen würden. Absatz 1 Satz 3 gilt sinngemäß.

§ 150 Gesetzliche Rücklage. Kapitalrücklage

(1) In der Bilanz des nach den §§ 242, 264 des Handelsgesetzbuchs aufzustellenden Jahresabschlusses ist eine gesetzliche Rücklage zu bilden.

(2) In diese ist der zwanzigste Teil des um einen Verlustvortrag aus dem Vorjahr geminderten Jahresüberschusses einzustellen, bis die gesetzliche Rücklage und die Kapitalrücklagen nach § 272 Abs. 2 Nr. 1 bis 3 des Handelsgesetzbuchs zusammen den zehnten oder den in der Satzung bestimmten höheren Teil des Grundkapitals erreichen. (3) Übersteigen die gesetzliche Rücklage und die Kapitalrücklagen nach § 272 Abs. 2 Nr. 1 bis 3 des Handelsgesetzbuchs zusammen nicht den zehnten oder den in der Satzung bestimmten höheren Teil des Grundkapitals, so dürfen sie nur verwandt werden

1. zum Ausgleich eines Jahresfehlbetrags, soweit er nicht durch einen Gewinnvortrag aus dem Vorjahr gedeckt ist und nicht durch Auflösung anderer Gewinnrücklagen ausgeglichen werden kann;

2. zum Ausgleich eines Verlustvortrags aus dem Vorjahr, soweit er nicht durch einen Jahresüberschuß gedeckt ist und nicht durch Auflösung anderer Gewinnrücklagen ausgeglichen werden kann.

http://www.gesetze-im internet.de/aktg/BJNR010890965.html, 08. 11. 2010, 17:40 Uhr

Lösungsvorschläge

Aufgabe 1

1.1 *Der Operator „herausarbeiten" verlangt, dass Sachverhalte herausgefunden werden, die nicht ausdrücklich genannt werden. Zudem müssen Sie einen Zusammenhang zwischen ihnen herstellen. Vier der hier genannten Aspekte reichen zum Erhalt der vollen Punktzahl aus.*

Die Solarbranche ist aus folgenden Gründen angeschlagen: Die **staatlichen Förderungen** für die Installation und den Betrieb von Solarstrom-/Photovoltaikanlagen sollen gesenkt werden (siehe Information 1). Die **Nettoverkaufspreise** für Solaranlagen sinken stetig (siehe Information 3) und werden tendenziell noch weiter fallen. Die **Rohstoffpreise** für Silizium steigen (siehe Information 2). Bei den deutschen Herstellern ist ein **Absatzrückgang** zu verzeichnen, der zum einen mit der weltweiten Wirtschaftskrise und zum anderen mit der starken Konkurrenz aus Fernost, insbesondere China begründet werden kann (siehe Ausgangssituation). Die deutschen Solarstrompanel-/Photovoltaikhersteller stehen unter einem starken **Kostendruck**, ggf. muss auch Personal eingespart werden.

1.2 *Zu den hier genannten Ursachen sind selbstverständlich Alternativen möglich.*

Rückläufige Absatzzahlen und der starke Preisverfall von 4.100,00 € auf 3.500,00 € je Kilowattpeak führen zu einem enormen Rückgang der **Umsatzerlöse**.

Ein möglicher Grund für den gesunkenen **Materialaufwand** könnte die schlechte Absatzlage im Jahr 2009 sein.

Ursache für den gesunkenen **Personalaufwand** war vermutlich die Entlassung von 50 gewerblichen Mitarbeitern.

Hinter dem starken Absinken der **Abschreibungswerte** lässt sich z. B. der Grund vermuten, dass wegen der schlechten Wirtschaftslage notwendige Ersatzinvestitionen zurückgestellt und ggf. Anlagegüter, im Besonderen Produktionsmaschinen, verkauft wurden.

Die gesunkenen **Betriebssteuern** sind auf den geringeren Jahresüberschuss zurückzuführen, da es sich bei Betriebssteuern um gewinnabhängige Steuern handelt.

Der Anstieg der **Zinsaufwendungen** ist mit einem höheren Anteil an Fremdkapital zu begründen, das höher verzinst werden muss als das Eigenkapital (negativer Leverage-Effekt).

Die Veränderung der **Sonstigen Aufwendungen** ist als sehr gering zu beurteilen. Genaue Ursachen lassen sich nicht ausmachen, da es sich um eine Sammelposition handelt.

Es ist darauf zu achten, dass Rechnungen nachvollzogen werden können. Angewandte Formeln sollten dargestellt werden. Notieren Sie Nebenrechnungen! Auch scheinbar einfache Zwischenergebnisse müssen eindeutig sein, um Ihren Lösungsweg aufzuzeigen.

Die **Wirtschaftlichkeit** wird ermittelt, indem man die Leistungen zu den Kosten ins Verhältnis setzt.

Für **2008**:
$$\frac{\text{Umsatzerlöse}}{\text{Summe aller Aufwendungen}} = \frac{92.250.000,00}{81.639.474,00} = 1,13$$

Für **2009**:
$$\frac{73.500.000,00}{71.190.000,00} = 1,03$$

Die Produktivität wird ermittelt, indem man den Output zum Input ins Verhältnis setzt. Eine Form der Produktivität ist die **Arbeitsproduktivität**, die angibt, welche Menge je gewerblichem Mitarbeiter produziert wird. Entsprechend wird die hergestellte Menge zu der Anzahl der gewerblichen Mitarbeiter ins Verhältnis gesetzt.

Für **2008**:
$$\frac{\text{Hergestellte Menge}}{\text{Anzahl gewerblicher Mitarbeiter}} = \frac{22.500}{500} = 45$$

Für **2009**:
$$\frac{21.000}{450} = 46,67$$

Achten Sie bei der Erläuterung darauf, Ihre Erkenntnisse konkret auf die Kennzahlen bzw. deren Bestandteile zu beziehen. Versuchen Sie kreativ zu sein. Nicht alle Gegebenheiten des Unternehmens können in der Ausgangssituation beschrieben werden. Vielleicht fallen Ihnen Ursachen für eine Veränderung der Kennzahlen ein, die sich auch für die Sunpower AG so darstellen könnten. Zum Erhalt der vollen Punktzahl reicht die Erläuterung jeweils <u>einer</u> Ursache aus.

Erläuterung der Wirtschaftlichkeit
Für die Wirtschaftlichkeit ist festzustellen, dass die Leistungen relativ stärker abgenommen haben als die Kosten: Bei den Leistungen ist ein Rückgang um 20,3 % zu verzeichnen, die Kosten wurden hingegen nur um 12,8 % gesenkt, was das Verhältnis der Größen zueinander verändert.
Für die gesunkenen Leistungen können die niedrigeren Verkaufspreise und der auch durch die Förderkürzungen bedingte Absatzrückgang ursächlich sein.
Dass die Kosten nicht in gleichem Maße gesenkt werden konnten, kann z. B. Kapital- und Personalbindung wie auch die gestiegenen Preise für das Silizium zur Ursache haben.

Erläuterung der Arbeitsproduktivität
Die Arbeitsproduktivität ist um knapp 1,67 Stück je gewerblichem Mitarbeiter gestiegen. Das entspricht einer Steigerung von 3,7 %. Gründe dafür könnten sein, dass die Mitarbeiter aus Angst vor einem Arbeitsplatzverlust bei leichten Erkrankungen doch in den Betrieb gekommen sind oder sich deshalb mehr ange-

strengt haben, sodass die Ausschussquote reduziert wurde. Ggf. wurden aber auch Rationalisierungsinvestitionen getätigt (siehe Personalentlassungen), was zur Produktivitätssteigerung führen kann.

1.3 *Hier sollen Sie wiedergeben, worüber die drei Kennzahlen jeweils Aussagen zulassen. Da die Beschreibung laut Aufgabenstellung allgemein sein soll, nehmen Sie keinen Bezug zu den in der Tabelle genannten Werten der Sunpower AG.*

Allgemeine Beschreibung der Eigenkapitalrentabilität
Die Eigenkapitalrentabilität gibt die Ergiebigkeit des im Unternehmen eingesetzten Eigenkapitals an. Sie zeigt damit die Verzinsung des eingebrachten Kapitals und wird daher auch als Risikoprämie bezeichnet.

Allgemeine Beschreibung der Gesamtkapitalrentabilität
Die Gesamtkapitalrentabilität dagegen gibt die Ergiebigkeit des gesamten im Unternehmen eingesetzten Kapitals an. Sie trifft folglich eine Aussage darüber, wie das Gesamtkapital verzinst wird, und berücksichtigt somit auch die Höhe der Fremdkapitalzinsen.

Allgemeine Beschreibung des Cashflows
Der Cashflow zeigt, welche Finanzmittel in der Periode selbst erwirtschaftet wurden. Er gilt als Maß für die Schuldentilgungskraft eines Unternehmens. Die freien Finanzmittel können für neue Investitionen, zur Schuldentilgung und für die Gewinnausschüttung verwendet werden.

„Beurteilen" verlangt, den Stellenwert von Sachverhalten und Prozessen in einem Zusammenhang zu bestimmen, um theorie- und kriterienorientiert zu einem begründeten Sachurteil zu gelangen. Das bedeutet, Ihre Bewertung darf sowohl positive als auch negative Vorzeichen haben. Denken Sie daran, dass eine Beurteilung eine Bewertung darstellt, die deren Begründung einschließt.
Zur Beurteilung der Eigenkapitalrentabilität bietet sich eine Bezugnahme auf den Jahresüberschuss an: Dieser wird ins Verhältnis zum Eigenkapital gesetzt, um die Eigenkapitalrentabilität zu ermitteln. Bei deren Beurteilung ist folglich der Jahresüberschuss die entscheidende Größe, wenn das Eigenkapital unverändert ist. (Jahresüberschuss = Erlöse – Aufwendungen)

Beurteilung der Eigenkapitalrentabilität
Der um 78,2 %, von 10.610.526,00 € auf 2.310.000,00 €, gesunkene Jahresüberschuss bewirkt die Minderung der Eigenkapitalrentabilität von 13 % auf 3 %. Mit 3 % ist sie in 2009 zu gering. Die Eigenkapitalrendite sollte deutlich höher als der Kapitalmarktzins sein, um den Unternehmer für seine Risikobereitschaft zu entschädigen. Denn dieser ist mit seinem Kapital stärker an das Unternehmen gebunden, als er es auf dem freien Kapitalmarkt wäre, und muss folglich auch Jahre ohne Eigenkapitalverzinsung akzeptieren. Diese zusätzliche Risikoprämie ist bei einer Verzinsung von 3 % nicht gegeben, da in 2009 mindestens zu etwa gleichen Bedingungen auf dem Kapitalmarkt Geld verzinst werden konnte.

Beurteilung der Gesamtkapitalrentabilität
Auch die Gesamtkapitalrentabilität hat sich negativ entwickelt und ist mit 4,37 % gegenüber 8,11 % im Vorjahr um etwa 46 Prozentpunkte gefallen. Hierfür liegt die Ursache ebenfalls in dem sehr stark gefallenen Jahresüberschuss.

Beurteilung des Cashflows
An selbst erwirtschafteten Finanzmitteln stehen dem Unternehmen in 2009 12.797.526,00 € weniger zur Verfügung als in 2008, die für Investitionen, zur Schuldentilgung oder für die Gewinnausschüttung gebraucht werden könnten.

Die Erfolgssituation der Sunpower AG
Mit dem starken Rückgang der Umsatzerlöse, welcher durch den starken Preisverfall bedingt ist, ist der massive Einbruch beim Jahresüberschuss zu begründen. Er zeigt außerdem den insgesamt negativen Geschäftsverlauf der Sunpower AG. Die Wirtschaftlichkeit unterstreicht diesen Eindruck. Allein die Entwicklung der Arbeitsproduktivität deutet mit positivem Vorzeichen auf eine erfreuliche Entwicklung hin. Offensichtlich sind bereits Maßnahmen ergriffen worden, um der negativen Geschäftsentwicklung zu begegnen. Diese reichen jedoch noch nicht aus.

1.4 *Diese Lösung stellt eine Möglichkeit dar. Die Auswahl der Vorschläge spielt für die Punktevergabe keine Rolle. Weitere mögliche Vorschläge wären etwa Lohn-/ Gehaltskürzungen oder -verzichte sowie Vorruhestandsregelungen.*

Zur Vermeidung betriebsbedingter Kündigungen hätten unterschiedliche Maßnahmen führen können:
Es hätten **Überstunden abgebaut** bzw. **Arbeitszeitkonten ausgeglichen** werden können, wenn im Vorfeld des Booms (im Jahr 2008) Überstunden angesammelt oder Arbeitszeitkonten aufgebaut worden sind.
Einem Teil der Belegschaft hätte **Zwangsurlaub** verordnet werden können oder das Unternehmen hätte **Kurzarbeit** anmelden können. Bei der Kurzarbeit kann über eine begrenzte Zeit durch den Arbeitgeber weniger Entgelt bezahlt werden. Die Mitarbeiter verzichten auf einen Teil des Gehalts und einen weiteren Teil zahlt ihnen die Bundesagentur für Arbeit als Ausgleich. So müssen die Mitarbeiter nicht die ganze Last der Einsparungen tragen.

Aufgabe 2

2.1 Bei einer Diskussion müssen Sie auf der Grundlage einer kurzen Sachdarstellung eine Pro- und Kontra-Argumentation entwickeln, die zu einer begründeten Bewertung führt, wobei Sie die Argumente in ihrer Vorteilhaftigkeit begründen müssen. Einer Entscheidung für die Position von Frau Coen oder die von Herrn Pelz bedarf es nicht.

Mithilfe des Leverage-Effekts wird durch Ersetzen eines Teils des Eigenkapitals durch Fremdkapital das restliche Eigenkapital höher verzinst als zuvor, sofern die Gesamtkapitalrentabilität höher ist als die Fremdkapitalverzinsung. Gleiches gilt für die Finanzierung von Neuinvestitionen.

Herrn Pelz kann auf Basis der angegebenen Zahlen beigepflichtet werden: Da das Geschäftsfeld „Wind- und Wasserkraftanlagen" eine Gesamtkapitalrentabilität (14 %) erwarten lässt, die höher ist als der Fremdkapitalzinssatz (7,5 %), könnte sich die Sunpower AG den **Leverage-Effekt zunutze machen**. Es ließe sich folglich eine höhere Eigenkapitalrentabilität erzielen, als dies mit weniger Fremdkapital der Fall wäre. Da es sich bei der Sunpower AG um eine Aktiengesellschaft handelt, ist die Eigenkapitalrentabilität eine wichtige Größe für die bisherigen und für mögliche neue **Investoren**. Gerade wenn die Förderung, wie zu erwarten ist, weiter zurückgeht, ist das Ausschütten von Dividenden eine Maßnahme, Aktionäre zu halten. Zudem könnte sich dadurch ein **steuersenkender Effekt** ergeben, da die Fremdkapitalkosten den Gewinn mindern, der als Besteuerungsgrundlage dient.

Allerdings kann eine Gesamtkapitalverzinsung von 14 % nicht garantiert werden. Aspekte wie die Wirtschaftskrise oder die Änderung der Einspeisevergütung durch die Regierung stellen **Risiken** dar, die zu einer anderen Verzinsung führen können. Auch der Fremdkapitalzinssatz kann sich nach Ende der Zinsfestschreibung ändern. Wenn die Sunpower AG den Kredit dann durch einen neuen ablösen muss, weil zu dem Zeitpunkt ggf. kein Eigenkapital zur Verfügung steht, könnte der Zinssatz deutlich höher ausfallen. Diese Unsicherheiten stehen der rein finanziellen Vorteilhaftigkeit gegenüber und sprechen somit für die Skepsis von Frau Coen. Gegen das Nutzen des Leverage-Effekts spricht auch die dadurch bedingte **negative Außenwirkung:** Ein hohes Maß an Eigenkapital steht für Stabilität und Unabhängigkeit. Abhängig von der Höhe des eingesetzten Eigenkapitals sind Banken bereit, für künftige Vorhaben Kredite zu vergeben, oder sie verweigern diese. Falls nun mehr Fremd- als Eigenkapital in das Unternehmen eingebracht würde, führte das zu einer Schwächung der Unternehmensposition. Ein weiteres Argument spricht für den bevorzugten Einsatz von Eigenkapital: die enge Bindung der Eigenkapitalgeber an die Sunpower AG. Einmal in das Unternehmen eingebrachtes Eigenkapital kann nicht so einfach wieder abgezogen werden wie Fremdkapital. Die Eigenkapitalgeber sind stärker an die Sunpower AG gebunden. Unter Zukunftsgesichtspunkten ist dies ein weiteres Argument für die Stabilität des Unternehmens sowie für dessen Zuverlässigkeit, da auf dieser Basis auch **längerfristige Unternehmensentscheidungen kalkulierbar** sind. Eigen- und Fremdkapitalgeber können eher Kontinuität erwarten.

2.2 *Der Operator „entscheiden" verlangt, auf der Grundlage vorhandener Informationen eine sich aus diesen ergebende, unternehmerisch sinnvolle Entscheidung zu treffen. Dazu ist es notwendig, die vorhandenen Informationen weiter zu analysieren. So müssen Sie erkennen, worin konkret der Engpass besteht und dass die Differenzkosten zu ermitteln sind.*

Multipliziert man die Bedarfsmenge mit der jeweils benötigten Montagezeit im eigenen Betrieb, wird deutlich, dass ein **Engpass** vorliegt: Der Bedarf summiert sich auf 19.500 Minuten bei einer vorhandenen Kapazität von 16.000 Minuten. Um alle Anlagen anbieten zu können, wird ein Fremdbezug in Erwägung gezogen. Entscheidend bei der Fremdvergabe ist aber nicht, wie angenommen werden könnte, der Vergleich der absoluten variablen Kosten (variabel, da Montagekosten je Stück anfallen), sondern der der **relativen variablen Kosten**. Als relative variable Kosten werden die Kosten bei Eigenfertigung in Euro je Minute Kapazitätsbeanspruchung bezeichnet. Denn die Kapazität stellt den Engpass dar und soll betriebsintern optimal genutzt werden.

$$\text{Relative variable Kosten} = \frac{k_v \text{ bei Eigenfertigung (€)}}{\text{Kapazitätsbeanspruchung (min)}}$$

Für die Fremdvergabe können keine relativen Kosten berechnet werden, da die Fremdmontage nicht die Kapazitäten der Sunpower AG beansprucht. Es kann nur ausgerechnet werden, wie viel Euro Ersparnis pro beanspruchter Minute je Stück entstehen. Dies wird als **Differenzkostenvorteil** bezeichnet.

$$\text{Differenzkostenvorteil} = \frac{k_v \text{ fremd} - k_v \text{ eigen}}{\text{benötigte Montagezeit (min/Stück)}}$$

Anlagen	Solaranlagen	Windkraftanlagen	Wasserkraftanlagen
Stück	150	40	15
k_v bei Eigenfertigung	480,00	1.200,00	1.300,00
k_v bei Fremdmontage	600,00	1.300,00	1.500,00
Differenz Kosten/Stück	120,00	100,00	200,00
Engpass (Montagezeit (min))	80	120	180
relativer Differenzkostenvorteil bei Eigenfertigung (€/min)	1,50	0,83	1,11
Rangfolge	1	3	2

Der Differenzkostenvorteil zeigt, dass die Kapazitäten der Sunpower AG mit den Solaranlagen am wirtschaftlichsten genutzt werden können. An zweiter Stelle stehen die Wasserkraftanlagen und an dritter Stelle folgen schließlich die Windkraftanlagen.

Folglich sollte versucht werden, möglichst viele Solaranlagen selbst zu fertigen: 150 Stück (Kapazitätsbeanspruchung: 150 Stück · 80 Minuten/Stück = 12.000 Minuten).

Noch verfügbare Kapazität sollte mit der Fertigung von Wasserkraftanlagen ausgelastet werden:

$$\frac{4.000 \text{ Minuten}}{180 \text{ Minuten}} = 22 \text{ Stück}$$

Der Wert liegt über der geplanten Menge von 15 Stück. Es können folglich alle Wasserkraftanlagen selbst montiert werden:
15 Stück · 180 Minuten = 2.700 Minuten
(Kapazitätsbeanspruchung: 12.000 Minuten + 2.700 Minuten = 14.700 Minuten)

Nur für diesen Fall noch freier Kapazitäten sollte auch die Fertigung von Windkraftanlagen erfolgen. Die Restkapazität beträgt 1.300 Minuten. Geteilt durch die Beanspruchung von Windkraftanlagen (120 Minuten/Stück) ergibt sich eine mögliche Selbstmontagemenge von 10,8. Es können folglich noch 10 Windkraftanlagen selbst gefertigt werden, sodass 30 Windkraftanlagen fremdmontiert werden sollten.

2.3 *Zur Ermittlung der Kostenfunktion für die manuelle Endkontrolle sind die variablen und die fixen Kosten zu ermitteln.*

Kostenfunktion als $k(x) = k_f + k_v \cdot x$

$$k_v = \frac{\text{Gk Nov} - \text{Gk Dez}}{\text{Menge Nov} - \text{Menge Dez}} = \frac{335.000,00 - 245.000,00}{1.750 - 1.250} = 180,00 \text{ €}$$

Die **variablen Kosten** können aus der Differenz der Gesamtkosten der Monate November und Dezember berechnet werden: Die um 500 Stück (1.750 Stück − 1.250 Stück) differierende Ausbringungsmenge verursacht eine Kostendifferenz von 90.000,00 € (335.000,00 € − 245.000,00 €). Folglich verteilen sich die 90.000,00 € auf die 500 Stück (90.000,00 €/500 Stück), sodass sich variable Kosten von 180,00 € ergeben.

Die **fixen Kosten** können nun aus einer der beiden Monatskostenaufstellungen ermittelt werden:
245.000,00 € − (1.250x · 180,00 €) = 20.000,00 €

Daraus ergibt sich die Kostenfunktion K(x) manu = 20.000 + 180x

Zur Berechnung der kritischen Menge, bei der die Kosten für beide Verfahren identisch sind, müssen Sie die Kostenfunktionen gleichsetzen. Die Kostenfunktion für die automatische Montage ist in der Aufgabenstellung beschrieben.

Die Kostenfunktion für die automatische Endkontrolle lautet:
K(x) auto = 180.000 + 20x

Gleichsetzen der Funktionen:
$180.000 + 20x = 20.000 + 180x$
$160.000 = 160x$
$1.000 = x$

Ab einer Produktionsmenge von **1.001 Stück** lohnt sich die Umstellung auf das automatische Verfahren.

Die reine Nennung von Kriterien reicht hier nicht aus. Der Operator „diskutieren" verlangt, dass auf der Grundlage einer kurzen Sachdarstellung eine Pro- und Kontra-Argumentation entwickelt wird, die zu einer begründeten Bewertung führt. Die Vorteilhaftigkeit des jeweiligen Arguments für den Arbeitgeber oder Arbeitnehmer muss aus der Diskussion erkennbar sein.

Automatisierung aus betrieblicher Sicht
Aus betrieblicher Sicht ist die automatisierte Endkontrolle von Vorteil, da bei einer erwarteten Produktionsmenge von ca. 1.500 Stück je Monat (siehe Aufgabenstellung: jährlich 18.000 Anlagen) die Kostenersparnis bereits innerhalb eines Monats greift. Damit werden **Kosten gespart** und die **Produktion wird wettbewerbsfähiger**. Der **Anteil der Lohn- an den Gesamtkosten** wird geringer, sodass der Betrieb für den Fall künftiger Forderungen nach Lohnerhöhungen gerüstet ist. Des Weiteren ist eine automatisierte Endkontrolle weniger von einem möglichen **Personalausfall**, z. B. durch Streik oder Krankheit, betroffen als eine manuelle Endkontrolle. Durch den Einsatz moderner Maschinen werden der Stolz und die Identifikation der Arbeitnehmer mit der Sunpower AG gesteigert, was Einfluss auf die **Motivation der Mitarbeiter** hat.
Allerdings bindet sich die Sunpower AG durch die Anschaffung von Maschinen für die Endkontrolle auch an die **Ausnutzung dieser Anlagen**. Die Auslastung von mindestens 1.001 Stück muss folglich gewährleistet sein, auch wenn der Markt für Photovoltaikanlagen einbrechen sollte. Der höhere **Fixkostenanteil** macht die Sunpower AG außerdem weniger flexibel.
Für den Unternehmer bzw. Arbeitgeber überwiegen damit die Argumente für eine automatisierte Endkontrolle.

Automatisierung aus Sicht eines Arbeitnehmers
Aus der Perspektive eines Arbeitnehmers ist die Automatisierung vor allem mit einer Reihe von Nachteilen verbunden: Werden Arbeitnehmer durch Maschinen ersetzt, führt dies zu **Personaleinsparungen**, die Entlassungen und Versetzungen mit sich bringen. Dadurch kann der Arbeitgeber gleichzeitig mit der Begründung die Löhne niedrig halten, so nicht noch mehr Arbeitsplätze abbauen zu müssen. Sind weniger Arbeitsplätze vorhanden, ist der Arbeitgeber außerdem in einer **stärkeren Verhandlungsposition**, da der Wettbewerb um die Stellen größer ist. Wenn die Maschinen die Haupttätigkeit erledigen, werden die **Tätigkeiten monotoner** und die **Ansprüche** der Angestellten an ihre Arbeit **sinken**. Trotzdem stehen sie unter **Stress**, da es z. B. Taktzeitvorgaben gibt.

Allerdings finden sich auch aus Sicht der Arbeitnehmer schwerwiegende Argumente für das Ersetzen von Arbeitsplätzen durch Maschinen. So sichert eine bessere **Wettbewerbsfähigkeit** des Arbeitgebers auch ihre Arbeitsplätze. Des Weiteren ist ihre **Arbeit durch die Automatisierung weniger aufwendig** und anspruchsvoll, was als Erleichterung empfunden werden kann. **Je nach Komplexität der Maschinen könnte die Arbeit auch anspruchsvoller werden**, weil die Maschinen die monotoneren Aufgaben übernehmen. Der höhere Anspruch würde sich positiv auf die Weiterbildung und Lohnentwicklung auswirken.

Aus Sicht der Arbeitnehmer hängt die Bewertung einer stärkeren Automatisierung vor allem von der Veränderung seiner Tätigkeiten zum Positiven oder zum Negativen ab.

2.4 *Der Operator „erläutern" verlangt die Einordnung der Maßnahmen in den Kontext der Sunpower AG. So reicht die reine Nennung der Maßnahmen nicht aus. Vielmehr können zusätzliche Informationen oder Beispiele zur Verdeutlichung herangezogen werden. Hier wird ein exemplarischer Lösungsansatz gezeigt. Weitere Maßnahmen, die einbezogen werden könnten, sind z. B.:*
- *Analyse der Prozessdurchläufe und Optimierung, um interne Aufwendungen zu minimieren,*
- *Monitoring der Durchlaufzeiten, um Verbesserungspotenziale zu erkennen,*
- *Einführung von Produktionsprozessverbesserungen, z. B. dem Kanban-System, um Produktionskosten zu sparen,*
- *Durchführen von neuen Angebotsvergleichen,*
- *Verkürzung der Zahlungsziele; Einsatz von Factoring, um eine höhere Liquidität zu haben und so z. B. Skonto- oder Anzahlungsvorteile nutzen zu können,*
- *Anbieten eines neuen Distributionskanals, z. B. Online-Direkt-Shop,*
- *Erschließen eines neuen Marktes, z. B. in sonnenreichen Auslandsgebieten.*

Die Sunpower AG könnte z. B. auf das **Just-in-time-Verfahren** umstellen. So könnten die Kosten für das Waren- bzw. Rohstoffeingangslager gespart werden, da die Lieferungen jeweils unmittelbar in die Produktion gelangen, ohne dass eine Zwischenlagerung erfolgt. Das spart Lagerkosten. Dazu zählen die Kostenpositionen des Lagers wie z. B. eine Lagerhalle, Gerätschaften und das Personal, aber auch die Kapitalbindungskosten für das Material.

Vielleicht bestellt die Sunpower AG auch noch nicht nach der **optimalen Bestellmenge**. Mit der Orderung der jeweils optimalen Bestellmenge kann die niedrigste Bestell- und Lagerkostenkombination genutzt werden.

Zur Minderung der Lagerkosten wäre auch eine **Überprüfung des eisernen Bestands** eine mögliche Maßnahme. Eventuell wird festgestellt, dass der eiserne Bestand gesenkt werden kann. Dadurch müsste dann weniger Material gelagert werden – mit den oben genannten Vorteilen.

Eine darüber hinausgehende Einsparmöglichkeit wären hohe **Rabatte**, falls diese noch ausgehandelt werden können. Dazu könnte es hilfreich sein, einen (ggf. neuen) Angebotsvergleich durchzuführen.

Aufgabe 3

3.1 *Hier sollen Sie allgemein, das heißt ohne konkreten Bezug zur Sunpower AG, die Versorgung der Unternehmen mit Krediten aus zwei unterschiedlichen Perspektiven verdeutlichen.*

In der Wirtschaftskrise sind **Unternehmen i. A. vorsichtiger in ihrem wirtschaftlichen Handeln**, da sie fürchten, dass ihr Absatz rückläufig sein wird und nicht wieder so schnell Liquidität ins Unternehmen zurückfließt. Folglich kaufen sie weniger auf Lager oder halten Investitionen zurück. So ist es für sie oftmals auch schwierig, neues Kapital zu bekommen: Die **Banken sehen das Risiko** der Unternehmen u. U. genauso und fürchten um ihre Kredite. Daher fordern sie teils alte Kredite ein und vergeben nicht so leicht neue. Das wiederum kann die **Unternehmen** in ihrem wirtschaftlichen Handeln **noch stärker einschränken** und ihre wirtschaftliche Zurückhaltung verstärken. Dies kann dazu führen, dass Arbeitsplätze verloren gehen und die Endkunden folglich weniger konsumieren. So entsteht ein Teufelskreis. Die **Konjunktur bricht ein**. Um das zu verhindern, ist es notwendig, die Unternehmen mit finanzierbaren Krediten zu versorgen.

3.2 *Zum Ermitteln der auszuschüttenden Dividende müssen Sie die Informationen aus der Anlage mit einbeziehen.*

Die Hauptversammlung kann über die Verwendung des Bilanzgewinns entscheiden, nicht aber über die vollständige Verwendung des Jahresüberschusses. Das **Aktiengesetz** sieht vor, dass 5 % eines Jahresüberschusses in die gesetzliche Rücklage fließen müssen, solange die gesetzliche Rücklage zusammen mit den Kapitalrücklagen noch nicht 10 % des Grundkapitals beträgt (§ 150 Abs. 2 AktG). Weiter regelt das Gesetz, dass maximal 50 % des verbleibenden Gewinnbetrags in sonstige Rücklagen eingestellt werden dürfen (§ 58 Abs. 2 AktG).

Jahresüberschuss	2.310.000,00 €
– Verlustvortrag	– €
+ Entnahme aus freien Rücklagen	– €
– Einstellung in die gesetzliche Rücklage	115.500,00 €
– Einstellung in die freie Gewinnrücklage	1.097.250,00 €
= Bilanzgewinn	**1.097.250,00 €**

(= verwendbarer Ausschüttungsbetrag)

Die Summe der gesetzlichen Rücklagen und Kapitalrücklagen betrug zum Ende des Vorjahrs 5.530.526,00 €. Das entspricht knapp 9,2 % des Grundkapitals in Höhe von 60.000.000,00 €. Die Maßgabe des § 150 Abs. 2 AktG ist folglich erfüllt und es ist eine Bildung der gesetzlichen Rücklage vorzunehmen:

2.310.000,00 € · 5 % = 115.500,00 €

Es ergibt sich ein Zwischengewinn in Höhe von 2.194.500,00 € (2.310.000,00 € – 115.500,00 €). Nutzt der Vorstand nun seine Möglichkeiten gemäß § 58 Abs. 2

AktG, so wird die Hälfte (1.097.500,00 €) den freien Gewinnrücklagen zugeführt. Die verbleibenden 1.097.500,00 € stellen den Bilanzgewinn dar, der für die Dividendenausschüttung verwendet werden kann.

$$\frac{1.097.250,00\ €}{12.000.000\ \text{Aktien}} = 0,0914\ €$$

Bei 12.000.000 Aktien (60.000.000,00 € Grundkapital / 5,00 € Nennbetrag = 12.000.000 Stück) ergibt sich eine Stückdividende von 9,14 Cent. Es werden 9 Cent ausgezahlt, der Restbetrag verbleibt als Gewinnvortrag.

Bilanzgewinn	1.097.250,00 €
– 9 Cent je Aktie · 12.000.000	1.080.000,00 €
= verbleibender Gewinnvortrag	**17.250,00 €**

Diese Aufgabe geht über die allgemeine Definition von „nachweisen" hinaus: Sie müssen die These anhand einer Rechnung belegen.

Bei der offenen Selbstfinanzierung wird ein Gewinnanteil, der nicht ausgeschüttet wird, vom Unternehmen zur Selbstfinanzierung verwendet. Dieser Anteil ist als Teil des Jahresüberschusses in der Bilanz ausgewiesen, also offen.

Ausgleich eines möglichen Verlustvortrags	
+ Einstellung in die gesetzliche Rücklage	115.500,00 €
+ Einstellung in die freie Gewinnrücklage	1.097.250,00 €
– Entnahme aus Rücklagen	– €
+ neuer Gewinnvortrag	17.250,00 €
– alter Gewinnvortrag	– €
= gesamte offene Selbstfinanzierung	**1.230.000,00 €**

$$\frac{\text{Jahresüberschuss}}{2} = 1.155.000,00\ €$$

1.230.000,00 € > 1.155.000,00 €

Die Höhe der ermittelten offenen Selbstfinanzierung beträgt mehr als die Hälfte des Jahresüberschusses. Folglich ist der Teil des Jahresüberschusses, der der offenen Selbstfinanzierung dient, größer als der Teil, der ausgeschüttet wird.

3.3 *Anstelle der beiden hier ausgeführten Möglichkeiten könnten auch die Vermögensumschichtung und/oder der Abschreibungsrückfluss beschrieben werden.*

Weitere Möglichkeiten der Innenfinanzierung sind die stille Selbstfinanzierung und die Finanzierung durch Rückstellungsgegenwerte.
Im Fall der Sunpower AG bietet sich die **stille Selbstfinanzierung** an. Möglicherweise haben Vermögensgegenstände einen höheren Marktwert als in der Bilanz ausgewiesen, weil sie z. B. eine längere Nutzungsdauer haben als bei der

Abschreibung vorgesehen. Es kann sich auch um selbst geschaffene immaterielle Güter handeln, die aus handelsgesetzlichen Gründen nicht aktiviert werden dürfen. Ihr Mehrwert stellt eine stille Reserve dar und kann erst durch Veräußerung freigesetzt werden.

Bei der Selbstfinanzierung durch **Rückstellungsgegenwerte** hat das Unternehmen mehr Rückstellungen gebildet als erforderlich. Bei Inanspruchnahme/Auflösung der Rückstellungen wird dies deutlich und ein zu hoch ausgewiesener Betrag steht dem Unternehmen wieder zu Finanzierungszwecken zur Verfügung. Durch die zu hoch ausgewiesenen Rückstellungen fällt der Gewinn des Jahres, indem sie gebildet werden, geringer aus und die Steuerlast sinkt zunächst. Die Steuerzahlung wird gestundet bis zum Jahr der Auflösung.

Hier wird ein exemplarischer Lösungsansatz aufgeführt. Anstelle der drei unten ausgeführten Vorteile wären als Alternative etwa möglich:
- *Eine Beteiligungsfinanzierung würde die eigenen Anteile verwässern. Weitere Eigentümer hätten Anspruch auf Dividende und ggf. den Liquidationserlös.*
- *Die Machtverhältnisse könnten sich verschieben, wenn die bisherigen Anteilseigner nicht in gleichem Maße ihre Anteile erhöhen.*
- *Die Innenfinanzierungsmöglichkeiten sind zum Teil nicht für Dritte und damit nur beschränkt für Wettbewerber und Banken erkennbar. Somit muss das Unternehmen keine Strategien verraten, die ggf. Wettbewerbsvorteile darstellen.*

„Erläutern" verlangt, dass Sachverhalte in einen Zusammenhang gebracht werden. Bei dieser Aufgabe wird von Ihnen erwartet, dass Sie den jeweiligen Vorteil konkretisieren. Eine reine Nennung der Argumente reicht nicht aus. Sie können vielmehr weitere Informationen oder Beispiele zur Verdeutlichung heranziehen.

Gegenüber der Außenfinanzierung mit Fremdkapital ergeben sich bei der Innenfinanzierung einige Vorteile:
Ein erhöhtes Eigenkapital stärkt die **Unabhängigkeit des Unternehmens von Kreditgebern**. Diese können folglich kein Mitspracherecht einfordern, welches Entscheidungen im Unternehmen verzögern könnte. Rechenschaften gegenüber den Kreditgebern machen Arbeitsabläufe aufwendiger.

Die Innenfinanzierung mit Eigenkapital führt zu einer **höheren Kreditwürdigkeit**. Ist die Beschaffung von neuem Kapital künftig notwendig, kann dies durch das Vorweisen eines höheren Eigenkapitals abgesichert werden. So muss die Sunpower AG für künftige Kredite niedrigere Zinsen zahlen als mit einem geringeren Eigenkapitalanteil, da ein Kreditausfall entsprechend unwahrscheinlicher ist.

Ein weiteres Argument für die Innenfinanzierung auf Eigenkapitalbasis ist, dass für die Vergütung der Anteilseigner der **Nachsteuergewinn entscheidend** ist. Falls sich ein Verlust einstellt, kann die Dividende entfallen. Fremdkapitalzinsen hingegen müssen in jeder Gewinnsituation gezahlt werden und mindern damit den Jahresüberschuss. Ein geringerer Jahresüberschuss hat wiederum eine negativere Außendarstellung zur Folge.

> **Zentrale Abiturprüfung 2012 – Profil bildender Leistungskurs (NRW)**
> **Betriebswirtschaftslehre mit Rechnungswesen**

Aufgabenstellung

Beschreibung der Ausgangssituation

Die Findt AG ist ein mittelständischer namhafter Schokoladenhersteller mit Sitz in Hamm (Westfalen). Sie kann auf mehr als 100 Jahre Erfahrung mit der Herstellung von Schokoladenprodukten im Premiumsegment zurückblicken. Das Unternehmen beschäftigt in mehreren inländischen Niederlassungen etwa 200 Mitarbeiter und hat im Geschäftsjahr 2010 ca. 90 Millionen EUR Umsatz erwirtschaftet.

Das Produktionsprogramm umfasst massive und gefüllte Schokoladen, Schokoladenriegel, Pralinen und Kuvertüren (hochwertige Schokoladengrundmasse). Bisher hat die Findt AG einen guten Ruf, der sich auf hohe Qualität der Produkte und absolute Zuverlässigkeit gründet. Die Unternehmensphilosophie der Findt AG besteht darin, die Kundenwünsche mit „höchstem Schokoladengenuss" zu erfüllen.

In den zwei zurückliegenden Jahren sind jedoch im Inland erste Absatzprobleme aufgetreten, die bisher nicht durch einen erhöhten Export ausgeglichen werden konnten. Zum einen zeigen sich in der negativen Entwicklung in den Jahren seit 2009 die Auswirkungen der Finanz- und Wirtschaftskrise und zum anderen auch eine veränderte Kaufhaltung. Hinzu kommt der Trend, dass der Pro-Kopf-Verbrauch bei Süßigkeiten insgesamt leicht gesunken ist.

Um mittelfristig die gesamte unternehmerische Situation zu verbessern, plant das Unternehmen für das Jahr 2012 verschiedene strategische Maßnahmen wie z. B. Investitionen, Produktinnovationen und die Entwicklung eines neuen Marketingkonzeptes.

In diesem Zusammenhang fallen folgende Aufgaben an:
- Analyse der finanziellen Lage der Findt AG mit Hilfe des Finanzcontrollings (**Aufgabe 1**)
- Ermittlung des Verkaufspreises des neuentwickelten Produktes Maxi-Weihnachtsmann und Bestimmung des optimalen Produktionsprogramms (**Aufgabe 2**)
- Entwicklung einer umfassenden Marketingstrategie für die Findt AG (**Aufgabe 3**)

Hinweis: Rechnerische Lösungen sind auf zwei Stellen hinter dem Komma kaufmännisch zu runden. Rechenwege sind nachvollziehbar anzugeben.

Aufgabe 1   66 Punkte

Der Vorstand beabsichtigt, auf der nächsten Sitzung am 17. Mai 2012 den Finanzplan für die Monate April bis Juli 2012 (Anlage 3) eingehend zu diskutieren und Vorschläge für die Verbesserung der Finanzlage zu erarbeiten.

Zur Vorbereitung der Sitzung legt Herr Meier, der im Vorstand für Marketing verantwortlich ist, verschiedene Informationen vor (Anlagen 1 und 2).

1.1 **Fassen Sie** die zentralen Aussagen der Anlagen 1 und 2 **zusammen**, die für die Findt AG von Bedeutung sind.   10

1.2 **Beschreiben Sie** allgemein die Zielsetzung der Finanzplanung und   8
ermitteln Sie für die Findt AG die Ergebnisse der Finanzplanungen für die Monate April 2012 bis Juli 2012 (Anlage 3).   3

1.3 **Analysieren Sie** die voraussichtliche Entwicklung der Einnahmen und Ausgaben für die Monate April 2012 bis Juli 2012. Beschränken Sie sich bei Ihrer Analyse auf die Positionen Umsatzerlöse und Kreditaufnahme sowie auf die Positionen Materialaufwand und Anlagenkäufe.   12
Beurteilen Sie anschließend die finanzielle Lage der Findt AG in den Monaten April 2012 bis Juli 2012 und   6
unterbreiten Sie zwei **Verbesserungsvorschläge**.   6

1.4 Im Rahmen der Diskussion über die problematische Entwicklung der Finanzplanung stellt Herr Retep als Marketingleiter die Forderung auf, dass für zukünftige Investitionen viel mehr finanzielle Mittel aus der Unternehmung, also von innen, bereitgestellt werden müssten. Er schlägt vor, zukünftige Investitionen vollständig aus Abschreibungsrückflüssen zu finanzieren.
Frau Schnarb, die zuständig für Controlling ist, meint dazu: „Sicher können wir die Finanzierung aus Abschreibungsrückflüssen als wesentlichen Teil der Innenfinanzierung betrachten. Wir dürfen uns aber nicht darauf versteifen, alle Investitionsobjekte der Findt AG ausschließlich damit zu finanzieren."
Beschreiben Sie allgemein die Funktionsweise der von Herrn Retep vorgeschlagenen Finanzierung aus Abschreibungsrückflüssen.   7
Erläutern Sie vier Voraussetzungen dieser Finanzierungsform.   8
Beurteilen Sie die Aussage von Frau Schnarb.   6

Aufgabe 2   66 Punkte

Nachdem die angespannte finanzielle Situation der Findt AG der Geschäftsführung bekannt ist, wird die Abteilung Absatzplanung beauftragt, nach einer Lösung des Problems durch eine Veränderung des Absatzprogrammes zu suchen. Eine intensive Marktforschung der Findt AG hat ergeben, dass der „Trend XXL" auch auf dem Schokoladenmarkt Einzug halten wird. In der mittelfristigen Planung für das Weihnachts- und Ostergeschäft sind deshalb die neuen Produkte Maxi-Weihnachtsmann bzw. Maxi-Osterhase in das Produktionsprogramm aufgenommen worden.

Diese neuen Produkte sollen, wie auch alle anderen Produkte, der Unternehmensphilosophie der Findt AG entsprechen und somit die Kunden mit dem höchsten Schokoladengenuss verwöhnen. Qualitativ hochwertige Rohstoffe sollen im Produktionsprozess zu einem feinen Schokoladenprodukt des Premiummarktes kombiniert werden.

Die Produkte Maxi-Weihnachtsmann bzw. Maxi-Osterhase werden aus je 1 kg Schokoladenmasse in den Geschmacksvarianten Vollmilch-, Zartbitter- und weiße Schokolade gefertigt. Sie erhalten jeweils eine Folie als Umverpackung und einen Verpackungskarton als Präsentationsverpackung.

Diese neuen Produkte sollen am Produktionsstandort Hamm gefertigt werden. Um die notwendigen Produktionskapazitäten hierfür zu schaffen, wurde die bisher in Hamm gefertigte Produktionslinie „Pralinen" im März 2012 nach Münster ausgelagert. Durch diese Auslagerung wurden für die neuen Produkte ausreichend Produktionskapazitäten frei.

Die geplante Produktionsmenge für das Weihnachtsgeschäft 2012 beträgt 100.000 Stück.

Im Rahmen der Vollkostenrechnung soll für den Maxi-Weihnachtsmann zunächst eine Stückkalkulation durchgeführt werden. Da hierzu noch keine tatsächlichen Kosten vorliegen, orientiert sich die Abteilung Kostenrechnung für die Ermittlung der Gemeinkostenzuschlagssätze an folgenden Kosten. Diese stellen Durchschnittswerte vergangener Perioden eines vergleichbaren Produktionsverfahrens dar.

Kosten (Durchschnittswerte vergangener Perioden in Euro)

Gemeinkostenarten	Gesamt	Material	Fertigung	Verwaltung	Vertrieb
Hilfsstoffe	23.998,00	3.027,00	12.972,00	5.405,00	2.594,00
Betriebsstoffe (Gas)	16.198,00	1.094,00	12.259,00	1.751,00	1.094,00
Mietaufwendungen	9.200,00	300,00	7.000,00	1.100,00	800,00
Kalkulatorische Abschreibungen	320.000,00	26.000,00	190.000,00	78.000,00	26.000,00
Diverse Gemeinkostenarten	85.000,00	35.400,00	6.000,00	19.700,00	23.900,00
Summe	**454.396,00**	**65.821,00**	**228.231,00**	**105.956,00**	**54.388,00**

Einzelkosten in Euro
Fertigungsmaterial 250.000,00
Fertigungslöhne 300.000,00

Kostenplanung Maxi-Weihnachtsmann auf der Grundlage einer Produktionsmenge von 100.000 Stück	
Fertigungsmaterial pro Stück	Euro
Schokoladenmasse	6,00
Folie	0,20
Verpackungskarton	0,50
Fertigungslöhne pro Stück	6,00
Die Fertigungsmaterialgemeinkosten enthalten 50 % variable Kosten.	
Die Fertigungsgemeinkosten enthalten 50 % variable Kosten.	
Die Verwaltungsgemeinkosten bestehen zu 100 % aus Fixkosten.	
Die Vertriebsgemeinkosten enthalten 50 % variable Kosten.	
Die Einzelkosten sind zu 100 % variabel.	

Die Findt AG kalkuliert mit einem Gewinnzuschlag von 25 %, einem Kundenrabatt von 25 % und einem Kundenskonto von 3 %.

2.1 **Ermitteln Sie** unter Angabe des Kalkulationsschemas den Listenverkaufspreis für den Maxi-Weihnachtsmann. 20

2.2 Nachdem für die gesamte Produktionsmenge bereits Abnehmer gefunden wurden, erhält die Findt AG eine weitere Anfrage. Die Produktionskapazität für diese zusätzlich nachgefragte Menge ist vorhanden. Der Kunde ist bereit, 20,00 € für einen Maxi-Weihnachtsmann zu bezahlen.
Überprüfen Sie rechnerisch begründet, ob ein Angebot abgegeben werden sollte. Gehen Sie bei Ihrer Überprüfung von den Zahlen der Stückkalkulation (Aufgabe 2.1) aus. 10

Sollten Sie die Aufgabe 2.1 nicht gelöst haben, gehen Sie für die weiteren Berechnungen von folgenden Gemeinkosten pro Stück aus:
Materialgemeinkosten in Euro   1,63
Fertigungsgemeinkosten in Euro   4,61
Verwaltungsgemeinkosten in Euro   2,30
Vertriebsgemeinkosten in Euro   1,30

2.3 Am Produktionsstandort Münster wurden bisher nur gefüllte Schokoladen und Schokoladenriegel gefertigt.
Durch die Verlagerung der Produktlinie „Pralinen" im März 2012 ergibt sich in Münster ein vorübergehender Produktionsengpass. Bis zur Realisation einer entsprechenden Erweiterungsinvestition können nicht alle Produkte in der absetzbaren Menge produziert werden.

Mit folgenden Zahlen für den Monat April 2012 wird am Produktionsstandort Münster geplant. Die Mengen sind in Verpackungseinheiten angegeben.

	gefüllte Schokoladen	Schokoladenriegel	Pralinen	Gesamt
Verkaufspreis je Verpackungseinheit (p)	20,00 Euro	28,00 Euro	58,00 Euro	
variable Kosten je Verpackungseinheit (kv)	10,00 Euro	15,00 Euro	30,00 Euro	
Unternehmensfixe Kosten (Kf) am Standort Münster				100.000,00 Euro
Absetzbare Menge (Verpackungseinheiten)	1.300	3.500	3.000	
Produktionszeit einer Verpackungseinheit (Minuten je Stück)	3	2	10	
Monatskapazität der Fertigungsanlage (in Stunden)				350

Erstellen Sie für den Produktionsstandort Münster das optimale Produktionsprogramm und das sich daraus ergebende Betriebsergebnis für den Monat April 2012. 20

Erläutern Sie zwei Gründe, die die Findt AG veranlassen könnten, von dem rechnerisch ermittelten optimalen Produktionsprogramm abzuweichen. 6

2.4 **Beurteilen Sie** die Eignung der Vollkostenrechnung für die Angebotskalkulation und für Produktionsprogrammentscheidungen der Findt AG. 10

Aufgabe 3 48 Punkte

Im Vorstand der Findt AG wird die Positionierung der Produkte Maxi-Weihnachtsmann und Maxi-Osterhase am Markt vor dem Hintergrund der schwierigen Lage des Unternehmens diskutiert. Zwei Meinungen kristallisieren sich heraus.

1. Meinung – Vorstandsmitglied Herr Khan:
Die Produkte Maxi-Weihnachtsmann und Maxi-Osterhase sollten wie auch alle anderen Produkte der Unternehmensphilosophie der Findt AG entsprechen und somit die Kunden mit dem höchsten Schokoladengenuss verwöhnen. Qualitativ hochwertige Rohstoffe sollten im Produktionsprozess zu einem feinen Schokoladenprodukt für den Premiummarkt kombiniert werden. Die Findt AG sollte weiterhin die Premiumstrategie verfolgen und diese als Wachstumsstrategie konsequent umsetzen.

2. Meinung – Vorstandsmitglied Frau Strauß:
Die Kosten sollten vor allem vor dem Hintergrund der angespannten Liquiditätssituation deutlich gesenkt werden, um den Spielraum für weitere Preissenkungen zu erhöhen. Diese Maßnahme sollte durch verstärktes Ankurbeln des Vertriebs unterstützt werden.

3.1 **Nehmen Sie** zu den Überlegungen der beiden Vorstandsmitglieder **Stellung** und berücksichtigen Sie dabei den Pressebericht (Anlage 4). 12

3.2 Der Vorstand der Findt AG beschließt, auch weiterhin auf Wachstum durch Produkte im Premiumsegment zu setzen.
Erläutern Sie die hierfür geeignete Preisstrategie und 10
stellen Sie dar, warum eine Penetrationsstrategie vor dem Hintergrund der Unternehmensphilosophie nicht in Frage kommt. 8

3.3 **Entwickeln Sie** einen **Vorschlag** für ein Marketingkonzept der Findt AG zur Realisation ihrer Wachstumsstrategie. Beschränken Sie sich auf je zwei Maßnahmen der Produktpolitik, der Distributionspolitik und der Kommunikationspolitik. Berücksichtigen Sie in Ihrem Vorschlag die unter 3.2 erläuterte Preisstrategie. 18

Anlage 1: Pressebericht

Süßwarenmesse in Köln
[...]
von Ralf Arenz
[...]

KÖLN. Die Bundesbürger haben im vergangenen Jahr weniger Süßigkeiten gekauft. Pro Kopf sank der Verbrauch im Vergleich zum Vorjahr um 0,6 Prozent auf 30,57 Kilo, so der Bundesverband der Deutschen Süßwarenindustrie (BDSI) gestern im Vorfeld der Internationalen Süßwarenmesse in Köln. 109,73 Euro hat jeder Bundesbürger dafür ausgegeben, das entspricht einem Minus von 0,9 Prozent.

Überzeugende Gründe dafür kann die Branche nicht nennen. Der Juni und der Juli waren sehr heiß, das drückte den Schokoladenabsatz auf einen Pro-Kopf-Wert von 45,49 Euro. Andererseits war die Hitzewelle nicht lang genug, um den Eis-Absatz anzukurbeln. Er sank vielmehr leicht auf 11,66 Euro. Die Fußball-WM sorgte aber für ausgedehnte Fernsehabende oder -nachmittage, Salzgebäck legte so gleich um acht Prozent zu auf einen Wert von 7,05 Euro.

Wegen des harten Wettbewerbs im Lebensmittelhandel könnten höhere Preise kaum durchgesetzt werden, sagte der stellvertretende BDSI-Vorsitzende Tobias Bachmüller. Auch höhere Rohstoffpreise beispielsweise für Kakao, [...] Zucker oder Weizen konnte die Branche da nicht weitergeben. Vielmehr hat es im vergangenen Jahr sogar Preissenkungsrunden gegeben. Und auch im laufenden Jahr müssen die Verbraucher insgesamt kaum tiefer für Süßes in die Tasche greifen [...]. Das setze vor allem mittelständische Hersteller unter Druck.

„Ein Lichtblick ist der Export", so Bachmüller. Deutschland bleibe der Süßwarenexportweltmeister. Die Ausfuhren stiegen um 7,4 Prozent auf 1,7 Millionen Tonnen. 45 Prozent der in Deutschland hergestellten 3,7 Millionen Tonnen Süßes gehen ins Ausland. 5,3 von insgesamt 12,3 Milliarden Euro erlösen die Süßwarenhersteller im Ausland.

2011 hofft der Handel, dass er unterstützt von einer guten Konjunktur seinen Umsatz mit Süßwaren leicht über die Vorjahres-Marke von rund zwölf Milliarden Euro steigern kann. Importierte Süßwaren haben einen Anteil von 25 Prozent am deutschen Markt. [...]

Quelle: Online-Ausgabe der Kölnischen Rundschau: www.rundschau-online.de, 26.01.2011, 12:12 Uhr

Anlage 2: Grafik zur prognostizierten Preisentwicklung für den Rohstoff Kakao von November 2011 bis Juni 2013

forward curve Kakao*

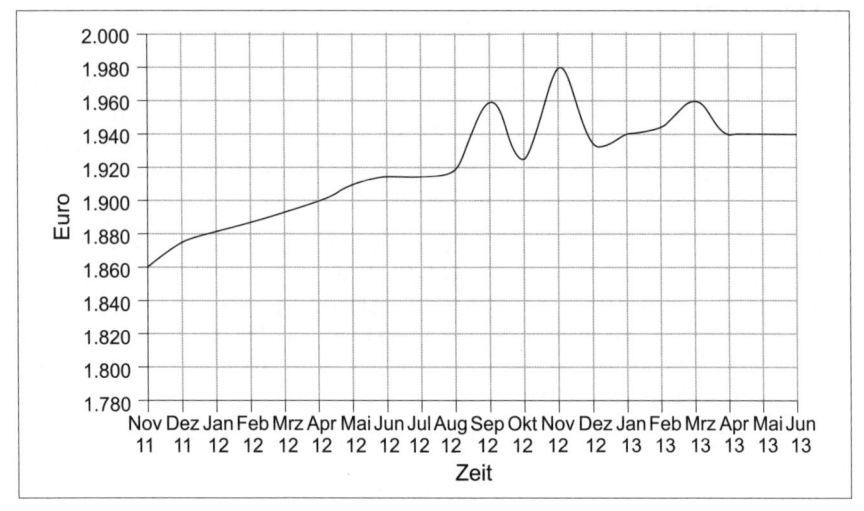

* Die Forwardkurven (forward curves) sind ein Hilfsmittel, um – basierend auf aktuellen Preisen – die zukünftige Preisentwicklung zu ermitteln.

Das Schaubild wurde selbst erstellt in Anlehnung an:
http://www.finanzen.net/rohstoffe/kakaopreis/ForwardCurve, 15. 06. 2011, 6:50 Uhr

Anlage 3: Finanzplan der Findt AG April 2012 bis Juli 2012 in Tausend EUR

Positionen	April			Mai	Juni	Juli
	Soll	Ist	Abweichung	Soll	Soll	Soll
1. Ordentliche Einnahmen						
Umsatzerlöse	7.200	7.100	−100	6.800	6.300	6.000
sonstige Erträge (Mieten, Zinsen)	50	40	−10	40	40	40
sonstige betriebliche Einnahmen	10	8	−2	8	8	8
Summe	7.260	7.148	−112	6.848	6.348	6.048
2. Außerordentliche Einnahmen						
Anlageverkäufe	50	45	−5	30	20	55
Kreditaufnahme	100	100	0	250	350	450
Summe	150	145	−5	280	370	505
Summe Einnahmen	7.410	7.293	−117	7.128	6.718	6.553
3. Ordentliche Ausgaben						
Materialaufwand	6.100	6.125	25	6.100	5.800	5.700
Personalaufwand	720	725	5	720	690	680
sonstige betriebliche Ausgaben	60	65	5	60	55	55
Summe	6.880	6.915	35	6.880	6.545	6.435
4. Außerordentliche Ausgaben						
Anlagekäufe	330	340	10	250	350	450
Kredittilgung	50	50	0	100	250	100
Summe	380	390	10	350	600	550
Summe Ausgaben	7.260	7.305	45	7.230	7.145	6.985
Ergebnis der Finanzplanung (Überschuss bzw. Defizit)						

Anlage 4: Pressebericht

Reine Kostenbremser bleiben auf der Strecke

[...] Selbst in Wirtschaftszweigen mit dramatischem Nachfrageeinbruch ist es möglich, gegen den Trend zu wachsen. Christoph Nöcker, Geschäftsführer der Unternehmensberatung Droege & Comp., betont: „Gerade die besonders gebeutelten Branchen müssen auch ihre Wachstumsfelder stärken und den Blick in die Zukunft richten. Kostensenken alleine reicht nicht aus."

Die Mehrheit der Unternehmen in Deutschland hat dies erkannt und will in der Rezession Wachstumsfelder intensiv beackern. Dies lässt sich aus dem aktuellen Handelsblatt Business-Monitor ablesen, einer Umfrage unter 779 Führungskräften deutscher Unternehmen. [...]

„Es ist eine ganz natürliche Reaktion, in Zeiten, in denen Aufträge wegbrechen, auf die Kostenbremse zu treten. Klar: Firmen müssen die Finanzierung ihrer bestehenden Geschäfte absichern. Doch wer langfristig bestehen will, muss wachsen", unterstreicht Harald Hungenberg, Professor für Unternehmensführung an der Universität Erlangen/Nürnberg. [...]

Der Handelsblatt Business-Monitor bestätigt diesen Trend: Wachstumschancen versprechen sich Unternehmen vor allem durch eine intensivere Bearbeitung ihrer bisherigen Märkte. Das tun oder planen 78 Prozent der Manager, für die eine Stärkung des Wachstums wichtiger oder zumindest genauso wichtig ist wie Kostensenken (540 der Befragten). 65 Prozent dieser Manager haben außerdem zusätzliche Märkte im Auge.

Um am Markt erfolgreich zu sein, setzen 86 Prozent dieser Unternehmen darauf, ihren Vertrieb weiterzuentwickeln. Neue Marketingkonzepte peilt mehr als jeder zweite Wachstumsstratege an.

Allerdings gibt Nöcker zu bedenken: „Den Vertrieb anzukurbeln bringt oft nur einen Effekt von drei bis sechs Monaten. Nachhaltige Umsatzsteigerungen sind nur mit wirklich innovativen Lösungen und Produkten zu erreichen." Jedes zweite befragte Unternehmen auf Wachstumskurs will so seine Produkte oder Dienstleistungen an die neuen Bedingungen anpassen oder hat dies bereits getan. Nöcker: „Manager müssen ihre Kräfte noch selektiver auf Erfolgsbringer ausrichten." Es gelte, selbst mit einem geringeren Budget für Forschung & Entwicklung noch effizienter zu werden.

In Kooperationen sehen 35 Prozent der Manager ihre Wachstumschancen. Sie wollen Allianzen, Fusionen und Zukäufe forcieren. Als weiteren Hoffnungsbringer betrachten Wachstumsstrategen neue Pricingmodelle. 43 Prozent halten es für sinnvoll, an der Preisschraube zu drehen. Nöcker: „Firmen müssen überlegen, wie sie Preise geschickt und sinnvoll erhöhen. Denn wenn sie bei sinkenden Aufträgen auch noch die Preise senken, bekommen sie ein riesiges Problem." [...]

Pressebericht von Katrin Terpitz: Reine Kostenbremser bleiben auf der Strecke. In Handelsblatt, Nr. 051, 13.03.2009, 14:26 Uhr

Lösungsvorschläge

Aufgabe 1

1.1 *Der Operator „zusammenfassen" bedeutet, dass aus den Ausgangsmaterialien die wesentlichen Aussagen zu erfassen und darzustellen sind. Auf keinen Fall soll interpretiert, ergänzt oder diskutiert werden. Das Erkennen der Hauptaussagen wird bewertet.*

Anlage 1 ist ein Zeitungsbericht über den sinkenden Absatz (um 0,6 %) und Umsatz (um 0,9 %) von Süßwaren pro Kopf in Deutschland für das Jahr 2010. Bei 30,57 kg Süßwaren für 109,73 € liegt der Durchschnitt. Ein Grund für die Abnahme wird in der heißen Sommerperiode vermutet, wegen der der Schokoladenumsatz sank. Dies konnte der Eisumsatz nicht kompensieren, weil es – dem Bericht zufolge – für einen starken Eisabsatz nicht lange genug heiß war. Weiter wird angenommen, dass aufgrund der Fußball-Weltmeisterschaft Salzgebäck die Süßwaren ein Stück weit verdrängte, worauf die Zunahme des Salzgebäckabsatzes (plus 8 %) hinweist.
Parallel dazu stiegen die Rohstoffpreise, die wegen der dargestellten Entwicklung nicht an die Verbraucher weitergegeben werden konnten. Stattdessen mussten die Preise sogar gesenkt werden. Laut dem stellvertretenden BDSI-Vorsitzenden setzt das vor allem mittelständische Hersteller unter Druck.
Entgegen der Entwicklung im Inland stiegen die Süßwarenexporte um 7,4 %. Sie machen 45 % der Gesamtproduktion und ca. 43 % des Gesamtumsatzes aus.
Für 2011 bestehen Hoffnungen des Handels, den Gesamtumsatz über die Vorjahresmarke von 12,3 Mrd. € steigern zu können.
Der Anteil importierter Süßwaren beträgt 25 %. Zu dessen Entwicklung gibt es in dem Artikel keine Angaben.

Anlage 2 stellt in einer Grafik die prognostizierte Rohstoffpreisentwicklung für Kakao für den Zeitraum von November 2011 bis Juni 2013 als Forwardkurve dar. Demnach wird der Preis von einem Niveau von 1.860,00 € im November 2011 bis August 2012 auf ein Niveau von ca. 1.920,00 € stetig steigen. Für September 2012, November 2012 und März 2013 werden der Darstellung nach drei Ausschläge nach oben bis 1.960,00 € bzw. 1.980,00 € erwartet. Im Anschluss daran wird von einem Niveau von 1.940,00 € ausgegangen.

1.2 *Beachten Sie, dass die Zielsetzung der Finanzplanung hier allgemein, d. h. ohne Bezug auf die Findt AG beschrieben werden soll.*

Eine Finanzplanung wird vorgenommen, um dem Unternehmen zu jedem Zeitpunkt die **Zahlungsfähigkeit** zu ermöglichen. Damit stellt die Finanzplanung ein wichtiges Instrument der Unternehmenssteuerung dar. Eine nicht vorhandene Zahlungsfähigkeit führt, trotz möglicherweise ausreichendem Eigenkapital und trotz Reserven, zu der Eröffnung eines Insolvenzverfahrens.

In einer Finanzplanung werden in zeitlicher Reihenfolge geplante Einnahmen und Ausgaben gegenübergestellt, um den erkennbaren **Liquiditätsbedarf** zu decken bzw. **überschüssiges Geldvermögen** sinnvoll einzusetzen. So können im Vorfeld beabsichtigter Investitionen finanzielle Mittel beschafft werden, die dann zum Zeitpunkt der Investitionen zur Verfügung stehen. Die frühzeitige Planung hat den Vorteil, dass für den Finanzbedarf ausreichend Zeit zur Verfügung steht, um das Geld auf den Finanzmärkten zu guten Konditionen zu beschaffen.
Ein Nachteil ist, dass diejenigen Ausgaben nicht berücksichtigt werden können, die **nicht längerfristig planbar** sind. So kann es durch eine zu knapp vorgehaltene Liquidität doch zu Engpässen kommen, die in dem Fall einen kurzfristigen Finanzbedarf darstellen. Dieser ist dann zu eher schlechten Konditionen mit teureren Krediten zu decken.
Grundsätzlich besteht die Herausforderung einer guten Finanzplanung darin, den Spagat zwischen ausreichender Liquidität und einer guten **Rentabilität** (bei Geldanlage) zu schaffen.

Der Finanzplan stellt die Gesamtsituation in Bezug auf die Liquiditätslage des Unternehmens dar. Entsprechend sind auch die außerordentlichen Einnahmen und Ausgaben zu berücksichtigen.

Um die Ergebnisse der Finanzplanungen für die Monate April bis Juli 2012 zu ermitteln, sind die jeweiligen Summen der Einnahmen den Summen der Ausgaben gegenüberzustellen. Daraus ergeben sich

für **April**, Soll:

7.410.000,00 € – 7.260.000,00 € = (+) 150.000,00 € (vorhandene Liquidität)

für **April**, Ist:

7.293.000,00 € – 7.305.000,00 € = (–) 12.000,00 € (fehlende Liquidität)

für **Mai:**

7.128.000,00 € – 7.230.000,00 € = (–) 102.000,00 € (fehlende Liquidität)

für **Juni:**

6.718.000,00 € – 7.145.000,00 € = (–) 427.000,00 € (fehlende Liquidität)

für **Juli:**

6.553.000,00 € – 6.985.000,00 € = (–) 432.000,00 € (fehlende Liquidität)

1.3 *Bei der Analyse ist darauf zu achten, dass logische Folgerungen aus dem Finanzplan zu ziehen sind, die sich in anderen Werten oder aber der Gesamtsituation des Unternehmens widerspiegeln. Entsprechend sind auch andere Lösungen als die hier angegebene möglich, soweit sie schlüssig formuliert sind.*

An den Sollwerten ist erkennbar, dass die Planungswerte für die **Umsatzerlöse** den saisonalen Umsatzrückgang in den Sommermonaten berücksichtigen. Demnach werden die Umsatzerlöse voraussichtlich im Mai um ca. 6 %, im Juni um ca. 7 % und im Juli um ca. 5 % sinken. Entsprechend wird mit Liquiditätsengpässen gerechnet, die vielleicht durch steigende Kreditaufnahmen kompensiert, d. h. gedeckt werden sollten.

Zudem könnte die **Aufnahme neuen Kapitals** darauf hindeuten, dass die Findt AG ihre geplanten **Anlagenkäufe** durch Aufnahme von Fremdkapital finanzieren möchte, da sich die Werte der Kreditaufnahme und der Anlagenkäufe entsprechen: im Mai 250.000,00 €, im Juni 350.000,00 €, im Juli 450.000,00 €. Andere strategische Maßnahmen wie Produktinnovationen und die Entwicklung eines neuen Marketingkonzepts könnten einen weiteren Grund für die Kapitalaufnahme darstellen.

Parallel zu den sinkenden Umsatzerlösen rechnet die Findt AG mit einem sinkenden **Material-** und **Personalaufwand**, was ursächlich zusammenhängt. Prozentual gesehen sinkt der Materialaufwand jedoch weniger stark als die Umsatzerlöse (Beispiel Juni: ca. 7 %-iger Umsatzrückgang, aber nur ca. 5 % weniger Materialaufwand). Dies könnte darin begründet sein, dass der Materialaufwand durch die steigenden Rohstoffpreise hoch bleibt.

Sonstige betriebliche **Einnahmen** und **Ausgaben** stellen keine nennenswerte Position dar; ihre Entwicklung ist nicht außerordentlich.

Die geplante **Kredittilgung** konnte im April eingehalten werden und steigt von 50.000,00 € auf 100.000,00 € im Mai und Juli. Im Juni dagegen sollen Kredite in Höhe von 250.000,00 € getilgt werden.

Überraschend erscheint der hohe **Umsatzrückgang** im April, der im Finanzplan der Findt AG eine Liquiditätsunterdeckung von 12.000,00 € gegenüber einer geplanten Überdeckung von 150.000,00 € aufweist.

Die Beurteilung muss einen Bezug zu Ihrer Analyse erkennen lassen. Unbedingt sind für das Unternehmen kritische Situationen wie der drohende Liquiditätsengpass aufzuzeigen. Achtung: Notwendige Handlungsbedarfe wie die Kapitalaufnahme zur Vermeidung eines Liquiditätsdefizits sollten nicht zu ausführlich dargestellt werden, da dies nicht Gegenstand der Aufgabenstellung ist.

Im April ist ein Liquiditätsengpass in Höhe von 12.000,00 € festzustellen, den es kurzfristig durch **Kontokorrentkredite** auszugleichen gilt. Die in den Folgemonaten geplante Liquiditätsbeschaffung wird zur Rückzahlung jedoch voraussichtlich nicht ausreichen, da in Höhe der Kreditaufnahme bereits Anlagenkäufe vorgesehen sind. Diese sind ggf. schon länger geplant und können deshalb wahrscheinlich nicht verschoben werden, sodass die zusätzliche Kapitalvorhaltung für die Monate Mai bis Juli notwendig ist. Dafür sind kurzfristige Kredite möglichst

schnell durch **mittel- oder langfristige Kredite** zu ersetzen. Für den genauen Finanzbedarf sollten die Werte der kommenden Monate grundlegend anhand der Erfahrungswerte aus dem Monat April überprüft werden.
Aufbauend auf die vorgenommene Analyse ist in den Folgemonaten nach April ebenfalls mit einem negativen Abweichen der Liquiditätsplanung zu rechnen, denn die Ursachen der Abweichung im April lassen sich auch in Zukunft erwarten: So führen die steigenden **Rohstoffpreise** zu geringeren Materialkosteneinsparungen als möglicherweise geplant (siehe Anlage 2). Zudem ist auf dem **Absatzmarkt** keine starke Belebung zu erwarten, da der Trend für Süßwaren zuletzt rückläufig war und auch für 2012 wieder eine Fußballmeisterschaft (EM) einen Absatzrückgang auf dem europäischen Markt zugunsten der Salzgebäcke erwarten lässt (siehe Anlage 1).

Die Kapitalaufnahme, wie bei der Beurteilung beschrieben, ist kein Verbesserungsvorschlag, sondern die Ableitung einer notwendigen Folgehandlung. Diesbezügliche Ausführungen bringen daher hier keine Punkte.
Zu den in diesem Lösungsvorschlag genannten Aspekten sind zahlreiche Alternativen möglich, wie z. B.
– kurzfristige Einschränkung der Produktion: Die Mitarbeiter könnten Mehrarbeitsstunden abbauen oder Minderstunden aufbauen, die in den stärkeren Monaten, z. B. von November bis März, wieder ausgeglichen werden könnten.
– Kurzarbeit in den Sommermonaten für alle Beschäftigten. Ggf. ist es für einige Produkte durch die Verknappung sogar möglich, einen höheren Verkaufserlös zu erzielen.
– Vereinbaren einer Stundung der Kredittilgung mit den Kapitalgebern, sodass niedrigere Beträge als geplant zurückgezahlt werden können.

Als Verbesserungsvorschlag kann die mittel- und langfristige Planung des Unternehmens aufgegriffen werden, in die **Entwicklung neuer Produkte** zu investieren. Hierbei sollte es sich um Produkte handeln, die als innovativ angesehen werden oder im Hochpreissegment angesiedelt sind, da sie so einen größeren preispolitischen Spielraum erlauben. Dadurch könnten zusätzliche Deckungsbeiträge generiert und eine höhere Liquidität herbeigeführt werden.
Ein weiterer Aspekt ist die **Investition in effizientere Produktionsmaschinen**, was zu Kostenvorteilen führen würde. So sind auch weitere **Rationalisierungsmaßnahmen** denkbar, z. B. die Verbesserung von betrieblichen Prozessabläufen, die Verschlankung der Produktion, das Verkürzen von Durchlaufzeiten oder Optimierungen auf der Beschaffungsseite wie die Einführung des Just-in-time-Prinzips oder die Beschaffung mit optimalen Bestellmengen.

1.4 *Auch hier sollen Sie einen bestimmten Sachverhalt unabhängig von der Ausgangssituation der Findt AG beschreiben.*

Bei der Finanzierung durch **Abschreibungsrückflüsse** gelingt es dem Unternehmen, die Anschaffung mit erfolgsneutralem Effekt über die Verkaufserlöse zu erwirtschaften.
Zunächst fließen dem Unternehmen flüssige Mittel zur Anschaffung des Vermögensgegenstandes ab. Über die Abschreibungen stellt die Anschaffung für das Unternehmen Kosten dar und mindert den Gewinn. Das Unternehmen kalkuliert diesen Aufwand dann in seine **Verkaufspreise** ein und so fließen die Mittel wieder in das Unternehmen zurück. Sind die Beträge ausgeglichen, führt dies zur **Erfolgsneutralität**.
Höhere Mittelrückflüsse sind gewinnwirksam. Den zufließenden Mitteln stehen dann direkt keine Aufwendungen gegenüber, sodass sie verwendet werden können (**Kapitalfreisetzungseffekt**). Werden mit ihnen zusätzliche Investitionen getätigt, kommt es zum Kapitalerweiterungseffekt (**Lohmann-Ruchti-Effekt**).

Es wird kein konkreter Bezug zur Findt AG verlangt. D. h., Sie sollen stattdessen Ihr allgemeines Vorwissen einbringen.

Die Finanzierung durch Abschreibungsrückflüsse funktioniert nur, wenn der Markt auch die durch die Abschreibung einkalkulierten erhöhten **Verkaufspreise akzeptiert**, die Güter also zu erhöhten Preisen gekauft werden.
Für den Fall, dass die Investitionen für neue Produkte vorgenommen wurden, müssen die Kunden die neuen **Produkte** überhaupt erst einmal **akzeptieren** – und das zu den kalkulierten Verkaufspreisen.
Eine weitere Voraussetzung ist, dass die Abschreibungswerte der **tatsächlichen Wertminderung** entsprechen. In der Praxis entsprechen sich diese Werte nur selten, da die steuerlichen und handelsrechtlichen Abschreibungsgrundsätze eine bestimmte Abnutzung (in der Regel eine gleichmäßige) unterstellen, die in der Realität aufgrund unterschiedlicher Beanspruchung so nicht gegeben ist. Auch der tatsächliche Wiederbeschaffungswert weicht häufig von dem kalkulierten ab. Ein höherer Wiederbeschaffungswert wäre in den Preisen nicht einkalkuliert worden und ließe so den Abschreibungsrückfluss nicht zu.
Zur Bestätigung des Modells müssten die liquiden Rückflüsse auch **in neue Anlagen investiert** werden. Stattdessen werden sie häufig für andere Dinge verwendet.

Nehmen Sie in Ihren Ausführungen Bezug auf die vorherigen Teilaufgaben.

Frau Schnarb als Zuständiger für das Controlling kann zugestimmt werden. In der Praxis sind die Voraussetzungen zur Finanzierung durch Abschreibungsrückflüsse nicht immer gegeben (siehe Erläuterung oben). Insofern kann sich die Findt AG nicht darauf verlassen, dass das Modell in ihrem Fall funktioniert. Die Voraussetzungen müssen folglich bei der Findt AG überprüft werden. Offensichtlich ist, dass die wichtigste Voraussetzung, der **Rückfluss über die Um-**

satzerlöse, für die Findt AG nicht gegeben ist und auch künftig nicht einfach zu realisieren sein wird: Die Branche steht unter einem starken Preisdruck und hat in der Vergangenheit die Preise sogar senken müssen, womit kein Spielraum für eine **Preiserhöhung** zur Finanzierung der Abschreibung bleibt. Die steigenden Rohstoffpreise verstärken diesen Druck noch weiter. Zudem sind die Rückflüsse grundsätzlich gefährdet, da nicht sicher ist, dass die **Produktinnovationen**, die die Findt AG plant, vom **Markt** angenommen werden.

Aufgabe 2

2.1 *„Ermitteln"* erfordert hier eine Berechnung des Listenverkaufspreises anhand der vorhandenen Daten. Dabei müssen Sie das Kalkulationsschema einsetzen.

Zunächst sind über das Verhältnis der Gemeinkosten zu den jeweiligen Zuschlagsgrundlagen die Zuschlagssätze zu ermitteln. Zuschlagsgrundlage für die Verwaltungs- und Vertriebskosten sind die Herstellkosten (des Umsatzes). Sie ergeben sich aus den Einzelkosten und den Gemeinkosten für Material und Fertigung.

Materialeinzelkosten	250.000,00 €
+ Fertigungseinzelkosten	300.000,00 €
+ Materialgemeinkosten (MGK)	65.821,00 €
+ Fertigungsgemeinkosten (FGK)	228.231,00 €
=	844.052,00 €

Gemein-kostenarten	Gesamt	Material	Fertigung	Verwaltung	Vertrieb
Summe	454.396,00 €	65.821,00 €	228.231,00 €	105.956,00 €	54.388,00 €
Zuschlagsgrundlagen					
Fertigungsmaterial		250.000,00 €			
Fertigungslöhne			300.000,00 €		
Herstellkosten des Umsatzes				844.052,00 €	844.052,00 €
Zuschlagssätze		26,33 %	76,08 %	12,55 %	6,44 %

Die Zuschlagssätze können anschließend in die Zuschlagskalkulation eingesetzt werden, um den Zielverkaufspreis für den Maxi-Weihnachtsmann ermitteln zu können. Die Kosten für das Fertigungsmaterial setzen sich dabei zusammen aus den in der Aufgabenstellung genannten Positionen.

Schokoladenmasse	6,00 €
+ Folie	0,20 €
+ Verpackungskarton	0,50 €
=	6,70 €

Fertigungsmaterial		6,70 €
+ MGK	26,33 %	1,76 €
= Materialkosten		8,46 €
+ Fertigungslöhne		6,00 €
+ FGK	76,08 %	4,56 €
= Herstellkosten		**19,02 €**
+ Verwaltungsgemeinkosten (VerwGK)	12,55 %	2,39 €
+ Vertriebsgemeinkosten (VertrGK)	6,44 %	1,22 €
= **Selbstkosten**		**22,63 €**
+ Gewinnzuschlag	25,00 %	5,66 €
= Barverkaufspreis		**28,29 €**
+ Kundenskonto	3,00 %	0,87 €
= Zielverkaufspreis		**29,16 €**
+ Kundenrabatt	25,00 %	9,72 €
= **Listenverkaufspreis**		**38,88 €**

Ein Maxi-Weihnachtsmann verursacht demnach Selbstkosten in Höhe von 22,63 € und müsste der Kalkulation folgend mit einem Listenverkaufspreis von 38,88 € angeboten werden.

2.2 *Anhand der Angaben in der Aufgabenstellung, die Sie für die weitere Rechnung heranziehen können, falls Sie sich oben verrechnet haben, können Sie überprüfen, ob die von Ihnen ermittelten Werte zumindest ungefähr stimmen. Sollten Ihre Werte erheblich davon abweichen, bietet sich ein Weiterrechnen mit den Alternativwerten aus der Aufgabenstellung an.*

Die in 2.1 durchgeführten Rechnungen zeigen, dass gemäß der vorgenommenen Kalkulation auf Vollkostenbasis mit dem angebotenen Preis von 20,00 € die Selbstkosten in Höhe von 22,63 € nicht gedeckt werden können. Dementsprechend wäre die Anfrage abzulehnen. Allerdings ist im Rahmen der Teilkostenrechnung zu überprüfen, ob nicht vielleicht ein positiver Stückdeckungsbeitrag erwirtschaftet werden kann, der zur Deckung der fixen Kosten beitragen könnte. Dazu sind alle variablen Kostenbestandteile heranzuziehen.

		Gemein-kosten		Anteil der variablen Kosten	
Fertigungsmaterial					6,70 €
+ MGK	26,33 %	1,76 €		50 %	0,88 €
= Materialkosten					
Fertigungslöhne					6,00 €
+ FGK	76,08 %	4,56 €		50 %	2,28 €
= Fertigungskosten					
= Herstellkosten					15,86 €
+ VerwGK	12,55 %	2,39 €	nur Fixkosten:	0 %	
+ VertrGK	6,44 %	1,22 €		50 %	0,61 €
= **k variabel gesamt**					**16,47 €**
Verkaufspreis					20,00 €
− k variabel					16,47 €
= **Stückdeckungsbeitrag**					**3,53 €**

Die rechnerische Ermittlung eines möglichen Deckungsbeitrags ergibt einen positiven Stückdeckungsbeitrag in Höhe von 3,53 € pro Stück. Es können also Fixkosten in dieser Höhe gedeckt werden.
Aufgrund dieser Berechnung ist der Auftrag anzunehmen und ein Angebot sollte abgegeben werden.

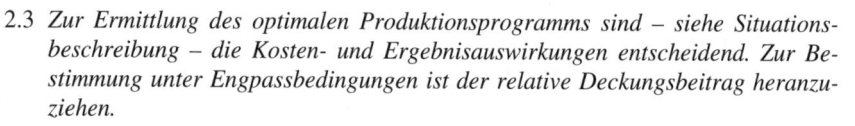

2.3 Zur Ermittlung des optimalen Produktionsprogramms sind − siehe Situationsbeschreibung − die Kosten- und Ergebnisauswirkungen entscheidend. Zur Bestimmung unter Engpassbedingungen ist der relative Deckungsbeitrag heranzuziehen.

Das optimale Produktionsprogramm stellt für die Findt AG die Produktion der rentabelsten Produkte dar; folglich solcher Produkte, mit denen der höchstmögliche Deckungsbeitrag (Db) erwirtschaftet werden kann. Da die Produktion die eigenen Anlagen unterschiedlich lang belastet, wird die zeitliche Beanspruchung als Parameter hinzugezogen. Ich untersuche folglich nicht nur, welches Produkt den absolut höchsten Deckungsbeitrag erzielt, sondern auch, welches Produkt den relativ − also pro Minute − höchsten Deckungsbeitrag erzielt. Dazu ermittle ich den Deckungsbeitrag, der je (maschinen-)beanspruchter Minute erwirtschaftet wird. Erst nachfolgend sind Produkte in das Produktionsprogramm aufzunehmen, die den nächsthöheren Deckungsbeitrag aufweisen usw.; so lange, bis entweder die nachfolgenden Produkte keinen positiven Deckungsbeitrag aufweisen oder die Produktionskapazitäten erschöpft sind.

	gefüllte Schokoladen	Schokoriegel	Pralinen
Verkaufspreis	20,00 €	28,00 €	58,00 €
– variable Kosten	10,00 €	15,00 €	30,00 €
= absoluter Db	10,00 €	13,00 €	28,00 €
Fertigungszeit in Min.	3	2	10
produzierte Stücke pro Std.	20	30	6
relativer Db pro Min.	3,33 €	6,50 €	2,80 €
relativer Db pro Std.	200,00 €	390,00 €	168,00 €
Rangfolge	2	1	3

Als **Rangfolge** sollten zunächst Schokoriegel, nachfolgend gefüllte Schokoladen und bei Restkapazitäten noch Pralinen gefertigt werden.

	gefüllte Schokoladen	Schokoriegel	Pralinen
absetzbare Menge	1.300	3.500	3.000
Zeitbedarf in Min.	3.900	7.000	30.000
Zeitbedarf in Std.	65	116,67	500
vorhandene Produktionszeit	65	116,67	168,33
Produktionsmenge	1.300	3.500	1.010

Die **Produktionsmengen** ergeben sich aus dem jeweiligen Zeitbedarf, soweit die insgesamt zur Verfügung stehende Zeit durch die zu produzierende Menge ausgeschöpft werden kann.

	gefüllte Schokoladen	Schokoriegel	Pralinen
Umsatzerlöse	26.000,00 €	98.000,00 €	58.580,00 €
variable Kosten	13.000,00 €	52.500,00 €	30.300,00 €
Deckungsbeitrag	13.000,00 €	45.500,00 €	28.280,00 €
Fixkosten			100.000,00 €
Betriebsergebnis			–13.220,00 €

Es ergibt sich ein **Betriebsverlust** in Höhe von **13.220,00 €**.

Zwei sachlogische Gründe sind zu nennen und ausreichend zu erläutern. Auch andere als die nachfolgend dargestellten Gründe sind möglich, wie etwa der Fall, in dem eines der Produkte das „Aushängeschild" des Unternehmens ist und in einer bestimmten Menge produziert werden muss, um die durch Popularität absetzbare Menge auch liefern zu können.

Von dem ermittelten optimalen Produktionsprogramm könnte die Findt AG abweichen, weil z. B. für die Pralinen oder die gefüllte Schokolade **langfristige Lieferverträge** bestehen, weshalb sie den Schokoriegeln vorgezogen werden bzw. in einer größeren Menge produziert werden müssen.
Vielleicht gibt es auch **marketingpolitische** Gründe für die beiden Produkte: Bei „Questionmarks" oder „Stars" wären Bemühungen gerechtfertigt, den Absatz zu steigern, um sie erst noch zu „Cash Cows" zu entwickeln.

2.4 *Der Operator „beurteilen" verlangt hier von Ihnen, den in der Aufgabe genannten Sachverhalt (die Eignung der Vollkostenrechnung) theorie- und kriterienorientiert zu prüfen. Das bedeutet, Ihre Bewertung kann sowohl positive als auch negative Vorzeichen haben. Denken Sie daran, dass eine Beurteilung eine Bewertung darstellt, die deren Begründung mit einschließt.*

Eignung für die Angebotskalkulation
Die Vollkostenrechnung ist nur bedingt für die Angebotskalkulation geeignet, weil sie nur die **eigenen Kosten** berücksichtigt, nicht aber die aktuelle **Situation am Markt**, also die Zahlungsbereitschaft der Kunden und die Preise der Wettbewerber.
So muss ein **niedrigerer Preis** als der durch die Vollkostenrechnung ermittelte nicht zu Verlusten führen. Ein geringerer Preis kann die Nachfrage steigern, wodurch die Produktionsmenge erhöht werden muss. Dies führt zu einer höheren Beschäftigung, sodass es auch zu einer **höheren Fixkostendeckung** kommt. Auch bei einer gleichen oder geringeren Produktionsmenge können geringere Preise kurz- oder sogar mittelfristig gerechtfertigt sein, wenn es dadurch gelingt, höhere Marktanteile zu erobern, wodurch langfristig eine größere Menge abgesetzt werden kann (und damit die Beschäftigung steigt) oder mit einer Penetrationspreisstrategie höhere Stückpreise erzielt werden können.
Die **kurzfristige Preisuntergrenze**, die der Verkauf der Erzeugnisse mindestens erzielen muss, um die variablen Stückkosten zu decken, kann mit der Vollkostenrechnung nicht bestimmt werden, da sie nicht nach fixen und variablen Kostenbestandteilen differenziert.
Wohl aber eignet sich die Vollkostenrechnung zur Angebotskalkulation, wenn es darum geht, eine **grundsätzliche Preisbestimmung** für den Markt vorzunehmen, wenn z. B. noch gar keine Informationen über die Zahlungsbereitschaft von Kunden oder Preise möglicher Wettbewerber vorliegen. Das ist bei der Neueinführung von Produkten der Fall oder wenn eine Informationsbeschaffung nicht möglich ist, z. B. weil keine Marktforschungsergebnisse vorhanden sind und sich eine eigene Erfassung nicht lohnen würde.
Auch gibt die Vollkostenrechnung eine Leitlinie, welcher Stückpreis langfristig zu erzielen ist, um kostendeckend bzw. gewinnbringend zu arbeiten. Sie stellt damit betriebsintern die **Kostensituation** dar und macht deutlich, dass nicht dauerhaft nahe der kurzfristigen Preisuntergrenze angeboten werden kann.

Eignung für die Produktionsprogrammentscheidungen
Die genannten Aspekte treffen auch auf die Eignung für Produktionsprogrammentscheidungen zu. Ist z. B. der Verkaufserlös eines Produkts auf Basis der Vollkostenrechnung nicht kostendeckend, so kann trotzdem noch ein **positiver Deckungsbeitrag**, also ein Beitrag zur Deckung der Fixkosten und für ein besseres Betriebsergebnis, erwirtschaftet werden. Aus diesem Grund ist es mit den Ergebnissen der Teilkostenrechnung ggf. sinnvoll, ein Produkt im Programm zu behalten, das nach der Vollkostenrechnung eingestellt würde.

Im Rahmen der Planungen des Produktionsprogramms stellt sich auch die Frage, ob mögliche **Zusatzaufträge** angenommen werden sollen. Kalkulationen auf Basis der Vollkostenrechnung wären in diesem Fall nicht zutreffend, da durch Zusatzaufträge die Beschäftigung steigen würde und somit die Gemeinkosten auf mehr **Kostenträger** verteilt werden müssten. Der Preis müsste an die neue Beschäftigung angepasst werden, sodass die Kalkulation wiederholt werden müsste. Das aber sieht die Vollkostenrechnung nicht vor. Die Grundlage der Kostenhöhe und -zuordnung sind Vergangenheitswerte. Träfe ein Unternehmen nur auf dieser Basis die Entscheidung über mögliche Zusatzaufträge, wären Fehlentscheidungen folglich unvermeidbar.

Aufgabe 3

3.1 *Der Operator „Stellung nehmen" verlangt, ausgehend von einem Sachurteil unter Einbeziehung individueller Wertmaßstäbe zu einem begründeten Werturteil zu gelangen. Grundlage für das Sachurteil sind hier die Ausgangssituation in Verbindung mit dem Pressetext und die Aussagen der Vorstandsmitglieder. In welchen Punkten stimmen die Aussagen der Vorstandsmitglieder mit den in der Anlage genannten überein? Stellen Sie die jeweiligen Bezüge her. Wo dies sinnvoll ist, können Sie auch die anderen Anlagen mit einbeziehen. Zusätzlich sollen individuelle Aspekte angebracht werden, also auf die Aussagen der Vorstandsmitglieder aufbauende Vorschläge.*

Meinung von Herrn Khan
Die erste Meinung unterstreicht die bisherige Ausrichtung der Findt AG mit qualitativ hochwertigen Waren im Premiumsegment. Herr Khan verlangt die Verfolgung einer **Wachstumsstrategie** (siehe Anlage 4), was bei der aktuellen Marktsituation im Inland einem **Verdrängungswettbewerb** gleichkommt, da der Süßwarenkonsum rückläufig ist und die Branche auch wegen steigender Rohstoffpreise (siehe Anlage 1) unter hohem Preisdruck steht (siehe Anlage 4). Das Wachstum sollte mit der Markteroberung durch besondere Produkte erfolgen (siehe Anlage 4). Dazu tätigt die Findt AG hohe **Investitionen** und entwickelt **neue Produkte** wie z. B. den Maxi-Weihnachtsmann und -Osterhasen (siehe Situationsbeschreibung).
Mit diesen Produkten muss die Findt AG entsprechend ihrer Qualität und für den Rückfluss der getätigten Investitionen hohe **Verkaufserlöse** erzielen. Dies kann

nicht nur durch sachliche, sondern z. B. auch durch räumliche, zeitliche oder persönliche **Preisdifferenzierungen** gelingen. Voraussetzung dafür ist, dass sich der Markt in Teilmärkte differenzieren lässt und die Kunden bereit sind, mehr zu bezahlen. Dann kann der monopolistische Preisspielraum ausgeschöpft werden und die höheren Rohstoffpreise können kompensiert werden.

Im Rahmen des Verdrängungswettbewerbs sollten auch die **Mitbewerber** genauer beobachtet und analysiert werden. Vielleicht können einzelne Betriebe aufgekauft und integriert werden oder es gibt die Möglichkeit eines Joint Ventures (siehe Anlage 4). Dadurch könnte es gelingen, stärkeren Einfluss auf das Angebot am Markt zu nehmen.

Da alle diese Maßnahmen finanziert werden müssen, benötigt die Findt AG zunächst zusätzliches Kapital und muss bei der konsequenten Beibehaltung der Strategie auch eine **Kapitalerhöhung** zur mittel- und langfristigen Finanzierung in Betracht ziehen.

Meinung von Frau Strauß

Die zweite Meinung verfolgt ebenfalls das **Ziel des Wachstums**, allerdings durch Eingehen des **Preiskampfes**, der am Markt herrscht. Möglich werden soll dies durch massive **Kosteneinsparungen**, womit auch die Liquiditätssituation verbessert wird (siehe Anlage 4 und Situationsbeschreibung).

Mit dieser Ausrichtung würde die Findt AG ihre Strategie ändern und am Markt ihre **Glaubwürdigkeit** riskieren. Die Kunden könnten nach anfänglich stärkeren Käufen Zurückhaltung üben, da sie weitere Preissenkungen erwarten würden. Ebenfalls würde die gute Qualität der Produkte weniger Anerkennung finden, da ein geringerer Preis eine nachlassende Qualität suggerieren kann. Das hätte die Abwanderung qualitätsbewusster Kunden zur Folge.

In Anbetracht der angespannten Liquiditätssituation sind die Kosteneinsparungen aber sehr sinnvoll. Dahingehende Möglichkeiten wie z. B. Rationalisierungsmaßnahmen sollten ausgeschöpft werden.

Eine weitere Möglichkeit wäre die Ankurbelung des Absatzes durch Maßnahmen im Vertrieb (siehe Anlage 4). Es könnten zusätzliche Vertriebsmitarbeiter eingestellt oder Verkaufsanreize durch Provisionen für zusätzlich verkaufte Produkte geschaffen werden. Ob sich diese Maßnahmen langfristig rechnen, müsste kalkuliert werden, kann aber im Rahmen der hier verfügbaren Informationen nicht beurteilt werden. **Verkaufsfördernde Maßnahmen** wie Sales Promotion wären nur kurzfristig wirksam und würden damit nur bedingt zur Verbesserung der Unternehmenssituation beitragen (siehe Anlage 4).

3.2 *Hier sollen Sie ein theoretisches Modell in den Kontext der Findt AG einordnen. Aus Ihren Ausführungen muss einem Laien deutlich werden, worum es sich bei der Strategie handelt und warum sie sich für die Findt AG eignet.*

Die geeignete Preisstrategie ist die **Premium-** oder **Hochpreisstrategie**. Sie zeichnet sich dadurch aus, dass sie einen im Vergleich zu den Wettbewerbern höheren Preis am Markt festsetzt. Damit verzichtet das Unternehmen auf die

preisbewusste Käuferschicht und auf hohe Absatzzahlen. Vielmehr wird der Gewinn durch **höhere Margen** bei weniger hohen Absatzzahlen generiert. Die Käufer sind nur bereit, diesen Aufschlag zu zahlen, wenn sie entsprechende Qualität oder Besonderheiten bekommen, die ihnen günstigere Produkte nicht bieten. Die Produkte der Findt AG brauchen folglich **Alleinstellungsmerkmale**. Bei der Findt AG könnten der Maxi-Weihnachtsmann und -Osterhase solche Produkte darstellen. Denkbar wären auch neue Geschmacksrichtungen oder Verpackungen zu bestimmten Anlässen, die der Wettbewerb so nicht anbietet.
Hilfreich bei Anwendung dieser Strategie ist auch eine geringe Preissensibilität der Kunden, was sich in einer relativ **geringen Preiselastizität** ausdrückt, sodass Preisanpassungen nach oben möglich sind. Die geringe Preissensibilität findet sich vor allem bei Luxusgütern im Premiumsegment, da hier Kaufentscheidungen nur nachrangig über den Preis gesteuert werden. Vorrangig sind es die herausragenden Qualitätsaspekte, die auch die Findt AG für ihre Produkte beansprucht (siehe Beschreibung der Ausgangssituation).

„Darstellen" verlangt von Ihnen eigentlich nur die Wiedergabe eines bekannten Sachverhalts. Hier ist es jedoch wichtig, einen Bezug zur Findt AG herzustellen, da mit dem Zusatz „vor dem Hintergrund der Unternehmensphilosophie" deutlich darauf hingewiesen wird.

Bei der **Penetrations(preis)strategie** wird bei dem Verkaufsstart eines Produkts mit einem niedrigen Preis begonnen und nach erfolgreicher Markteinführung der Preis nach und nach angehoben. Das ist dann möglich, wenn die Kunden von der Qualität überzeugt sind und nach einer Gewöhnung an das Produkt dazu bereit sind, mehr zu bezahlen.
Diese Vorgehensweise ist für die Findt AG ungeeignet, weil diese nicht erst den Markt von der Qualität der Produkte überzeugen muss, sondern als **Premiumanbieter** bekannt ist. Ungewohnt niedrige Preise würden am Markt eher Verunsicherung auslösen, als mittelfristig Kaufanreize zu schaffen. Immerhin steht die Marke „Findt" für Qualität, und da ist es für den Käufer selbstverständlich, dass ein entsprechender Preis verlangt wird.
Zudem sind die neuen Produkte (Maxi-Osterhase und -Weihnachtsmann) **Saisonwaren**, bei denen es nicht möglich ist, eine Markteinführungsphase abzuwarten.

3.3 *Hier wird ein exemplarischer Lösungsansatz gezeigt. Bei der Entwicklung des Vorschlags ist es wichtig, den Bezug zum vorherigen Aufgabenteil herzustellen, also die Premiumpreisstrategie einzubeziehen. Zudem muss die Sinnhaftigkeit der vorgeschlagenen Maßnahmen deutlich werden.*

Produktpolitik
Eine Maßnahme, mit der die Findt AG das Wachstum im Hochpreissegment realisieren kann, ist die **Produktdifferenzierung**. Dazu sind Produktneuentwicklungen notwendig, um mit innovativen Produkten mit hohem Qualitätsniveau

mehr Verkaufserlöse zu erzielen. Die Maxi-Osterhasen und -Weihnachtsmänner sind ein Beispiel dafür. Um die schwachen Sommermonate zu kompensieren, könnten auch besondere Sommerschokoladen entwickelt werden, z. B. mit Keksumhüllung, damit sie nicht so schnell schmelzen. Zudem wären Produkte denkbar, die nicht so sehr saisonalen Schwankungen unterliegen wie z. B. Produkte mit neuen Geschmacksrichtungen.

Eine zweite Maßnahme wäre die (laterale oder horizontale) **Produktdiversifikation**. Dabei wird ein weiteres Produkt in das **Produktportfolio** übernommen, das nicht unbedingt mit den anderen Produkten des Unternehmens in Verbindung steht, sich aber unter der Marke möglicherweise gut verkaufen lässt. Als Beispiel wäre ein Gebäck zu nennen, das im Sommer statt oder zusätzlich zur Schokolade angeboten würde. Vielleicht wäre auch Salzgebäck im Sortiment denkbar, was sich bei steigenden Absatzzahlen zu einem neuen Geschäftszweig entwickeln könnte. Da die Findt AG für die Produktion dieser Waren keine Kompetenzen besitzt, müsste sie diese Produkte wahrscheinlich **fremdfertigen** lassen und einen hohen Wert auf die Qualitätsprüfung legen. Da die Erfahrungen in diesem Bereich fehlen, würde das für die Findt AG eine große Herausforderung darstellen.

Distributionspolitik
So wie es aus der Modebranche bekannt ist, könnte auch die Findt AG eigene **Verkaufsflächen** (Shops) eröffnen oder als Franchisekonzept anbieten. Damit könnte es gelingen, die Exklusivität der Findt AG-Produkte herauszustellen und durch eine entsprechende Ausstattung der Verkaufsflächen ein Verkaufserlebnis zu vermitteln, das das Image der Findt AG bestätigt und die Kaufbereitschaft bei höheren Preisen fördert. Dort könnte auch eine **Beratung** erfolgen, wenn bestimmte Produkte vielleicht als Geschenke einem besonderen Geschmack oder einer bestimmten Altersgruppe entsprechen oder eine eigene Verpackung erhalten sollen.

Möglich wäre auch der **Online-Verkauf** als zusätzlicher Distributionsweg. Den Kunden würde der Vorteil des vollständigen Sortimentangebots geboten, welches aufgrund der Vielfalt vielleicht an anderen Verkaufsorten nicht gewährleistet werden kann. Zudem könnte der Kunde von zu Hause aus zugreifen und sich den Aufwand für die Fahrt zum Feinkost- oder Süßwarenspezialitätenladen sparen. Auch ein Versand als Geschenk direkt an den Geschenkadressaten ist denkbar, mit entsprechender Grußkarte als zusätzlichem Service. Vorstellbar sind sogar individuelle Produktvariationen, z. B. der (Vor-)Namenszug in der Schokolade etc. Das alles wäre ein Service, den ein Geschäft vor Ort nicht bieten könnte, und er würde ausreichend Argumente schaffen, um die Kunden einen hohen Preis zahlen zu lassen und damit dem Image der oftmals günstigeren Internetalternative entgegenzuwirken.

Kommunikationspolitik
Um zahlungskräftige und qualitätsbewusste Kunden zu erreichen, sollte für die Werbung ein **Werbeträger** ausgewählt werden, der der Zielgruppe zugänglich ist. Geeignet sind Fachzeitschriften, die den Luxus und die Lebensfreude in den

Vordergrund stellen und eher die Käuferschicht über 25 Jahre ansprechen, da jüngere Käufer häufig nicht über die notwendigen finanziellen Mittel verfügen oder nicht die entsprechende Kaufbereitschaft mitbringen. Die Zielgruppe sind eher Menschen, die bewusst und in Maßen konsumieren, vielleicht auch weil sie gesundheitsbedingt darauf achten sollten.

Eine weitere denkbare Maßnahme wäre die **Verkaufsförderung** in Märkten des Groß- und Einzelhandels. Bei der Händlerpromotion werden im Großhandel zunächst die Händler von den Alleinstellungsmerkmalen der Produkte überzeugt. Wenn das gelungen ist, werden die Einzelhändler versuchen, auch in ihren Märkten den Verkauf der Waren und somit ihren eigenen Umsatz zu stärken. Dabei kann die Findt AG sie mit zahlreichen Hilfen unterstützen: Sie kann Verkaufsstände, Plakate und Probierstände zur Verfügung stellen oder die Verkäufer schulen. Es kann auch Personal der Findt AG in die Märkte geschickt werden, um den Endkunden optimal beraten zu können.

**Zentrale Abiturprüfung 2013 – Profilbildender Leistungskurs
Betriebswirtschaftslehre mit Rechnungswesen und Controlling**

Aufgabenstellung

Beschreibung der Ausgangssituation der Coffee Company AG im Februar 2013

Die Coffee Company AG (kurz: CoCo AG) ist ein traditionsreicher Hamburger Kaffeeproduzent. Das Produktions- und Absatzprogramm umfasst klassische Kaffeesorten wie z. B. Arabica- und Robusta-Filterkaffee. Um im oligopolistischen Markt neben den drei größten Herstellern bestehen zu können, ist es notwendig, aktuellen Trends zu folgen bzw. eigene Produktideen am Markt durchzusetzen.

So wurde in jüngerer Vergangenheit biologisch angebauter Kaffee ins Produktionsprogramm aufgenommen. Dieser Kaffee wird in drei Formen angeboten: als traditioneller Bohnenkaffee, als Kaffee-Pads und als löslicher Kaffee.

In jüngster Zeit hat die CoCo AG eine Lizenz zur Herstellung von Kaffee-Kapseln für Kaffeekapselmaschinen eines führenden Herstellers erworben. Ziel ist es, die Gewinnmöglichkeiten dieses noch recht neuen und lukrativen Marktsegments auszuschöpfen. Eine Besonderheit dieser Kaffee-Kapseln, die unter der Marke BioCaps angeboten werden sollen, ist ihre vollständige biologische Abbaubarkeit. Positiv verlaufene Verhandlungsgespräche mit großen deutschen Handelsketten und führenden Discountern bestärkten die Unternehmensleitung der CoCo AG in ihrem Vorhaben.

Vor diesem Hintergrund untersucht die CoCo AG die aktuelle Erfolgssituation bestimmter Produktfelder und trifft Entscheidungen über die Annahme von Aufträgen (**Aufgabe 1**).

Im Bereich des jungen Marktsegments der Kaffee-Kapseln müssen preis- und absatzpolitische Maßnahmen ergriffen und die gesetzlichen Vorschriften im Hinblick auf die Wettbewerbssituation geprüft werden (**Aufgabe 2**).

Um der erwarteten Nachfrage gerecht zu werden und um den hohen Technologiestandard zu erhalten, müssen Entscheidungen zur Finanzierung von Ersatz- bzw. Erweiterungsinvestitionen getroffen werden (**Aufgabe 3**).

Hinweis: Wenn nichts anderes angegeben ist, sind rechnerische Lösungen auf zwei Stellen hinter dem Komma kaufmännisch zu runden. Rechenwege sind nachvollziehbar anzugeben.

Aufgabe 1   71 Punkte

Die Abteilung Rechnungswesen stellt für die Bearbeitung der unten stehenden Aufgaben die in der **Anlage 1** abgebildete Ergebnistabelle des Monats Februar 2013 und den folgenden Auszug aus dem BAB des gleichen Monats zur Verfügung.

BAB der CoCo AG, Februar 2013

Gemeinkosten	Kostenstellen			
	I. Material	II. Fertigung	III. Verwaltung	IV. Vertrieb
750.920,00 €	88.380,00 €	450.110,00 €	144.750,00 €	67.680,00 €
Ist-Zuschlagssätze in %	19,47	141,50	11,25	5,26

Zusätzlich sind folgende Informationen zu Ereignissen bekannt, die zu Beginn des Jahres 2013 eingetreten sind:

Ereignisse zu Beginn des Jahres 2013:
- Im Monat Februar 2013 wurden kurzfristig einige Investitionen getätigt, um festgestellte Mängel im Produktionsablauf zu beseitigen.
- Das Reinigungsunternehmen, das mit der regelmäßigen Reinigung der Produktionshalle beauftragt wurde, hat zum 1. Februar 2013 die Reinigungskosten um 5 % erhöht.
- Die Miete für die Produktionshalle wurde zum 1. Februar 2013 um 10 % erhöht.
- Anfang Januar 2013 kündigte aus persönlichen Gründen ein angestellter Mitarbeiter aus dem Rohstofflager. Durch einen Aufhebungsvertrag wird die Kündigung des Mitarbeiters zum 31. Januar 2013 wirksam. Die Stelle soll vorläufig nicht neu besetzt werden.
- Ende Januar 2013 endet die betriebsgewöhnliche Nutzungsdauer eines Gabelstaplers. Dieser wird aber weiterhin im Rohstofflager eingesetzt, eine Ersatzinvestition unterbleibt daher zunächst.

1.1 **Beschreiben Sie** allgemein die Aufgabe der Abgrenzungsrechnung. Gehen Sie dabei auf die Begriffe „Unternehmensergebnis (Gesamtergebnis)", „neutrales Ergebnis", „kalkulatorische Kosten" und „Betriebsergebnis" ein.   14

Erklären Sie anhand der Ergebnistabelle der CoCo AG (**Anlage 1**) das Zustandekommen der unterschiedlichen Wertansätze der Positionen „Abschreibungen auf Sachanlagen" und „Zinsaufwendungen" im Rechnungskreis I und im Rechnungskreis II.   6

1.2 In der CoCo AG werden auf der Basis der Ergebnistabelle und des BAB in einer Kostenträgerzeitrechnung die Istkosten für Februar 2013 ermittelt und durch Vergleich mit den Normalkosten Kostenabweichungen festgestellt.

Die CoCo AG entnimmt die Einzelkosten für Material (6000 Aufwendungen für Rohstoffe) und Fertigung (6200 Löhne) sowie die Bestandsveränderungen an fertigen Erzeugnissen (5202) und die Umsatzerlöse (5000) der Ergebnistabelle.

Die Gemeinkosten werden dem BAB entnommen.

Es wird mit folgenden Normalzuschlagssätzen kalkuliert:
Materialgemeinkostenzuschlagssatz:	23,50 %
Fertigungsgemeinkostenzuschlagssatz:	130,90 %
Verwaltungsgemeinkostenzuschlagssatz:	11,60 %
Vertriebsgemeinkostenzuschlagssatz:	4,20 %

Die Herstellkosten des Umsatzes bilden die Zuschlagsgrundlage für die Verwaltungs- und Vertriebsgemeinkosten. Die Einzelkosten und die Bestandsveränderungen in der Normal- und Istkostenrechnung sind identisch.

Ermitteln Sie mit Hilfe der Kostenträgerzeitrechnung (**Anlage 2**) die Ist- und Normalkosten für den Monat Februar 2013, das Betriebsergebnis sowie die jeweiligen Kostenüber- bzw. Kostenunterdeckungen.
(**Die Ergebnisse sind auf ganze Euro-Beträge zu runden.**) 16
Analysieren Sie unter Bezugnahme auf die Ereignisse zu Beginn des Jahres 2013 die Ergebnisse der Kostenträgerzeitrechnung (**Anlage 2**) für Februar 2013 im Hinblick auf mögliche Ursachen für die Kostenabweichungen bei den Materialgemeinkosten und Fertigungsgemeinkosten. 10
Entwickeln Sie einen **Vorschlag**, wie die CoCo AG auf die Kostenabweichung in der Kostenstelle Fertigung reagieren sollte. 6

1.3 Ein großer Discounter prüft, ob er eine neue lösliche Kaffeespezialität (Instant Kaffee) in sein Verkaufssortiment aufnehmen soll.
Er plant, das zum bisherigen Produktionsprogramm der CoCo AG zählende Produkt „CoCo Instant Cappuccino" unter einem anderen Namen zu verkaufen.
Für einen Testmarkt in NRW wird der Artikel „CoCo Instant Cappuccino" als Zusatzauftrag mit 25.000 Dosen zu je 500 g vom Discounter angefragt. Der Discounter akzeptiert jedoch nur einen Sonderpreis, der 0,35 € unter dem regulären Verkaufspreis pro Dose liegt.
Bei erfolgreichem Test stellt der Discounter eine regelmäßige Absatzmenge von 70.000 Dosen zu je 500 g im Monat zum vereinbarten Sonderpreis in Aussicht.

Die Betriebsergebnisrechnung der CoCo AG weist für den Monat Februar 2013 folgende Daten für die Kostenträger im Bereich „lösliche Kaffeespezialitäten" aus.

	CoCo Instant Coffee	CoCo Instant Cappuccino
Abgesetzte Menge	280.275 Dosen zu je 500 g	127.800 Dosen zu je 500 g
Maximalkapazität der Anlage	290.000 kg pro Monat	
Umsatzerlöse	504.495,00 €	255.600,00 €
variable Kosten	306.667,50 €	172.530,00 €
erzeugnisfixe Kosten	99.600,00 €	95.820,00 €
Betriebsergebnis	98.227,50 €	−12.750,00 €

Beide Sorten werden auf derselben Anlage gefertigt. Die abgesetzten Mengen für Februar 2013 entsprechen den durchschnittlichen Absatzmengen eines Monats.

Entscheiden Sie begründet sowohl unter kostenrechnerischen als auch unter absatzpolitischen Aspekten, ob die CoCo AG den Zusatzauftrag des Discounters annehmen soll. 11

Beurteilen Sie rechnerisch begründet die Auswirkungen einer erfolgreichen Testphase bei dem Discounter mit der entsprechenden Realisierung der in Aussicht gestellten Absatzmengen. 8

Aufgabe 2 60 Punkte

Im Rahmen der Markteinführung der biologisch abbaubaren Kaffeekapseln (BioCaps) setzt sich die Marketingabteilung der CoCo AG mit absatzpolitischen Fragen in Bezug auf das neue Produkt auseinander. Neben einigen Ergebnissen aus eigener Marktforschung liegt der CoCo AG die ARAL Kaffee-Studie aus dem Jahr 2011 vor (**Anlage 3**).

2.1 **Beschreiben Sie** allgemein die Begriffe „Streukreis", „Werbebotschaft" und „Werbeträger/Werbemittel" als wesentliche Bestandteile eines Werbeplans. 9

Entwickeln Sie unter Berücksichtigung der Informationen der ARAL Kaffee-Studie einen **Vorschlag** für einen Werbeplan für die Einführung der BioCaps. Beschränken Sie sich dabei auf die oben genannten drei wesentlichen Bestandteile des Werbeplans. 15

2.2 Die CoCo AG wird in jüngster Zeit mit folgenden Problemen konfrontiert:
- Nach Skandalen über Preisabsprachen der Kaffeeröster und mit Maltodextrin* gestrecktem Kaffee ist das Image der gesamten Kaffeebranche angeschlagen.
- Um sich von der Konkurrenz abzugrenzen und auf dem hart umkämpften Kaffeemarkt zu bestehen, ist es für die CoCo AG wesentlich, bestehende Kundenbindungen zu festigen und Neukunden zu gewinnen, die bereit sind, für nachhaltig hergestellte Produkte einen höheren Preis zu bezahlen.
- Die Personalabteilung der CoCo AG klagt, dass es immer schwieriger wird, den Bedarf an gut ausgebildeten und hochqualifizierten Mitarbeitern zu decken, und befürchtet, dass sich diese Situation aufgrund des prognostizierten Fachkräftemangels weiter verschärfen wird.

Daher hat die Geschäftsleitung der CoCo AG die Marketing-Abteilung mit der Durchführung einer breit angelegten Corporate Social Responsibility (CSR)-Kampagne (**Anlage 4**) beauftragt.

* *Maltodextrin ist ein Streckmittel bei der Herstellung von Kaffee.*

Entwickeln Sie im Rahmen einer CSR-Kampagne insgesamt drei **Vorschläge** für Aktivitäten, die zur Lösung der obigen Probleme beitragen können. 12

2.3 Einige Zeit nach Einführung der BioCaps schaltet ein neuer Konkurrent der CoCo AG, die im vergangenen Jahr neu gegründete EcoCoffee OHG, im Zuge einer Werbekampagne eine aus der Sicht der CoCo AG problematische Anzeige (**Anlage 5**). Die Rechtsabteilung der CoCo AG behauptet, dass diese Anzeige in mehreren Bestandteilen gegen das *Gesetz gegen den unlauteren Wettbewerb* verstößt.

Arbeiten Sie unter Bezugnahme auf das *Gesetz gegen den unlauteren Wettbewerb* (**Anlage 6**) vier Bestandteile der Anzeige der EcoCoffee OHG (**Anlage 5**) **heraus**, auf die die Behauptung der Rechtsabteilung zutreffen könnte. 16

Erläutern Sie insgesamt vier mögliche rechtliche Schritte der CoCo AG und Konsequenzen für die EcoCoffee OHG, die sich aus einem Verstoß gegen das *Gesetz gegen den unlauteren Wettbewerb* ergeben würden. 8

Aufgabe 3 49 Punkte

Die CoCo AG plant zur Kapazitätserweiterung die Errichtung einer neuen Produktionsstätte mit modernen, vollautomatischen Produktionsanlagen. Hier sollen unter anderem die Kaffeekapseln produziert werden. Das Investitionsvolumen beträgt 38 Mio. EUR.

Die Unternehmensleitung der CoCo AG hat sich entschieden, die Finanzierung dieser Investition ausschließlich durch Eigenfinanzierung vorzunehmen.

In diesem Zusammenhang beschließt die ordentliche Hauptversammlung der CoCo AG auf Empfehlung des Vorstandes eine Erhöhung des Grundkapitals von 32 Mio. EUR auf 40 Mio. EUR durch Ausgabe von 1,6 Mio. jungen Aktien mit einem Nennwert von je 5,00 EUR. Der Börsenkurs der alten Aktien liegt bei 22,00 EUR, der Emissionskurs der neuen Aktien wird auf 16,00 EUR festgelegt.

Emissionskosten sollen unberücksichtigt bleiben.

Die vereinfachte Bilanz der CoCo AG weist <u>vor</u> der Kapitalerhöhung folgende Werte aus:

A	vereinfachte Bilanz der CoCo AG **vor** der Kapitalerhöhung		P
A. Anlagevermögen		**A. Eigenkapital**	
Verschiedene Posten des Anlagevermögens	175.102.650	I. Gezeichnetes Kapital	32.000.000
B. Umlaufvermögen		II. Kapitalrücklagen	24.689.000
Verschiedene Posten des Umlaufvermögens	11.860.400	III. Gewinnrücklagen	12.546.800
Liquide Mittel	679.504	IV. Gewinnvortrag	125.400
		V. Jahresüberschuss	2.540.770
C. Rechnungsabgrenzungsposten	1.540.000	**B. Rückstellungen**	1.200.584
		C. Verbindlichkeiten	114.300.000
		D. Rechnungsabgrenzungsposten	1.780.000
Summe	**189.182.554**	**Summe**	**189.182.554**

3.1 **Beschreiben Sie** allgemein drei Vorteile der Eigenfinanzierung in Abgrenzung zur Fremdfinanzierung. 12

3.2 **Erstellen Sie** für die CoCo AG eine Bilanz nach der Kapitalerhöhung (**Anlage 7**). 11

3.3 Die Aktionärin Frau Vorst hält in ihrem Aktiendepot seit vielen Jahren auch eine Position von 280 Aktien der CoCo AG. Sie erfährt auf der Hauptversammlung von der anstehenden Kapitalerhöhung und überlegt, ob sie alle ihre Bezugsrechte ausüben oder diese verkaufen soll.
Erläutern Sie die Konsequenzen dieser beiden Möglichkeiten sowohl im Hinblick auf die Höhe ihres Vermögens (mit rechnerischem Nachweis) als auch auf ihre Rechte als Aktionärin. 16

3.4 Die Kapitalerhöhung allein reicht nicht aus, um die für die Investitionen erforderlichen finanziellen Mittel aufzubringen.
Weisen Sie nach, dass durch Beschluss von Aufsichtsrat und Vorstand die notwendigen Mittel zur Finanzierung der Investition auch gegen den Willen der Aktionäre ausschließlich durch Innenfinanzierung aufgebracht werden können (**Anlage 8**). 10

Anlage 1

Ergebnistabelle der Coffee Company (CoCo) AG – Monat Februar 2013 in Euro

	Rechnungskreis I		Rechnungskreis II					Kosten- und Leistungsrechnung	
	Werte der Finanzbuchhaltung		Abgrenzungsrechnung						
			unternehmensbezogene Abgrenzungsrechnung		betriebsbezogene Abgrenzungsrechnung (bzw. kostenrechnerische Korrekturen)				
Konto	Aufwendungen	Erträge	betriebsfremde Aufwendungen	betriebsfremde Erträge	betriebl. außerordentliche Aufw.	betriebl. außerordentliche Erträge		Kosten	Leistungen
5000 Umsatzerlöse		1.689.100,00							1.689.100,00
5202 Bestandsveränderungen an fertigen Erzeugnissen		23.800,00							23.800,00
5460 Erträge aus dem Abgang von Gegenständen des Anlage- und Umlaufvermögens		9.650,00		9.650,00					
5710 Zinserträge		10.300,00		10.300,00					
5800 Außerordentliche Erträge		2.770,00		2.770,00					
6000 Aufwendungen für Rohstoffe	453.930,00							453.930,00	
6020 Aufwendungen für Hilfsstoffe	131.280,00							131.280,00	
6030 Aufwendungen für Betriebsstoffe	15.120,00							15.120,00	

(Fortsetzung Anlage 1)

6200	Löhne	318.100,00							318.100,00
6300	Gehälter	74.360,00							74.360,00
6400	Arbeitgeberanteil zur Sozialversicherung	92.530,00							92.530,00
6520	Abschreibungen auf Sachanlagen	197.500,00		12.500,00		185.000,00		213.300,00	213.300,00
6700	Aufwendungen für Mieten und Pachten	62.500,00							62.500,00
6800	Büromaterial	1.390,00							1.390,00
70..	sonstige betriebliche Aufwendungen	31.600,00		3.160,00					28.440,00
7510	Zinsaufwendungen	93.150,00				93.150,00		132.000,00	132.000,00
		1.471.460,00	1.735.620,00	15.660,00	22.720,00	278.150,00	345.300,00	1.522.950,00	1.712.900,00
		264.160,00	0	7.060,00	0	67.150,00	0	189.950,00	0
		1.735.620,00	1.735.620,00	22.720,00	22.720,00	345.300,00	345.300,00	1.712.900,00	1.712.900,00

2013-9

Anlage 2: Kostenträgerzeitrechnung für Februar 2013

Kalkulations-schema	Istkosten		Normalkosten		Kostenüberdeckung (positives Vorzeichen) / -unterdeckung (negatives Vorzeichen)
	(%)	Gesamt	(%)	Gesamt	Gesamt

Anlage 3: Die Aral Kaffee-Studie 2011 enthält wichtige Erkenntnisse über den Kaffeekonsum der Bundesbürger ab 18 Jahren.

Kaffee-Anbieter hierzulande genießen weiterhin glänzende Aussichten, denn Kaffee ist aus dem Alltag der meisten Deutschen nicht wegzudenken. Kaum jemand möchte auf den Genuss und die belebende Wirkung des populären Heißgetränks verzichten – so lautet ein zentrales Ergebnis der 2011 erstmals von Aral aufgelegten Kaffee-Studie. […]
Dabei schätzt die ältere Generation das Traditionsgetränk mehr als die jüngere. Denn mit zunehmendem Lebensalter steigt die Anzahl der täglichen Kaffeetrinker. In der jüngsten Zielgruppe von 18 bis 35 Jahren finden sich lediglich 59 Prozent, in der ältesten (ab 46 Jahre) dagegen 87 Prozent, die jeden Tag Kaffee trinken. […]
In den meisten Haushalten wird Kaffee nach wie vor traditionell zubereitet: 40 Prozent der Teilnehmer der Aral Kaffee-Studie 2011 nutzen eine herkömmliche Kaffeemaschine. Sie erreicht damit einen höheren Anteil als Vollautomaten und Pad-Maschinen zusammen. Doch diese modernen Alternativen holen auf: Auf Pad-Systeme schwören inzwischen 19 Prozent der Kaffeetrinker, 18 Prozent besitzen einen Kaffee-Vollautomaten und acht Prozent nutzen Kapsel-Systeme. Sieben Prozent bereiten sich löslichen Kaffee zu.
Auch die Art der Zubereitung hängt vom Alter der Kaffeetrinker ab: Die ältere Studiengruppe vertraut eher der traditionellen Kaffeemaschine, während sich die jüngeren Teilnehmer aufgeschlossener gegenüber modernen Systemen zeigen. Die Hälfte der Befragten ab 46 Jahre bereitet Kaffee in der klassischen Maschine zu; unter den 18- bis 35-Jährigen sind es nur 32 Prozent. Im Alter von 18 bis 45 Jahren sind Einzelportionen, vor allem Kaffee-Pads, besonders angesagt: In der jüngsten Zielgruppe schwören 24, in der mittleren sogar 25 Prozent auf das praktische System. […]
Übrigens: Die Vollautomaten kommen überdurchschnittlich häufig zum Einsatz, wenn nachhaltiger Kaffee für die Zubereitung verwendet wird. In dieser Gruppe sind es 23 Prozent. Von denen, die konventionellen Kaffee verwenden, sind es nur 16 Prozent. […]
Doch in den letzten Jahren wurde die gute alte Kaffeemaschine vielerorts aus den hiesigen Küchen verbannt – und vor allem gegen Kaffee-Vollautomaten ersetzt. Vor allem Männer bevorzugen diese technisch aufwändigen Maschinen: 21 Prozent der männlichen Befragten nutzen einen solchen Automaten, mit dem man häufig auch Kaffeespezialitäten wie Latte Macchiato oder Espresso zubereiten kann. Unter den weiblichen Kaffeetrinkern besitzen nur 15 Prozent einen Vollautomaten. Ein umgekehrtes Bild ergibt sich bei den Pad-Systemen. Hier stellen Frauen die größte Nutzergruppe (22 Prozent). Lediglich 17 Prozent der Männer bevorzugen Kaffee-Pads. Ein weiterer interessanter Aspekt: Besitzer von Kaffee-Vollautomaten sind aktivere Autofahrer. 65 Prozent der Kaffeetrinker, die zu Hause einen Vollautomaten nutzen, sitzen täglich am Steuer. Nur fünf Prozent von ihnen fahren nie Auto. Von allen 941 befragten Kaffeetrinkern ist nur gut die Hälfte täglich mit dem Auto unterwegs. […]
Kaffee aus nachhaltigem Anbau – also Kaffee, der unter guten Arbeitsbedingungen und umweltschonendem Umgang mit Ressourcen auf den Kaffeeplantagen gewonnen wird – hält immer mehr Einzug ins hiesige Kaffee-Geschäft. Auch 20 Prozent

der Teilnehmer der Aral Kaffee-Studie 2011 verwenden zu Hause nachhaltigen Kaffee. Dabei legen jüngere sowie qualitätsorientierte Kunden (beide 24 Prozent) und tägliche Autofahrer (23 Prozent) überdurchschnittlich großen Wert auf Nachhaltigkeit. An Nachhaltigkeit interessierte Befragte setzen sich offenbar stark mit dem Thema Kaffee auseinander, denn sie sind auch aufgeschlossener hinsichtlich Kaffeespezialitäten. 59 Prozent von ihnen haben bereits einen aromatisierten Kaffee gekauft (Durchschnitt: 48 Prozent).

Quelle: http://www.aral.de/content/dam/aral/pdf/Brosch%C3%BCren/aral_kaffeestudie_2011.pdf

Anlage 4: Informationstext

Corporate Social Responsibility […] bezeichnet die Bestrebungen von Unternehmen gesellschaftlich verantwortlich zu handeln.

Quelle: http://www.univillage.de/Studieren/Studienjournal/Corporate-Social-Responsibility-Auch-im-Unternehmen-sozial-verantwortlich-handeln.html

Ganz grundlegend umfasst CSR unternehmerische Aktivitäten in den Bereichen **Soziales** (Mensch), **Ökologie** (Umwelt) und **Ökonomie** (Wirtschaft) zur **nachhaltigen** (langfristigen) Entwicklung des gesellschaftlichen Zusammenlebens. Basierend auf einer rein **freiwilligen Beteiligung** der Unternehmen, geht die Leistungsbereitschaft **über die gesetzlichen Anforderungen hinaus**.

Quelle: Bert C. Cecchia, http://www.handelskammer-bremen.ihk24.de/existenzgruendung_unternehmensfoerderung/Gesellschaftliche_Verantwortung_von_Unternehmen/Corporate_Social_Responsibility/952076/Corporate_Social_Responsibility_eine_Definition.html

Anlage 5

EcoCoffee präsentiert
Kaffeegenuss ohne Reue
Ecos BioKaps

Das ist...
- Kaffeegenuss vom Weltmarktführer und besten Kapselhersteller Deutschlands und darum unübertroffen im Geschmack.
- Ihre ökologischste Wahl, denn unsere Kapseln sind die einzigen, die biologisch abbaubar und darum nachhaltiger als die der CoCo AG sind.

EcoCoffee World Wide OHG

Bild: w. r. wagner/pixelio.de

Anlage 6: Auszug aus dem UWG

§ 1 Zweck des Gesetzes
Dieses Gesetz dient dem Schutz der Mitbewerber, der Verbraucherinnen und Verbraucher sowie der sonstigen Marktteilnehmer vor unlauteren geschäftlichen Handlungen. Es schützt zugleich das Interesse der Allgemeinheit an einem unverfälschten Wettbewerb.

§ 3 Verbot unlauterer geschäftlicher Handlungen
(1) Unlautere geschäftliche Handlungen sind unzulässig, wenn sie geeignet sind, die Interessen von Mitbewerbern, Verbrauchern oder sonstigen Marktteilnehmern spürbar zu beeinträchtigen. […]

§ 4 Beispiele unlauterer geschäftlicher Handlungen
Unlauter handelt insbesondere, wer […]
7. die Kennzeichen, Waren, Dienstleistungen, Tätigkeiten oder persönlichen oder geschäftlichen Verhältnisse eines Mitbewerbers herabsetzt oder verunglimpft;
8. über die Waren, Dienstleistungen oder das Unternehmen eines Mitbewerbers […] Tatsachen behauptet oder verbreitet, die geeignet sind, den Betrieb des Unternehmens oder den Kredit des Unternehmers zu schädigen, sofern die Tatsachen nicht erweislich wahr sind; […]
9. Waren oder Dienstleistungen anbietet, die eine Nachahmung der Waren oder Dienstleistungen eines Mitbewerbers sind, wenn er […]
    b) die Wertschätzung der nachgeahmten Ware oder Dienstleistung unangemessen ausnutzt oder beeinträchtigt […]
10. Mitbewerber gezielt behindert […].

§ 5 Irreführende geschäftliche Handlungen
(1) Unlauter handelt, wer eine irreführende geschäftliche Handlung vornimmt. Eine geschäftliche Handlung ist irreführend, wenn sie unwahre Angaben enthält oder sonstige zur Täuschung geeignete Angaben über folgende Umstände enthält:
1. die wesentlichen Merkmale der Ware oder Dienstleistung wie Verfügbarkeit, Art, Ausführung, Vorteile […], von der Verwendung zu erwartende Ergebnisse oder die Ergebnisse oder wesentlichen Bestandteile von Tests der Waren oder Dienstleistungen […].

(2) Eine geschäftliche Handlung ist auch irreführend, wenn sie im Zusammenhang mit der Vermarktung von Waren oder Dienstleistungen einschließlich vergleichender Werbung eine Verwechslungsgefahr mit einer anderen Ware oder Dienstleistung oder mit der Marke oder einem anderen Kennzeichen eines Mitbewerbers hervorruft. […]

§ 8 Beseitigung und Unterlassung

(1) Wer eine nach § 3 [...] unzulässige geschäftliche Handlung vornimmt, kann auf Beseitigung und bei Wiederholungsgefahr auf Unterlassung in Anspruch genommen werden. Der Anspruch auf Unterlassung besteht bereits dann, wenn eine derartige Zuwiderhandlung gegen § 3 [...] droht.

(3) Die Ansprüche aus Absatz 1 stehen zu:
1. jedem Mitbewerber [...].

§ 9 Schadensersatz

Wer vorsätzlich oder fahrlässig eine nach § 3 [...] unzulässige geschäftliche Handlung vornimmt, ist den Mitbewerbern zum Ersatz des daraus entstehenden Schadens verpflichtet. [...]

§ 12 Anspruchsdurchsetzung, Veröffentlichungsbefugnis, Streitwertminderung

(1) Die zur Geltendmachung eines Unterlassungsanspruchs Berechtigten sollen den Schuldner vor der Einleitung eines gerichtlichen Verfahrens abmahnen und ihm Gelegenheit geben, den Streit durch Abgabe einer mit einer angemessenen Vertragsstrafe bewehrten Unterlassungsverpflichtung beizulegen. Soweit die Abmahnung berechtigt ist, kann der Ersatz der erforderlichen Aufwendungen verlangt werden.

Quelle: http://www.gesetze-im-internet.de/uwg_2004/; 2012_07_04; 14:49 Uhr

Anlage 7

A	vereinfachte Bilanz der CoCo AG **nach** der Kapitalerhöhung	P
A. Anlagevermögen		A. Eigenkapital
Verschiedene Posten des Anlagevermögens		I. Gezeichnetes Kapital
B. Umlaufvermögen		II. Kapitalrücklagen
Verschiedene Posten des Umlaufvermögens		III. Gewinnrücklagen
Liquide Mittel		IV. Gewinnvortrag
C. Rechnungsabgrenzungsposten		V. Jahresüberschuss
		B. Rückstellungen
		C. Verbindlichkeiten
		D. Rechnungsabgrenzungsposten
Summe		Summe

Anlage 8: Auszug aus dem Aktiengesetz

§ 58 Verwendung des Jahresüberschusses

(1) Die Satzung kann nur für den Fall, daß die Hauptversammlung den Jahresabschluß feststellt, bestimmen, daß Beträge aus dem Jahresüberschuß in andere Gewinnrücklagen einzustellen sind. Auf Grund einer solchen Satzungsbestimmung kann höchstens die Hälfte des Jahresüberschusses in andere Gewinnrücklagen eingestellt werden. Dabei sind Beträge, die in die gesetzliche Rücklage einzustellen sind, und ein Verlustvortrag vorab vom Jahresüberschuß abzuziehen.

(2) Stellen Vorstand und Aufsichtsrat den Jahresabschluß fest, so können sie einen Teil des Jahresüberschusses, höchstens jedoch die Hälfte, in andere Gewinnrücklagen einstellen. Die Satzung kann Vorstand und Aufsichtsrat zur Einstellung eines größeren oder kleineren Teils des Jahresüberschusses ermächtigen. Auf Grund einer solchen Satzungsbestimmung dürfen Vorstand und Aufsichtsrat keine Beträge in andere Gewinnrücklagen einstellen, wenn die anderen Gewinnrücklagen die Hälfte des Grundkapitals übersteigen oder soweit sie nach der Einstellung die Hälfte übersteigen würden. Absatz 1 Satz 3 gilt sinngemäß. [...]

§ 150 Gesetzliche Rücklage. Kapitalrücklage

(1) In der Bilanz des nach den §§ 242, 264 des Handelsgesetzbuchs aufzustellenden Jahresabschlusses ist eine gesetzliche Rücklage zu bilden.

(2) In diese ist der zwanzigste Teil des um einen Verlustvortrag aus dem Vorjahr geminderten Jahresüberschusses einzustellen, bis die gesetzliche Rücklage und die Kapitalrücklagen [...] zusammen den zehnten oder den in der Satzung bestimmten höheren Teil des Grundkapitals erreichen.

Hinweis: Die Rechtschreibung folgt dem Original.

Quelle: http://www.gesetze-im-internet.de/aktg/BJNR010890965.html; 08. 11. 2012, 17:40 Uhr

Lösungsvorschläge

Aufgabe 1

1.1 Der Operator „beschreiben" bedeutet, dass Sie den vorgegeben Sachverhalt ohne jegliche Bewertung darstellen sollen. Bei dieser Teilaufgabe ist es wichtig, die vier vorgegebenen Begriffe zu beschreiben und in den Sachverhalt einzuordnen. Die Darstellung erfolgt in allgemeiner Form – ein Bezug zum Unternehmen ist hier nicht gefragt.

Durch die **Abgrenzungsrechnung** werden mittels Ergebnistabelle die Daten aus dem externen Rechnungswesen (Finanzbuchhaltung) für das interne Rechnungswesen (Kosten- und Leistungsrechnung, KLR) aufbereitet. Hierzu werden Aufwendungen und Erträge aus der Finanzbuchhaltung herausgefiltert, angepasst und ergänzt, sodass ein realistischeres Abbild der betrieblichen Wirtschaftslage entsteht. Dieses liefert wertvolle Informationen, um unternehmerische Entscheidungen, beispielsweise im Rahmen der Kalkulation von Angebotspreisen, vorzubereiten.

Ausgangspunkt ist die Gewinn- und Verlustrechnung (GuV) aus der Finanzbuchhaltung, in der sämtliche buchhalterisch relevanten Aufwendungen und Erträge eines Unternehmens nach handelsrechtlichen Vorschriften erfasst werden. Die Differenz hieraus ergibt das **Unternehmensergebnis**.

In einem ersten Schritt werden solche Aufwendungen und Erträge aus der Finanzbuchhaltung als neutral herausgefiltert, die die tatsächliche Wirtschaftslage verzerren und die daher nicht in die interne KLR übernommen werden sollen. Hierzu zählen Aufwendungen und Erträge, die betriebsfremd, periodenfremd oder in außergewöhnlicher Höhe angefallen sind. Die Differenz aus neutralen Erträgen und neutralen Aufwendungen ergibt das **neutrale Abgrenzungsergebnis**.

In einem zweiten Schritt werden kostenrechnerische Korrekturen vorgenommen, indem **kalkulatorische Kosten** angesetzt werden, die dem tatsächlichen Werteverzehr im Betrieb entsprechen. Hier wird zwischen Anderskosten und Zusatzkosten unterschieden. Anderskosten werden in der KLR in anderer Höhe angesetzt als die entsprechenden Aufwendungen innerhalb der Finanzbuchhaltung (aufwandsungleiche Kosten). Zusatzkosten haben keine Entsprechung in der Finanzbuchhaltung, sie werden zusätzlich berücksichtigt (aufwandslose Kosten).

Die durch neutrale Abgrenzung und kostenrechnerische Korrekturen bereinigten und angepassten Aufwendungen und Erträge werden im internen Rechnungswesen „Kosten" und „Leistungen" genannt. Die Differenz aus beiden ergibt das **Betriebsergebnis**. Dieses lässt sich ebenfalls aus der Differenz zwischen Unternehmensergebnis und **neutralem Ergebnis** (neutrales Ergebnis = neutrales Abgrenzungsergebnis + kostenrechnerische Korrekturen) ermitteln.

In diesem Aufgabenteil soll anhand von zwei vorgegebenen Beispielen aus der Ergebnistabelle der CoCo AG erklärt werden, wodurch unterschiedliche Wertansätze in diesen Positionen zustande kommen können.

Bei den **Abschreibungen auf Sachanlagen** erfolgte zunächst eine neutrale Abgrenzung in Höhe von 12.500,00 €. Es sind daher Abschreibungen in Höhe von 185.000,00 € für betrieblich genutzte Sachanlagen zu berücksichtigen. Des Weiteren erfolgte eine kostenrechnerische Korrektur, die zu einem höheren Ansatz der Abschreibungen in der KLR führte.

Eine mögliche Erklärung für unterschiedliche Ansätze bei Abschreibungen ist die Berechnungsgrundlage: Während die Finanzbuchhaltung höchstens von den Anschaffungskosten ausgehen darf, wird in der KLR häufig von den höheren Wiederbeschaffungskosten ausgegangen.

Ein weiterer Grund kann in der Festlegung der Nutzungsdauer für die Sachanlagen liegen: Während in der Finanzbuchhaltung häufig die steuerrechtlich relevanten AfA-Tabellen zugrunde gelegt werden, kann in der KLR eine dem tatsächlichen Werteverzehr entsprechende kürzere Nutzungsdauer angesetzt werden.

Die kalkulatorischen Zinsen in der KLR sind um 38.850,00 € höher angesetzt als die **Zinsaufwendungen** in der GuV.

In der Finanzbuchhaltung werden die für das aufgenommene Fremdkapital zu zahlenden Zinsen als Aufwand erfasst. Zur Erstellung der betrieblichen Leistung wird jedoch ebenfalls Eigenkapital benötigt, dessen Bereitstellung als Kostenbestandteil in die KLR eingehen soll. Daher wird in der KLR das betriebsnotwendige Kapital unter Berücksichtigung von Eigenkapital und Fremdkapital verzinst.

1.2 *Zunächst sollen Sie mithilfe des beigefügten Formulars die Kostenträgerzeitrechnung durchführen. Dies umfasst die Erstellung des Schemas sowie die Berechnung der erforderlichen Werte. Hierbei ist Folgendes zu berücksichtigen:*
   – *Die Zahlen für die Rohstoffaufwendungen, die Löhne, die Bestandsveränderungen und die Umsatzerlöse sind aus der Ergebnistabelle zu übernehmen.*
   – *Die Ist-Gemeinkosten in den vier Kostenstellen sind ohne Berechnung aus dem BAB zu übernehmen.*
   – *Die Herstellkosten des Umsatzes sind Berechnungsgrundlage sowohl für die Verwaltungsgemeinkosten als auch für die Vertriebsgemeinkosten.*
   – *Alle berechneten Zahlen sind kaufmännisch auf ganze Euro-Beträge zu runden.*

Angaben aus der Aufgabenstellung:

BAB der CoCo AG, Feb. 2013	Kostenstellen			
Gemeinkosten	I. Material	II. Fertigung	III. Verwaltung	IV. Vertrieb
750.920,00 €	88.380,00 €	450.110,00 €	144.750,00 €	67.680,00 €
Ist-Zuschlagssätze in %	19,47	141,50	11,25	5,26
Normal-Zuschlagssätze in %	23,50	130,90	11,60	4,20

Kostenträgerzeitrechnung für Februar 2013:

Kalkulationsschema Bezeichnungen	Istkosten (%)	Istkosten Gesamt	Normalkosten (%)	Normalkosten Gesamt	Kostenüber-/-unterdeckung Gesamt
Fertigungsmaterial		453.930,00 €		453.930,00 €	
+ Materialgemeinkosten	19,47 %	88.380,00 €	23,50 %	106.674,00 €	18.294,00 €
= **Materialkosten**		**542.310,00 €**		**560.604,00 €**	
Fertigungslöhne		318.100,00 €		318.100,00 €	
+ Fertigungsgemeinkosten	141,50 %	450.110,00 €	130,90 %	416.393,00 €	−33.717,00 €
= **Fertigungskosten**		**768.210,00 €**		**734.493,00 €**	
= **Herstellk. der Rechnungsp.**		**1.310.520,00 €**		**1.295.097,00 €**	
+ Bestandsminderung fert. Erz.		0,00 €		0,00 €	
− Bestandsmehrung fert. Erz.		23.800,00 €		23.800,00 €	
= **Herstellkosten des Umsatzes**		**1.286.720,00 €**		**1.271.297,00 €**	
+ Verwaltungsgemeinkosten	11,25 %	144.750,00 €	11,60 %	147.470,00 €	2.720,00 €
+ Vertriebsgemeinkosten	5,26 %	67.680,00 €	4,20 %	53.394,00 €	−14.286,00 €
= **Selbstkosten des Umsatzes**		**1.499.150,00 €**		**1.472.161,00 €**	**−26.989,00 €**
Umsatzerlöse		1.689.100,00 €		1.689.100,00 €	
− Selbstkosten des Umsatzes		1.499.150,00 €		1.472.161,00 €	
= **Umsatzergebnis**		**189.950,00 €**		**216.939,00 €**	
Kostenunterdeckung				**−26.989,00 €**	
= **Betriebsergebnis**		**189.950,00 €**		**189.950,00 €**	

Bei der folgenden Analyse sind unbedingt und ausschließlich die in der Aufgabenstellung angegebenen Ereignisse zu Beginn des Jahres 2013 zu berücksichtigen, um die Ursachen für die ermittelten Kostenabweichungen bei den Materialgemeinkosten und den Fertigungsgemeinkosten darzulegen. Hierbei muss jeweils deutlich werden, ob es sich um Kostenüber- oder -unterdeckung handelt.
Beachten Sie die folgenden Begriffe, die immer wieder verwechselt werden:
− Kostenunterdeckung heißt:
Die Normalkosten liegen unter den tatsächlichen Istkosten. Wir haben daher im betrachteten Zeitraum höhere Kosten, als kalkuliert und in den Verkaufspreis eingerechnet wurden. Das Vorzeichen ist negativ.
− Kostenüberdeckung heißt:
Die Normalkosten liegen über den tatsächlichen Istkosten. Wir haben daher im betrachteten Zeitraum geringere Kosten als kalkuliert. Damit sind die in die Preise eingerechneten Kosten „über die Maßen" gedeckt. Das Vorzeichen ist positiv.

Bei den **Materialgemeinkosten** liegt eine Kostenüberdeckung vor, d. h., hier sind weniger Kosten entstanden, als normalerweise zu erwarten gewesen wäre. Ein Grund hierfür ist die Kündigung des angestellten Mitarbeiters im Rohstofflager. Da die Stelle nicht wieder besetzt wurde, sind ab Februar die Gehaltskosten und damit verbundene soziale Aufwendungen in der Kostenstelle Material gesunken.
Des Weiteren führt die Verwendung des im Rohstofflager genutzten Gabelstaplers über seine betriebsgewöhnliche Nutzungsdauer hinaus zu einer Reduzierung der Materialgemeinkosten, da seit Februar keine kalkulatorischen Abschreibungen mehr dafür anfallen.

Die tatsächlichen **Fertigungsgemeinkosten** sind im Februar höher als die mithilfe der Normalkosten veranschlagten Fertigungsgemeinkosten. Hier liegt eine Kostenunterdeckung vor.
Dies liegt zum einen an den kurzfristig getätigten Investitionen im Produktionsbereich, die seit Februar zu höheren kalkulatorischen Abschreibungen führen.
Zum anderen trägt die ab Februar wirksam gewordene Erhöhung der Reinigungskosten für die Produktionshalle zur Kostensteigerung in der Kostenstelle Fertigung bei.
Außerdem ist die Miete für die Produktionshalle zum 1. Februar um 10 % erhöht worden, sodass die Fertigungsgemeinkosten auch aus diesem Grund gestiegen sind.

Die Entwicklung eines Vorschlags bezieht sich ausschließlich auf die Kostenstelle Fertigung und die hier vorliegende Kostenunterdeckung.

Es sollte geprüft werden, inwiefern die Ursachen für die beschriebenen Kostensteigerungen in der Fertigung rückgängig gemacht oder zumindest gemildert werden können.
So wäre es z. B. möglich, eine preiswertere Reinigungsfirma zu beauftragen oder den Zeitumfang der Reinigungsarbeiten zu reduzieren.
Ebenso könnte man mit dem Vermieter der Produktionshalle über einen langfristigen Mietvertrag zu günstigeren Konditionen verhandeln oder sogar einen Kauf ins Auge fassen.
Hinsichtlich der getätigten Investitionen sind die kalkulatorischen Abschreibungen nicht zu beeinflussen. Allerdings könnten durch sorgsamen Umgang mit den neu angeschafften Maschinen und durch entsprechende Schulung und Sensibilisierung der Produktionsmitarbeiter Reparaturkosten verringert und die Nutzungsdauer erhöht werden.

Andere als die hier angegebenen Vorschläge sind ebenso denkbar, z. B.
– Preisreduzierungen aushandeln,
– Verbrauchsmengen bei Strom, Heizung, Wasser reduzieren.
Ebenso plausibel ist es, den Normal-Zuschlagssatz an die veränderte Kostensituation anzupassen, wenn man davon ausgehen muss, dass die seit Februar entstandenen Kostenerhöhungen weder zu revidieren noch zu kompensieren sind.

1.3 Im Rahmen dieser Teilaufgabe muss für beide Zusatzaufträge die Kapazitätsprüfung – alternativ entweder über die Anzahl der Dosen oder über die Gewichtsangabe – erfolgen. Für den Zusatzauftrag im Testmarkt (25.000 Dosen) sind die erforderlichen Berechnungen durchzuführen, um daraus eine Empfehlung aus kostenrechnerischer Sicht abzuleiten. Darüber hinaus sind absatzpolitische Aspekte für die Entscheidungsfindung zu berücksichtigen.

Kapazitätsprüfung:
maximale Kapazität	580.000 Dosen
– beanspruchte Kapazität	408.075 Dosen
= freie Kapazität	171.925 Dosen

Nebenrechnung:
280.275 Dosen für Instant + 127.800 Dosen für Cappuccino = 408.075 Dosen

Bei einem Zusatzauftrag von 25.000 Dosen verbliebe eine Kapazität von 146.925 Dosen, bei einem Zusatzauftrag von 70.000 Dosen eine Kapazität von 101.925 Dosen.

Berechnung des Stückdeckungsbeitrags bei Gewährung des Sonderpreises:

regulärer Verkaufspreis: $\frac{255.600,00\ €}{127.800} = 2,00\ €$

Sonderpreis: $2,00\ € - 0,35 = 1,65\ €$

variable Stückkosten: $\frac{172.530,00\ €}{127.800} = 1,35\ €$

Stückdeckungsbeitrag: $1,65\ € - 1,35\ € = 0,30\ €$

Berechnungen für den Zusatzauftrag über 25.000 Dosen:
zusätzlicher Deckungsbeitrag:	$25.000 \cdot 0,30\ € =$	7.500,00 €
Betriebsergebnis Cappuccino neu:	$-12.750,00\ € + 7.500,00\ € =$	–5.250,00 €
Betriebsergebnis gesamt neu:	$85.477,50\ € + 7.500,00\ € =$	92.977,50 €

Aus **kostenrechnerischer Sicht** sollte der Zusatzauftrag über 25.000 Dosen angenommen werden, denn ein positiver Stückdeckungsbeitrag führt immer zu einer Verbesserung des Betriebsergebnisses, sofern – wie hier gegeben – die Kapazitäten ausreichen und daher keine zusätzlichen Fixkosten anfallen.
Der Stückdeckungsbeitrag von 0,30 € führt bei dem geplanten Auftrag über 25.000 Dosen zu einem zusätzlichen Deckungsbeitrag von 7.500,00 €. Um diesen Betrag verbessern sich sowohl das Betriebsergebnis für Cappuccino als auch das gesamte Betriebsergebnis.
Aus **absatzpolitischer Sicht** ist zu bedenken, ob die CoCo AG sich möglicherweise gezwungen sehen könnte, den Sonderpreis auch anderen Kunden zuzugestehen. Da der Discounter das Produkt jedoch unter einem anderen Namen vermarkten wird, ist diese Gefahr als gering einzuschätzen.
Die Vorteile, nämlich der Aufbau einer neuen, vielversprechenden Kundenbeziehung sowie die Steigerung von Absatzzahlen und Marktanteil überwiegen deutlich.

Daher sollte aus kostenrechnerischen und absatzpolitischen Erwägungen heraus dieser Zusatzauftrag angenommen werden.

Für den Zusatzauftrag mit langfristiger Perspektive (70.000 Dosen) sind lediglich Berechnungen durchzuführen und zu beurteilen.

Berechnungen für den Zusatzauftrag über 70.000 Dosen:
zusätzlicher Deckungsbeitrag: 70.000 · 0,30 € =   21.000,00 €
Betriebsergebnis Cappuccino neu: −12.750,00 € + 21.000,00 € =   8.250,00 €
Betriebsergebnis gesamt neu: 85.477,50 € + 21.000,00 € = 106.477,50 €

Die Berechnungen zeigen, dass die innerhalb der Kapazitätsmöglichkeiten liegende höhere Absatzmenge zu einem Deckungsbeitrag von 21.000,00 € führt. Um diesen Betrag steigen das gesamte Betriebsergebnis sowie das Betriebsergebnis für das Produkt „Cappuccino". Mit dem höheren Deckungsbeitrag wird nun das vorher noch negative Betriebsergebnis für Cappuccino positiv. Die erzeugnisfixen Kosten dieses Kostenträgers sind also vollständig gedeckt.

Aufgabe 2

2.1 Hier sollen Sie die drei vorgegebenen Fachbegriffe aus dem Bereich der Werbung in allgemeiner Form, also ohne Bezug zur konkreten Situation, beschreiben. Im Rahmen der Begriffsbeschreibungen sollen Sie auch den jeweiligen Zweck dieser spezifischen Bestandteile eines Werbeplans erkennbar machen.

Der **Streukreis** umschreibt die Personengruppe, die mit der Werbung erreicht werden soll. Es handelt sich dabei um eine oder mehrere Zielgruppe/n, die möglichst klar definiert ist/sind, um die Werbung zielgerichtet nach den Merkmalen und Vorlieben dieser Gruppe/n gestalten zu können. Die Beschreibung einer Zielgruppe kann beispielsweise hinsichtlich geografischer (Nationalität, Wohnort), demografischer (Alter, Geschlecht) oder psychologischer (Einstellungen, Interessen) Kriterien erfolgen.

Die **Werbebotschaft** ist die wesentliche Aussage, die den Umworbenen mitgeteilt werden soll, um sie zum Kauf zu bewegen. Insbesondere soll die beworbene Ware bzw. Dienstleistung für den Betrachter deutlich erkennbar werden, z. B. durch Name und Logo. Darüber hinaus sollen dem potenziellen Konsumenten Eigenschaften, Verwendungsmöglichkeiten und Nutzen des Produkts überzeugend vermittelt werden.

Werbeträger und **Werbemittel** beschreiben, wie die Werbebotschaft an die Zielgruppe herangetragen werden soll. Das Werbemittel bezieht sich auf die Darstellungsform der Werbebotschaft, z. B. eine Anzeige. Der Werbeträger ist der Gegenstand, auf dem sich das Werbemittel befindet, z. B. eine Tageszeitung. Zusammen – hier z. B. die Anzeige in einer Tageszeitung – transportieren sie die Werbebotschaft.

Bei der Entwicklung eines Vorschlags für einen Werbeplan zur Einführung der BioCaps sind ausschließlich die drei zuvor genannten Bestandteile „Streukreis", „Werbebotschaft" und „Werbeträger/Werbemittel" zu betrachten. Für diese Teilaufgabe werden insgesamt 15 Punkte, also 5 Punkte je Bestandteil vergeben. Daraus können Sie ableiten, dass je Bestandteil mehr als ein Aspekt erwartet wird. Dabei ist zu beachten, dass die aufgeführten Aspekte in sich und untereinander stimmig sind, sodass ein insgesamt schlüssiger Werbeplan skizziert wird. Außerdem müssen Sie konkret Bezug auf die beigefügte Aral-Studie nehmen, um die Vorschläge anhand empirischer Erkenntnisse zu untermauern.

Bei den zu bewerbenden BioCaps der CoCo AG handelt es sich um Kaffeekapseln, die biologisch vollständig abbaubar sind. Für eine Verwendung von Kaffeekapseln werden moderne Kaffeekapsel-Maschinen benötigt.

Vor dem Hintergrund der Aral-Studie erscheint es sinnvoll, den **Streukreis** bzw. die zu umwerbende/n Zielgruppe/n anhand folgender Merkmale zu definieren:
Da insbesondere jüngere Kaffeekonsumenten eher technisch moderne als klassische Kaffeemaschinen verwenden, sollte das Alter der Zielgruppe bei unter 46 Jahren liegen.
In der Studie wird dargelegt, dass ein positiver Zusammenhang zwischen einer Vorliebe für Kaffeevollautomaten und der Häufigkeit der Autonutzung besteht. Diese Feststellung lässt vermuten, dass bei der Gruppe der Autofahrer ein Potenzial für den Absatz von Kaffeekapseln besteht. Daher sollte die Zielgruppe ebenfalls Autofahrer umfassen.
Darüber hinaus ergab die Studie, dass jüngere Konsumenten, qualitätsbewusste Kunden und Autofahrer überdurchschnittlich großen Wert auf Kaffee aus nachhaltigem Anbau legen. Ein weiteres geeignetes Merkmal für die Zielgruppe wäre daher das Qualitäts- und Umweltbewusstsein.
Insgesamt würde die Zielgruppe damit jüngere, technisch aufgeschlossene, autofahrende sowie qualitäts- und umweltbewusste Personen umfassen.

Aus den Erkenntnissen der Aral-Studie und dem daraus abgeleiteten Streukreis ergibt sich ebenfalls, was die **Werbebotschaft** sein sollte:
Inhalt der Werbung sollte insbesondere sein, dass die Kapseln biologisch abbaubar sind, da sich das Produkt vornehmlich an qualitäts- und umweltbewusste Kaffeetrinker richtet.
Des Weiteren sollte deutlich gemacht werden, dass es sich um ein modernes und zeitgemäßes Produkt handelt, denn die Zielgruppe ist dadurch gekennzeichnet, dass sie technischen Neuerungen gegenüber aufgeschlossen ist.
Außerdem ließe sich in der Werbebotschaft darstellen, dass der Konsument bei Verwendung von Kaffeekapseln seine individuelle Geschmacksrichtung wählen kann. Einen Hinweis hierauf gibt die Aral-Studie, da die an nachhaltigem Kaffeeanbau interessierte Personengruppe offenkundig Kaffeespezialitäten und aromatisierten Kaffee schätzt.

Die **Werbeträger** und **Werbemittel** sind passend zum aus der Aral-Studie abgeleiteten Streukreis und zur Werbebotschaft zu bestimmen:
Es bietet sich an, Anzeigen in modernen Wochenzeitschriften oder Umweltmagazinen zu schalten, um junge oder umweltbewusste Kaffeetrinker zu erreichen. Des Weiteren sind Plakate an Tankstellen sinnvoll, um die Zielgruppe der Autofahrer anzusprechen.
Außerdem sind Produktpräsentationen in Elektonikfachmärkten geeignet, um die technisch interessierten Personen innerhalb der Zielgruppe zu erreichen.

Die im Lösungsvorschlag angegebenen Aspekte sind nur eine Möglichkeit:
- *Es ist ebenfalls denkbar, den Streukreis durch andere Merkmale zu definieren. So lässt sich z. B. auch eine Fokussierung auf Männer begründen, da laut Studie vor allem diese Personengruppe technisch aufwendige Maschinen bevorzugt. Außerdem ließen sich aus den explizit beschriebenen Merkmalen implizite Merkmale wie z. B. „mittlere bis gehobene Einkommensklasse" oder „im Berufsleben aktive Männer und Frauen" ableiten.*
- *Alternative Inhalte der Werbebotschaft sind Aspekte wie „praktische und schnelle Handhabung", „Life-Style" und „Kaffee aus biologischem Anbau".*
- *Als weitere Maßnahmen in Bezug auf Werbeträger-/mittel sind z. B. Werbespots im Fernsehen oder Kino sowie Produktplatzierungen in Fernsehsendungen oder Kinofilmen denkbar, sofern diese passend zur anzusprechenden Zielgruppe ausgewählt werden.*

2.2 *Bei der Entwicklung von drei Vorschlägen für Aktivitäten im Rahmen einer CSR-Kampagne kommt es darauf an, dass Sie kreativ sind und eigene, plausible Ideen generieren. Hierbei müssen Sie zunächst beachten, welche Aspekte grundsätzlich für eine CSR-Kampagne relevant sind (Anlage 4). Bei der Beschreibung Ihrer Vorschläge sollen Sie darlegen, inwiefern diese dazu beitragen können, die in der Aufgabenstellung beschriebenen Probleme zu lösen. Daher ist es sinnvoll, eben diese drei Problembereiche als Ausgangspunkt für die Entwicklung von Vorschlägen heranzuziehen.*

Ein Problem ist das **negative Image** der gesamten Kaffeebranche, das aufgrund von Preisabsprachen und des Qualitätsverlusts mancher Kaffeeprodukte entstanden ist. Im Rahmen einer CSR-Kampagne könnte die CoCo AG darauf hinweisen, dass sie ihre Rohstoffe von Kaffeekooperationen bezieht, die fair handeln. Fairer Handel beinhaltet angemessene Löhne und Arbeitsbedingungen für die Arbeiter auf den Kaffeeplantagen. Außerdem werden keine Kinder beschäftigt. Durch diese Übernahme sozialer Verantwortung könnte sich die CoCo AG positiv von der Konkurrenz abheben.
Eine weitere Herausforderung besteht darin, **ökologiebewusste Kunden** zu gewinnen. Hier könnte die CoCo AG mit zertifizierten Lieferanten zusammenarbeiten, die nachweislich ökologisch anbauen. Hierzu zählen der Verzicht auf chemische Schädlingsbekämpfung und gentechnische Veränderungen sowie

Maßnahmen zur Verhinderung von Monokulturen und Bodenerosion. Die Unterstützung nachhaltiger Produktion würde dazu beitragen, umweltbewusste Kunden zu halten bzw. zu gewinnen.

Ein weiteres Problem besteht im abzusehenden **Fachkräftemangel**. Hier kann es hilfreich sein, Gesundheitsprävention für die Mitarbeiter anzubieten. Konkrete Maßnahmen können Rückenschulkurse während der Arbeitszeit, Programme zur Stressbewältigung oder Gutscheine für Sportkurse sein. Durch dieses über die gesetzlichen Anforderungen hinausgehende soziale Engagement könnte die CoCo AG dazu beitragen, dass ihre Mitarbeiter gesund und leistungsfähig bleiben. Darüber hinaus könnten neue Mitarbeiter gewonnen werden – möglicherweise durch Abwerben von Mitbewerbern, die weniger soziale Leistungen für ihre Mitarbeiter anbieten.

Alternative Vorschläge, um einem negativen Image entgegenzuwirken:
- *Abgabe eines Teils der Umsatzerlöse für soziale „Eine-Welt"-Projekte,*
- *Vergabe von günstigen Krediten an Kleinbauern in den Anbauländern,*
- *Einrichten eines Tages der offenen Tür, an dem das soziale Engagement dargestellt wird.*

Alternative Vorschläge zur Gewinnung ökologiebewusster Kunden:
- *der ökologischen Verantwortung der AG durch allgemeine Umweltschutzmaßnahmen gerecht werden (z. B. sparsamer Energieverbrauch, Reduzierung der Verpackung, umweltschonende Transportmittel),*
- *das ökologische Engagement des Unternehmens bei Informationsveranstaltungen darlegen.*

Alternative Vorschläge, um dem Fachkräftemangel zu begegnen:
- *Förderung der Vereinbarkeit von Familie und Beruf,*
- *Einrichtung eines Betriebskindergartens,*
- *Ausbildung über den eigenen Bedarf hinaus,*
- *Angebot von dualen Studiengängen,*
- *Schaffung langfristiger und sozialversicherungspflichtiger Beschäftigungsverhältnisse.*

2.3 *Hier soll herausgearbeitet werden, inwiefern die Anzeige des Konkurrenten EcoCoffee OHG möglicherweise gegen das UWG verstößt. Hierzu müssen Sie vier konkrete Bestandteile der Werbeanzeige als Verstöße identifizieren. Dabei sollen Sie klar benennen, wogegen konkret verstoßen wird und dies unter Nennung des relevanten Paragrafen belegen.*

Die Produktbezeichnung „**BioKaps**" verstößt gegen das UWG, da sie dem Produktnamen „BioCaps" der CoCo AG sehr ähnlich ist und daher zu Verwechslungen beim Konsumenten führen kann. Somit liegt eine irreführende Handlung gemäß § 5 Abs. 2 UWG vor.

Die Aussage „Kaffeegenuss vom **Weltmarktführer**" verstößt gegen das UWG, da es sich um eine unwahre Behauptung handelt, die über die tatsächlichen Ver-

hältnisse hinwegtäuschen soll. Es ist nicht erwiesen – und auch wenig wahrscheinlich –, dass die OHG als Marktneuling Weltmarktführer ist. Hier liegt eine irreführende Handlung gemäß § 5 Abs. 1 UWG vor.
Die Aussage „die **einzigen**, die biologisch abbaubar [...] sind" verstößt ebenfalls gegen das UWG. Es liegt eine unwahre Behauptung vor, da auch andere Produzenten abbaubare Kaffeekapseln anbieten. Damit liegt eine irreführende Handlung gemäß § 5 Abs. 1 UWG vor.
Die Behauptung „**nachhaltiger als die der CoCo AG**" stellt einen Verstoß gegen das UWG dar. Hier wird das Produkt der CoCo AG durch einen verunglimpfenden Vergleich herabgesetzt und dadurch ein unwahrer Vorteil des eigenen Produkts behauptet. Hier finden § 4 Nr. 7 und 8 UWG zu unlauteren Handlungen bzw. § 5 Abs. 1 Nr. 1 UWG zu irreführenden Handlungen Anwendung.

Alternativ können folgende Bestandteile der Anzeige benannt und hinsichtlich ihres Verstoßes gegen das UWG (irreführende Handlung, unwahre Angabe gemäß § 5 Abs. 1 UWG; auch unlautere Handlung, Herabsetzung der Mitbewerber gemäß § 4 Nr. 7 UWG) analysiert werden:
- *die Behauptung „beste[r] Kapselhersteller",*
- *die Aussage „ökologischste Wahl".*

In dieser Teilaufgabe sollen Sie verdeutlichen, welche rechtlichen Schritte die CoCo AG einleiten kann, wenn ein Verstoß gegen das UWG vorliegt. Hierfür sollen Sie vier konkrete Maßnahmen benennen und die jeweiligen Folgen für den Konkurrenten EcoCoffee OHG erläutern. Dabei sind die relevanten Gesetzesquellen heranzuziehen.

Die CoCo AG kann den Mitbewerber zunächst **abmahnen** und ihm **Gelegenheit geben**, den Streit außergerichtlich beizulegen (§ 12 Abs. 1 UWG). Die EcoCoffee OHG kann diese Chance nutzen, indem sie eine **Unterlassungsverpflichtung** abgibt und eine angemessene **Vertragsstrafe** zahlt (§ 12 Abs. 1 UWG). Zusätzlich kann die AG, sofern ihre Abmahnung berechtigt ist, **Ersatz der erforderlichen Aufwendungen** verlangen (§ 12 Abs. 1 UWG). Wenn die OHG nicht reagiert, kann die AG ein **gerichtliches Verfahren** anstrengen (§ 12 Abs. 1 UWG). Die OHG würde dann zur **Beseitigung** bzw. **Unterlassung** der Zuwiderhandlungen verpflichtet werden (§ 8 Abs. 1 UWG).
Darüber hinaus kann die AG auf **Schadensersatz** klagen (§ 9 UWG).

Aufgabe 3

3.1 Geben Sie drei Vorteile der Eigenfinanzierung in Abgrenzung zur Fremdfinanzierung im logischen Zusammenhang unter Verwendung der Fachsprache wieder. D. h., stellen Sie jeweils den Unterschied zur Fremdfinanzierung heraus. Die Beschreibung soll allgemein, also ohne Bezug zur konkreten Situation, erfolgen.

Die Mittel der Eigenfinanzierung stehen in aller Regel **zeitlich unbefristet** zur Verfügung und müssen nicht zu einem bestimmten Zeitpunkt zurückgezahlt werden. So ist langfristige Planungssicherheit gegeben. Fremdfinanzierte Mittel hingegen müssen in der Regel termingerecht zurückgezahlt und ggf. nach Ende der Kreditlaufzeit durch neue Kapitalaufnahmen ersetzt werden.

Für die Überlassung von Eigenkapital sind **keine festen Zins- und Tilgungsleistungen** zu erbringen, die unabhängig von der wirtschaftlichen Lage eines Unternehmens zu zahlen sind und die Liquidität belasten. Stattdessen wird den Eigenkapitalgebern ein Anteil am Gewinn (bei einer AG in Form von Dividenden) in Abhängigkeit von der tatsächlichen Ertragslage gezahlt.

Je höher der Eigenkapitalanteil am Gesamtkapital ist (Eigenkapitalquote), desto krisenfester und solider ist ein Unternehmen. Die **Kreditwürdigkeit** und somit die Möglichkeit, im Bedarfsfall problemlos und zinsgünstig Kredite zu erhalten, steigt damit. Analog gilt: je höher der Fremdkapitalanteil (Fremdkapitalquote), desto geringer die Kreditwürdigkeit und desto größer die Einflussmöglichkeit von Gläubigern auf die Geschäftsleitung der Unternehmung.

Weitere Vorteile als die hier genannten sind denkbar, z. B.: keine Stellung von Sicherheiten erforderlich.

3.2 *Für die Erstellung der Bilanz nach der Kapitalerhöhung sind alle Werte – sowohl die veränderten als auch die unveränderten – in das vorgegebene Schema einzutragen.*

1.600.000 junge Aktien zum Emissionskurs von 16,00 € je Aktie

Als liquide Mittel gehen auf dem Bankkonto ein:
1.600.000 · 16,00 € = 25.600.000,00 €

Davon gehen 5,00 € Nennwert je Aktie in das gezeichnete Kapital ein:
1.600.000 · 5,00 € = 8.000.000,00 €

11,00 € Aufpreis (Agio) je Aktie gehen in die Kapitalrücklage ein:
1.600.000 · 11,00 € = 17.600.000,00 €

Durch die Kapitalerhöhung ändern sich damit folgende Bilanzpositionen:
Bank/liquide Mittel: 679.504,00 € + 25.600.000,00 € = 26.279.504,00 €
Gezeichnetes Kapital: 32.000.000,00 € + 8.000.000,00 € = 40.000.000,00 €
Kapitalrücklage: 24.689.000,00 € + 17.600.000,00 € = 42.289.000,00 €
Die Bilanzsumme erhöht sich auf 214.782.554,00 €.

AKTIVA		Bilanz nach Kapitalerhöhung	PASSIVA
A. Anlagevermögen		A. Eigenkapital	
Verschiedene Posten des Anlagevermögens	175.102.650	I. Gezeichnetes Kapital	40.000.000
B. Umlaufvermögen		II. Kapitalrücklagen	42.289.000

verschiedene Posten des Umlaufvermögens	11.860.400	III. Gewinnrücklagen	12.546.800
Liquide Mittel	26.279.504	IV. Gewinnvortrag	125.400
C. Rechnungsabgrenzungsposten	1.540.000	V. Jahresüberschuss	2.540.770
		B. Rückstellungen	1.200.584
		C. Verbindlichkeiten	114.300.000
		D. Rechnungsabgrenzungsposten	1.780.000
Summe	**214.782.554**	**Summe**	**214.782.554**

3.3 *Ausgehend von der konkreten Situation einer Aktionärin sollen die beiden Alternativen und ihre Auswirkungen erläutert werden, die sich für die Aktionäre im Rahmen der Kapitalerhöhung der CoCo AG ergeben: Ausübung oder Verkauf ihrer Bezugsrechte. Hierfür muss zunächst berechnet und anschließend erklärt werden, wie sich die beiden Alternativen auf die Vermögenssituation der genannten Aktionärin auswirken würden. Für den Vermögensvergleich ist es erforderlich, den Wert des Bezugsrechts sowie den Mittelkurs zu berechnen. Hierbei kann alternativ gerechnet werden:*

Bezugsrecht: $\dfrac{22{,}00\ € - 16{,}00\ €}{(4:1)+1} = 1{,}20\ €$

Mittelkurs: $22{,}00\ € - 1{,}20\ € = 20{,}80\ €$

Außerdem sollen die Auswirkungen der beiden Alternativen auf ihre Rechte als Aktionärin erläutert werden. Ein rechnerischer Nachweis ist hierfür nicht erforderlich.

Nebenrechnungen:

Anzahl alte Aktien: $\dfrac{32.000.000{,}00\ €\ \text{Grundkapital}}{5{,}00\ €\ \text{Nennwert}} = 6.400.000$

Bezugsverhältnis: $\dfrac{6.400.000\ \text{alte Aktien}}{1.600.000\ \text{junge Aktien}} = 4:1$

analog: $\dfrac{32.000.00{,}00\ €\ \text{bisheriges Grundkapital}}{8.000.000{,}00\ €\ \text{neues Grundkapital}} = 4:1$

Mittelkurs: $\dfrac{6.400.000\ \text{Altaktien} \cdot 22{,}00\ € + 1.600.000\ \text{Jungaktien} \cdot 16{,}00\ €}{6.400.000\ \text{Altaktien} + 1.600.000\ \text{Jungaktien}}$
$= 20{,}80\ €$

rechnerischer Wert des Bezugsrechts: $22{,}00\ € - 20{,}80\ € = 1{,}20\ €$

Der rechnerische Wert (Mittelkurs) jeder Aktie liegt nach der Kapitalerhöhung bei 20,80 € und ist damit um 1,20 € niedriger als der Kurs der Altaktien vor der Emission und um 4,80 € (4 · 1,20 €) höher als der Kurs der Jungaktien bei ihrer Ausgabe.

Vermögen der Aktionärin vor der Kapitalerhöhung:
280 Aktien · 22,00 € = 6.160,00 €

Konsequenzen bei Ausübung der Bezugsrechte
Vermögen der Aktionärin nach der Kapitalerhöhung bei Ausübung der Bezugsrechte:
350 Aktien · 20,80 € − 70 junge Aktien · 16,00 €
= 7.280,00 € − 1.120,00 €
= 6.160,00 €

Bei dem ermittelten Bezugsverhältnis von 4:1 steht der Aktionärin pro 4 Altaktien eine junge Aktie zum Preis von 16,00 € zu. Bei 280 Altaktien kann sie 70 junge Aktien beziehen und muss dafür 1.120,00 € bezahlen.

Das Vermögen der Aktionärin bleibt konstant, denn der Kursverlust ihrer alten Aktien (280 · 1,20 € = 336,00 €) wird durch den Kursgewinn der jungen Aktien (70 · 4,80 € = 336,00 €) genau kompensiert, wenn der berechnete Mittelkurs so realisiert wird.

Ihr Anteil am Grundkapital, und damit ihr Stimmrechtsanteil, bleibt erhalten, da sich ihre Aktienanzahl proportional zur gestiegenen Anzahl der gesamten Aktien erhöht. Analog gilt: Ihr Anteil am Grundkapital ist im gleichen Verhältnis gestiegen wie das gesamte Grundkapital. Ihr relativer Anteil an Aktien und damit am Grundkapital bleibt konstant.

rechnerischer Nachweis:

$$\frac{280}{6.400.000} \cdot 100 = 0,004375\,\% = \frac{350}{8.000.000} \cdot 100$$

Konsequenzen bei Verkauf der Bezugsrechte
Vermögen der Aktionärin nach der Kapitalerhöhung bei Verkauf der Bezugsrechte:
280 Aktien · 20,80 € + 280 Aktien · 1,20 €
= 5.824,00 € + 336,00 €
= 6.160,00 €

Bei Verkauf ihrer Bezugsrechte erhält sie 336,00 €.
Das Vermögen der Aktionärin bleibt auch bei dieser Alternative konstant, denn der Kursverlust ihrer Altaktien (280 · 1,20 € = 336,00 €) wird durch den Erlös aus den verkauften Bezugsrechten (280 · 1,20 € = 336,00 €) ausgeglichen.
Ihr relativer Anteil am Vermögen der AG, und damit ihr Stimmrechtsanteil, nimmt jedoch ab, da sich die Anzahl der gesamten Aktien erhöht, ihre Aktienzahl jedoch gleich bleibt.

rechnerischer Nachweis:

$$\frac{280}{8.000.000} \cdot 100 = 0,0035\,\% < \frac{280}{6.400.000} \cdot 100 = 0,004375\,\%$$

3.4 *Sie sollen belegen, dass das geplante Investitionsvolumen in Höhe von 38 Mio. €
allein durch Mittel der Innenfinanzierung aufgebracht werden kann – und zwar
durch Beschluss von Aufsichtsrat und Vorstand. Hierfür sollen Sie anhand der
gesetzlichen Regelungen nach §§ 58 und 150 AktG argumentieren. Sollte sich die
in der Aufgabenstellung getroffene Aussage nicht belegen lassen, sollten Sie
auch dieses Ergebnis festhalten.*

Der Jahresüberschuss beträgt laut Bilanz der CoCo AG 2.540.770,00 €.

Gemäß § 150 AktG sind 5 % des um einen etwaigen Verlustvortrag bereinigten Jahresüberschusses in die gesetzlichen Gewinnrücklagen einzustellen, und zwar so lange, bis diese zusammen mit der Kapitalrücklage 10 % des gezeichneten Kapitals betragen.

Allein schon die Kapitalrücklage mit 24.689.000,00 € beträgt mehr als 10 % des gezeichneten Kapitals in Höhe von 32.000.000,00 €. Erforderlich wäre nur ein Betrag von 3.200.000,00 € in der Kapitalrücklage und der gesetzlichen Rücklage zusammen. Eine Einstellung in die gesetzlichen Rücklagen entfällt somit für die CoCo AG.

Gemäß § 58 AktG sind Vorstand und Aufsichtsrat befugt, von dem Jahresüberschuss, der sich nach der ggf. erforderlichen Minderung um einen Verlustvortrag und um eine ggf. erforderliche Einstellung in die gesetzliche Gewinnrücklage ergibt, bis zu 50 % in die anderen Gewinnrücklagen einzustellen. Hierfür ist keine Zustimmung der Hauptversammlung erforderlich.

Da weder ein Verlustvortrag vorliegt noch eine Einstellung in die gesetzliche Rücklage erfolgt, können Vorstand und Aufsichtsrat der CoCo AG entscheiden, 1.270.385,00 € (50 % von 2.540.770,00 €) in die anderen Gewinnrücklagen einzustellen.

Dieser Betrag wäre damit einer Ausschüttung an die Aktionäre entzogen und würde im Unternehmen verbleiben. Hierdurch wird Innenfinanzierung in Form von offener Selbstfinanzierung erreicht.

Der Betrag reicht allerdings für das geplante Investitionsvolumen in Höhe von 38.000.000,00 € nicht aus.

Ihre Meinung ist uns wichtig!

Ihre Anregungen sind uns immer willkommen. Bitte informieren Sie uns mit diesem Schein über Ihre Verbesserungsvorschläge!

Titel-Nr.	Seite	Vorschlag

Bitte hier abtrennen

Lernen ▪ Wissen ▪ Zukunft
STARK

23_VH5

Bitte ausfüllen und im frankierten Umschlag an uns einsenden. Für Fensterkuverts geeignet.

Zutreffendes bitte ankreuzen!

Die Absenderin/der Absender ist:

- [ ] Lehrer/in in den Klassenstufen:
- [ ] Fachbetreuer/in
  Fächer:
- [ ] Seminarlehrer/in
  Fächer:
- [ ] Regierungsfachberater/in
  Fächer:
- [ ] Oberstufenbetreuer/in

Unterrichtsfächer: (Bei Lehrkräften!)

- [ ] Schulleiter/in
- [ ] Referendar/in, Termin 2. Staatsexamen:
- [ ] Leiter/in Lehrerbibliothek
- [ ] Leiter/in Schülerbibliothek
- [ ] Sekretariat
- [ ] Eltern
- [ ] Schüler/in, Klasse:
- [ ] Sonstiges:

STARK Verlag
Postfach 1852
85318 Freising

Kennen Sie Ihre Kundennummer?
Bitte hier eintragen.

Absender (Bitte in Druckbuchstaben)

Name/Vorname

Straße/Nr.

PLZ/Ort/Ortsteil

Telefon privat   Geburtsjahr

E-Mail

Schule/Schulstempel (Bitte immer angeben!)

Bitte hier abtrennen

Sicher durch das Abitur!

Klare Fakten, systematische Methoden, prägnante Beispiele sowie Übungsaufgaben mit schülergerechten, kommentierten Lösungen zur Selbstkontrolle.

Mathematik

Stochastik	Best.-Nr. 94009
Analysis mit Hinweisen zur CAS-Nutzung	Best.-Nr. 540021
Analytische Geometrie mit Hinweisen zu GTR-/CAS-Nutzung	Best.-Nr. 540038
Analytische Geometrie und lineare Algebra	Best.-Nr. 54008
Wiederholung Geometrie	Best.-Nr. 90010
Wiederholung Stochastik	Best.-Nr. 90008
Analysis – Technik	Best.-Nr. 92408
Lineare Algebra und Analytische Geometrie	Best.-Nr. 92409
Grundwissen Algebra	Best.-Nr. 92411
Funktionenlehre – Lineare Gleichungssysteme Technik und Nichttechnik	Best.-Nr. 92406
Analysis - Stochastik – Nichttechnik	Best.-Nr. 92407
Kompakt-Wissen Analysis, Lineare Algebra und Analytische Geometrie FOS · BOS 12/13	Best.-Nr. 924002
Kompakt-Wissen Analysis und Stochastik FOS · BOS 12	Best.-Nr. 924001

Englisch

Themenwortschatz	Best.-Nr. 82451
Grammatikübungen	Best.-Nr. 82452
Übersetzung	Best.-Nr. 82454
Grundlagen, Arbeitstechniken und Methoden mit Audio-CD	Best.-Nr. 944601
Sprechfertigkeit mit Audio-CD	Best.-Nr. 94467
Sprachmittlung	Best.-Nr. 94469
Englisch Grundwissen 10. Klasse	Best.-Nr. 90510
Klausuren Englisch Oberstufe	Best.-Nr. 905113
Englisch Übertritt in die Oberstufe	Best.-Nr. 82453
Abitur-Wissen Landeskunde Großbritannien	Best.-Nr. 94461
Abitur-Wissen Landeskunde USA	Best.-Nr. 94463
Abitur-Wissen Englische Literaturgeschichte	Best.-Nr. 94465
Kompakt-Wissen Abitur Wortschatz Oberstufe	Best.-Nr. 90462
Kompakt-Wissen Abitur Landeskunde/Literatur	Best.-Nr. 90463
Kompakt-Wissen Kurzgrammatik	Best.-Nr. 90461

Interpretationen Englisch

Mit Informationen zu Autor und Werk, ausführlicher Inhaltsangabe sowie einer systematischen Interpretation des Textes.

Boyle: *The Tortilla Curtain*
Schwerpunktthema Berufliches Gymnasium NRW 2014/15 (LK Wirtschaft und Verwaltung)

■ .... Best.-Nr. 2500131

Alle so gekennzeichneten Titel sind auch als eBook über **www.stark-verlag.de** erhältlich.

Deutsch

Gedichte analysieren und interpretieren	Best.-Nr. 944091
Dramen analysieren und interpretieren	Best.-Nr. 944092
Epische Texte analysieren und interpretieren	Best.-Nr. 944093
Erörtern und Sachtexte analysieren	Best.-Nr. 944094
Klausuren Deutsch Oberstufe	Best.-Nr. 104011
Deutsch Übertritt in die Oberstufe	Best.-Nr. 90409
Epochen der deutschen Literatur im Überblick	Best.-Nr. 104401
Abitur-Wissen Erörtern und Sachtexte analysieren	Best.-Nr. 944064
Abitur-Wissen Textinterpretation Lyrik · Drama · Epik	Best.-Nr. 944061
Abitur-Wissen Deutsche Literaturgeschichte	Best.-Nr. 944405
Abitur-Wissen Prüfungswissen Oberstufe	Best.-Nr. 944400
Epochen der deutschen Literatur im Überblick	Best.-Nr. 104401
Kompakt-Wissen Rechtschreibung	Best.-Nr. 944065
Kompakt-Wissen Literaturgeschichte	Best.-Nr. 944066

Wirtschaft

Betriebswirtschaft	Best.-Nr. 94851
Wirtschaft – Wirtschaftliches Handeln im Sektor Unternehmen · Wirtschaftliches Handeln im Sektor Ausland	Best.-Nr. 84852
Abitur-Wissen Volkswirtschaft	Best.-Nr. 94881
Abitur-Wissen Rechtslehre	Best.-Nr. 94882
Kompakt-Wissen Rechnungswesen mit Bilanzanalyse	Best.-Nr. 924802
Kompakt-Wissen Betriebswirtschaft	Best.-Nr. 924801
Kompakt-Wissen Volkswirtschaft	Best.-Nr. 948501

(Bitte blättern Sie um)

Abitur-Prüfungsaufgaben

Original-Prüfungsaufgaben des Zentralabiturs an Beruflichen Gymnasien in Nordrhein-Westfalen sowie auf das Zentralabitur abgestimmte Übungsaufgaben.
Mit ausführlichen, schülergerechten Lösungen.

Abiturprüfung Mathematik
Berufliches Gymnasium NRW

Auf das Zentralabitur im Fachbereich Wirtschaft und Verwaltung am Beruflichen Gymnasium abgestimmte Übungsaufgaben für GK und LK sowie Original-Prüfungsaufgaben der Jahre 2012 und 2013, mit und ohne CAS. Alle Aufgaben mit ausführlichen Lösungen. Dazu hilfreiche Tipps zum Ablauf der Prüfung.
■ .... Best.-Nr. 52503

Abiturprüfung Englisch
Berufliches Gymnasium NRW

Auf das Zentralabitur am Beruflichen Gymnasium abgestimmte Übungsaufgaben für GK und LK. Mit Original-Prüfungsaufgaben des Zentralabiturs 2009 bis 2012. Alle Aufgaben mit ausführlichen, schülergerechten Lösungen. Dazu hilfreiche Tipps zum Lösen der Aufgaben, Hinweise zu den Operatoren und zum Ablauf der Prüfung.
Mit Audio-Dateien zum Download.
■ .... Best.-Nr. 52553

Abiturprüfung
BWL mit Rechnungswesen und Controlling
Berufliches Gymnasium NRW

Der Band enthält die offiziellen Prüfungsaufgaben von 2010 bis 2013 sowie Übungsaufgaben zu den Schwerpunktthemen für das Abitur 2014. Mit schülergerechten Musterlösungen und hilfreichen Tipps und Hinweisen.
■ .... Best.-Nr. 52573

Was kommt nach dem Abitur?

Die STARK Ratgeber helfen weiter!
Weitere STARK Fachbücher zur Studien- und Berufswahl finden Sie unter **www.berufundkarriere.de**

■ Best.-Nr. E10485
■ Best.-Nr. E10484
■ Best.-Nr. E10479

Bestellungen bitte direkt an:
STARK Verlagsgesellschaft mbH & Co. KG · Postfach 1852 · 85318 Freising
Tel. 0180 3 179000* · Fax 0180 3 179001* · www.stark-verlag.de · info@stark-verlag.de
*9 Cent pro Min. aus dem deutschen Festnetz, Mobilfunk bis 42 Cent pro Min.
Aus dem Mobilfunknetz wählen Sie die Festnetznummer: 08167 9573-0

Lernen · Wissen · Zukunft
STARK